如何开好企业常见的七类会议

会开会 懂管理

王 鹏◎著

电子工业出版社·

Publishing House of Electronics Industry

北京·BEIJING

图书在版编目（CIP）数据

如何开好企业常见的七类会议 ：会开会 懂管理 / 王鹏著. -- 北京 ：电子工业出版社，2024. 10.

ISBN 978-7-121-48839-9

Ⅰ．C931.47

中国国家版本馆 CIP 数据核字第 20241QP622 号

责任编辑：黄益聪
印　　刷：三河市鑫金马印装有限公司
装　　订：三河市鑫金马印装有限公司
出版发行：电子工业出版社
　　　　　北京市海淀区万寿路 173 信箱　　邮编：100036
开　　本：720×1000　　1/16　　印张：17　　字数：269 千字
版　　次：2024 年 10 月第 1 版
印　　次：2024 年 10 月第 1 次印刷
定　　价：78.00 元

凡所购买电子工业出版社图书有缺损问题，请向购买书店调换。若书店售缺，请与本社发行部联系，联系及邮购电话：（010）88254888，88258888。

质量投诉请发邮件至 zlts@phei.com.cn，盗版侵权举报请发邮件至 dbqq@phei.com.cn。

本书咨询联系方式：（010）68161512，meidipub@phei.com.cn。

前言

本书缘起

笔者从事企业管理顾问工作多年，目睹许多企业因缺乏基本的会议管理方法而导致工作效率低下。一些企业管理者要求推荐一些有关会议方面的书籍，但笔者苦于没有合适的书籍可以推荐（以会议为主题的书籍很少，真正能够系统性提高企业会议效率的书籍更少），遂自行命笔。

本书目标人群

笔者设计了一套会议管理方法，并将其称为"三一会议法"。该方法实施起来较为简明[①]，能够满足在会议管理方面效率低下的多数企业和组织的需求。本书介绍操作方法，也介绍背后的理念，目的是让读者在理解的前提下更直接、更有效地使用。具体目标人群如下：

- 企业家和已经跨过"生死线"的创业者
- 企业高层管理者
- 团队管理者
- 企业骨干/会议主持人
- 项目经理
- 管理顾问/培训师

[①] "简明"是指"三一会议法"的架构和形式。在实际工作中，只有架构单一、形式简单但同时有内涵的方法才有可能被推广使用。

- 教育行业从业者
- 学习管理者

本书内容概览

不知道有没有人认真想过：会议为什么效率低下？

也许不少人会说"会议跑题严重""领导发言冗长""会议气氛不好""会议组织混乱"……实际上这些原因只是表面现象，如果我们有耐心一层层深挖，就会发现会议效率低下的根源在于人有时认知能力相当有限，对外界发生的事不能形成正确认识和进行准确表达，从而导致在需要认知交锋、认知改变、认知融合的会议中认知有效性不足（详细论述在第二章）。

想象一下，有若干外星人没有人类的情绪波动、不会撒谎、用特殊的脑电波交流方式交流（无须语言中介）、没有概念歧义、理解能力超强——这样一个群体在一起开会，还会有如此多的问题产生吗？

基于此，"三一会议法"致力于提升参会者的认知能力，它依托国内外企业的实践和管理学理论、心理学理论，经笔者长期摸索和实践，逐步完善而成。

"三一会议法"中设置了三个特定角色，分别是会议召集人、会议主持人和会议记录人。明确角色有助于提升参会者的认知有效性，推进会议进程标准化。此外，"三一会议法"根据会议目的将企业中的常见会议分为八类。其中的上情下达会议不需要认知交锋，因此不作为本书重点。其余七类会议如何召开都有明确要求，包括会议流程、操作方法和相关理念，明确了在议题选择、议程安排、会场控制、会议记录、后期跟进等各个环节应该怎么做。"三一会议法"同时设定了会议要素的设计规则，包括会议发言模式、参会人数、座位安排等。这些举措都与提升参会者的认知有效性相关。

本书有十四章，除了第一章和第十章，每章都设有 Tips（提示），这样的结构源于一个场景——在一个白板上，中心位置是一个极简模型，模型周边写满了密密麻麻的注释，在离中心位置更远一点的地方，贴了大大小小的、黄色的报事贴。这样的结构既简单又完整，更加便于读者理解和应用。第三章到第九章的末尾会有一个"周一清单",它来自彼得·德鲁克[①]的一句话:"不要告诉我你对这次会议有多满意,只要告诉我,下周一你会采取哪些和以往不同的行动。"

第一章剖析了会议的本质和效用,谈了企业会议的常见问题。

第二章明确了参会者的认知有效性是影响会议效率的根源,并以会议分类为基础详细说明了"三一会议法"的基本理念,对会议召集人、会议主持人、会议记录人提出了明确要求,阐述了会议的八种发言模式、根据会议类别对会议座位进行设置的方法和各类会议参会人数的限制等。

第三章到第九章分别介绍了如何开汇报会、专题讨论会、决策讨论会、务虚讨论会、总结分享会、一对一会议、反思反馈会这七类会议,介绍了每类会议的操作理念和操作方法,并针对每类会议前期准备、中期进程和后期跟进的具体过程进行了阐述。

第十章是一个虚拟案例,模拟某公司的销售计划制订过程,用以呈现企业中常见的四个会议实践。

第十一章到第十三章介绍了会议召集人、会议主持人和会议记录人三个角色的基本理念和工作技巧,以便读者深入理解"三一会议法"对特定角色的要求。

第十四章谈如何通过系统性思考提升企业的会议管理水平,包括减少"救火"会议的数量、减少管理者的参会频次、减少参会人员、减少目的不明的会议、缩短会议时长。本章末尾附有量表,当你完成它后,就会对所在企业的会议管理水平做到心中有数。

Tips 就某些开会的观念和方法进行提示,比如说:开会前应该收手机吗?像策划婚礼一样策划会议……

在本书成书的过程中,笔者邀请了一些朋友提意见,包括李少军、王永利、李慧才、李智勇、刘日明、郭威。他们的意见和建议让笔者获益良多,在此由衷地表示感谢。好友王永利在读完初稿后反馈:"开好会并不是轻而易举、一蹴而就的,而是一个精进的习得过程。"笔者对此深有同感。

本书在引用其他书籍内容时,为了便于读者理解,对部分内容进行了删改。

[①] 彼得·德鲁克,管理学大师、现代管理学之父。

目录 ○ ● ○

第一章
会议是什么

　　会议是进行管理工作最重要的媒介，每类管理活动都有与之相匹配的会议形式。

各式各样的会议花费了职场人士大量的时间和精力。70%的普通员工平均每天开会 1 小时，中层管理者平均每天开会近 2 小时，高层管理者平均每天开会超过 4 小时。管理者们不是在开会，就是在去开会的路上。

这就是很多有影响力的企业家和学者对企业会议持负面评价的原因，其中包括雷军（小米科技有限责任公司创始人）、怀特（美国社会学家）、加尔布雷思（美国经济学家）等。社会上对于无效会议的吐槽无所不在，很多职场人士认为他们参加的多数会议都是毫无意义的。

不过，任何一家企业都无法杜绝会议的召开，没有管理者可以抛开会议推进工作。孙中山更是将开会提高到治国理政主要工具的高度，他写过一本名为"会议通则"的册子，后改名为"民权初步"，作为他的《建国方略》的一部分。他认为，"国会立法，乡党修睦，学社讲文，工商筹业"皆需要开会，需要"固结人心、纠合群力"，国之有识者需要以"习练演试"之心学习会议管理，从而在治国理政方面逐渐展布胸中所学[①]。

会议到底是什么？从"近处"看显然无法看清，我们只能溯流而上去看看会议最初的样子。

以色列历史学家尤瓦尔·赫拉利认为，大约 7 万年前，智人（原始人类的一支）发生了认知革命[②]，导致智人走出非洲，横扫当时其他原始人类（包括鲁道夫人、尼安德特人和丹尼索瓦人等），成为地球上的主导物种。

（认知革命强调思维和语言的变革）"讨论虚构事物"正是语言最独特的功能……这样的虚构事物赋予智人前所未有的能力，让他们得以集结大批人力灵活合作……不仅灵活，而且能和无数陌生人合作。正因如此，智人才会统治世界——蚂蚁只能吃智人的剩饭，而黑猩猩则被关在动物园和实验室里。[③]

思维和语言的变革带来了深层次的沟通和协作。比起智人，尼安德特人更加魁梧，肌肉更加发达。单个尼安德特人可以将单个智人按在地上随意欺辱，

---

① 摘自中国长安出版社 2011 年出版的《建国方略》，孙中山著。

② 一种新的思维和沟通方式。被学界普遍认可的理论认为，某次偶然的基因突变改变了智人的大脑内部连接方式，让他们以前所未有的方式来思考，用全新模式的语言来沟通。

③ 摘自中信出版社 2014 年出版的《人类简史：从动物到上帝》，尤瓦尔·赫拉利著。

但如果通过沟通和协作，那么 100 个智人会爆发出 100 个尼安德特人绝对比不上的力量。

高等动物都是社会性动物，社会协作是族群得以生存和繁衍的关键。在社会协作中，深层次的沟通极为重要。猴子只能通过叫声告诉同伴周围有狮子，要小心，但智人则可以通过召集一个小聚会，告诉朋友在两公里左右的地方有一头狮子在河边捕猎野牛，可以凑足五个智人拿上长矛去看看。哪怕族群仅有 50 个单体，一对一沟通的组合就可以达到 1225 种，更复杂的沟通组合难以计数——深层次的沟通让智人社会达到了前所未有的协作高度。

这就是会议的起源，其作为一种深层次的沟通方式，源于人类社会协作的需求。现代企业中的会议更加正式，不过，现代企业群体与原始人类族群开会的目的和本质并无差别。

有人将会议定义为"集合三人以上相与议事，并遵循一定的议程，所举行的一种集会"。很多自媒体则把会议定义为一种"管理活动"或"管理方式"。以上两种说法都不准确，首先，一对一沟通也是会议的一种，它会直接导致协作行为；其次，在企业或组织中，会议并非管理活动，而是管理活动的媒介。如果需要一个定义的话，我们可以将会议定义为"会议是组织中管理活动的媒介，是为了达成协作进行的必要沟通行为。"

企业的工作由两类活动组成

这里以一个小型豆腐作坊的豆腐生产过程为例来进行说明。别看一块豆腐不大，可工序并不少：选材、浸泡、磨浆、熬浆、点豆腐……每道工序都有繁杂的操作步骤，半点不能马虎。比如，购买原料后需要挑出坏豆、残豆（这道工序多为手工操作）；还需要采购豆浆机、租赁厂房等工作；即使生意再小也需要雇几个工人，而只要雇人就会涉及招聘广告、人员面试、签署合同、上岗培训、发工资、发奖金等工作。

仔细分析一下：企业工作的底层由一个个动作构成（选材时用手一粒一粒

地挑出坏的黄豆，或者拿出一张大纸用于写招聘广告），一个个动作组合在一起成为活动（今天用两小时完成了坏豆的挑选，或者花半小时写了一份招聘广告），活动自然聚集形成工序（选材、浸泡、招聘、培训等），工序串联或并联形成工作流程，每个工作流程上都有一些避不开的工作节点——这些节点就是工作岗位。工作岗位多了，自然会形成企业的组织结构。

相对而言，活动更容易观察，我们在企业中看到的多是各类活动。以某部门经理为例，他每天在企业中进行着各种各样的活动：

- 早晨组织了一个站会，召集下属碰头，说了说当天要做的事情；
- 就某项具体工作和一个下属讨论了半小时；
- 做了一个项目计划并报给上级领导；
- 打电话给另一个部门经理，确定两个部门后天开一个对标交流会；
- 总经理召集开会，自己发了言；
- 在餐厅用餐，听一个同事抱怨饭菜的质量越来越差；
- 打电话和某个合作伙伴约好了下周见面的时间；
- 发现一个下属状态不对，于是找他聊了半小时；
- 在办公室转了转，跟几个人随便闲聊了几句；
- 填写部门周报；
- 参与新员工招聘，主持面试；

············

每个人的工作都是由活动组成的。活动可以分为两个大类——管理活动和操作活动[①]，管理者更多地做管理活动，操作者更多地做操作活动。当然，管理者也会做操作活动，操作者也一样有管理活动要做。如何区分管理活动和操作活动呢？有一个简单的方法——凡是需要和他人协作的活动都是管理活动。

---

① 法国管理大师法约尔认为管理活动包括计划、组织、指挥、控制和协调，其他类别的活动包括技术活动、生产活动、财务活动、安全活动和会计活动。实际上，这种分类方法无法做到类别之间相互独立。德鲁克对管理活动的看法更加准确，他将管理活动分为五类，即设立目标、组织工作、激励和沟通、设立绩效衡量标准、培养人才。

会议是管理活动最重要的媒介

如果你有一个好主意想告诉下属，那么你会采取什么形式？是通过召开一个部门的正式会议通知大家，还是在办公室走动的时候告诉大家，或者是在部门聚餐等更加轻松的氛围里分享给大家，抑或是你只会告诉两个人，而且是进行一对一的谈话？

将好主意告诉下属是管理活动之一，具体形式则是通过媒介①——管理活动需要媒介才能实现产出。媒介的形式可以是多人会议或一对一会议，也可以是写一张小纸条、电梯汇报、部门聚餐、走动发言，还可以是微信消息、钉钉消息、电子邮件或一份 200 页的报告。媒介不同，管理活动所能达到的效果也不同。每项活动都有适合的媒介。

1933 年，富兰克林·罗斯福就任美国总统。当时，美国经济正处于大萧条后的深渊之中。为了"罗斯福新政"中拯救国家银行系统的计划，在银行复业的前夜，罗斯福在白宫楼下外宾接待室的壁炉旁接受了美国广播公司、哥伦比亚广播公司和共同广播公司的采访，通过广播讲话谈新政中的银行业改革计划，全国 6000 万民众收听了这次谈话。接下来，罗斯福陆续在 11 年中通过广播一共进行了 30 次"炉边谈话"。"炉边谈话"带领美国人民度过了大萧条和第二次世界大战，对美国人理解国家政策有着极大的帮助。从此，通过无线广播与公众进行沟通成为美国总统的一项基本技能，总统就重要话题发表广播讲话成为美国政治的标准。显然，这些谈话是上情下达的管理活动，无线广播是合适的媒介。②

我们每天开的会议并不是管理活动，而是媒介的一种。之所以有的管理活动质量不高或者说有的会议效率很低，往往是因为媒介和管理活动不匹配。在

---

① "媒介"在本书中是一种能让人与人之间、事物与事物之间产生联系的场合纽带及形式纽带。

② 参考 2017 年中国人民大学出版社出版的《炉边谈话》，富兰克林·罗斯福著。

进行某项管理活动时，我们有必要琢磨琢磨与之相匹配的媒介是什么，是应该开部门例会、决策讨论会、复盘会，还是应该开宣贯会，或者不应该开会而应该使用邮件的方式将资料发出。

关于会议是"媒介"的说法来源于英特尔公司的前 CEO 安迪·格鲁夫。安迪·格鲁夫身上的光环很多——硅谷精神的缔造者、芯片业最传奇的人物之一、最早的摩尔定律成功实践者、硅谷最具执行力的企业家和思想家、英特尔公司转型的最大功臣、苹果公司创始人乔布斯的硅谷教父等。简而言之，他深通管理实践，并有独到的见解。

安迪·格鲁夫对会议的看法与众不同，在他从事管理工作 20 年的心血结晶（自序中原话如此）*High Output Management*（中文版为《给经理人的第一课》）中，他将会议称为"从事管理工作必需的媒介"。在书籍核心概念"管理杠杆率"之后，他用相当大的篇幅阐述了他对会议的认知。他认为会议是管理活动的媒介："会议为经理人提供了从事其管理活动的场合，但会议本身并非'活动'，它只是一个'媒介'。"他认为，一个经理人应该做的管理活动包括五大类，即收集信息、传递信息、制定决策、给予提示和为人表率。这五类管理活动都必须靠开会来完成产出。会议是管理活动最重要的媒介。①

将会议称为管理活动最重要的媒介很好理解。

一对一会议②可以对个人产生重要而深远的影响。例如，某个下属处在职业或人生的迷茫期，作为经理，你的某次一对一会议也许能对他的职业发展甚至人生产生深远的影响。多人（三人或以上）会议讨论问题的时候形成的"能量场"，会对参会者产生巨大的影响，并推动共识达成和问题解决，以及群体协作。会议对管理活动有很强的催化作用：会助推团队成员成长（一对一会议），会影响企业形成有序的绩效文化（汇报会），会使团队更容易达成共识（专题讨论会），会提升团队的响应能力和执行力（决策讨论会），会推动打破部门壁垒和提高组织效能（总结分享会），会让管理团队有机会改变认知、眺望远

---

① 参考中信出版社 2013 年出版的《给经理人的第一课》，安迪·格鲁夫著。
② 并非三人以上议事才叫开会，两个人也可以开会，一对一会议非常重要。

方（务虚讨论会），会加强内部信任和提高协作水平（反思反馈会）……这些都是其他媒介完全无法达成的。

会议问题的七种类型

现实中的种种会议问题基本上可以概括为七种类型，即会议目的不清晰、会议目的复合、会议准备不到位、会议流程混乱、会议控场不力、没有会议纪要或会议纪要不够权威、缺乏会议结果追踪。

1. 会议目的不清晰

有的领导在考虑不周全的情况下经常拍脑门决定开一个会，在会前既没有明确会议目的，也没有明确需要产出的成果。在此情况下，谁来参会、会议时长、会议议程、谁来发言、发言模式、发言指向、决策模式……一切都无序而混乱，开会效果必然大打折扣。

2. 会议目的复合

会议目的复合即一个会议有多个目的，是会议目的不清晰的一种表现形式。之所以单独拿出来说，是因为这样的会议在企业中非常多，具有典型性。会议目的复合可以分为两种情况。第一种情况是多个目的杂糅在一起，不好区分。例如，某会议既有针对眼前问题的讨论，又有给领导汇报问题的议程，还有领导指导下属工作的环节，这相当于将三个目的糅合在一起。第二种情况是开一个会讨论多件事。例如，议程中某个议题只和少数几个参会者相关，而和多数参会者无关。会议目的复合会造成会议议程冗长、陪绑人数众多、关键点讨论不充分等问题，从而大大降低会议效率。

3. 会议准备不到位

多数企业没有"会而备"的习惯，在会议议题确定、会前资料发放、会议召开形式、确定会议议程等方面准备得不够。如果会议召集人想得不够多,那么负责会议准备的下属在缺乏足够信息的情况下,准备工作很难做到位。

4. 会议流程混乱

会议流程的重要性超出了多数人的想象。如果会议召集人想不清楚一些关键点,就会导致会议缺乏清晰的流程。这些关键点包括每类会议的不同之处、每类会议由哪几个环节构成、每个环节的组织模式、各环节要解决的问题……会议流程混乱是会议现场无序、难以达到会议预定目的的主要原因之一。

5. 会议控场不力

所谓控场,就是控制会议现场。企业会议中经常出现会议失控现象,要么是领导几乎用了会议多半时间进行发言、跑题到九霄云外,要么是资深者随意批评和抢话、两派因意见不一致争吵起来,要么是参会者一言不发、全场陷入尴尬的沉默……显然,会议控场不力会使会议效率大打折扣。

6. 没有会议纪要或会议纪要不够权威

会议纪要是企业事件的过程知识库,有着很高的价值。但现实中很多会议没有会议纪要,或者有会议纪要也没人看。更多的情况是由于记录人不专业,所做的会议纪要的内容不够简练清晰,甚至有时内容不准确,参会者不认同会议纪要中总结出的观点和下一步工作,导致会议纪要的权威性不高。这样势必影响会议成果和后续工作的开展。

7. 缺乏会议结果追踪

决而不行的主要原因在于会议解决方案/共识并不清晰及没有人/机制跟进。除非有些事项被高层领导关注,否则经常是开完会了,会议效果似乎也还可以,但后续执行不给力。有些企业缺乏相应的奖惩机制,导致虽然会议有成果,但执行或不执行均可,不会有奖励,也不会被惩罚。

第二章

"三一会议法"详述

好企业必须有一套方法来开会。切记，所有的事情都不应该随心所欲，秩序之下才有自由。

怎样提高会议这种媒介的催化能力？

怎样解决七种频发的会议问题？

或者直接一些——怎样提高会议效率？

这些问题不好回答，会议种类繁多，不同企业有不同的情况，管理者脾性各异，要设计一套具有普适性的办法相当困难。因此，需要深挖七种会议问题的根源，只有挖到根本原因，才可能提出一套系统性的解决办法，而非治标不治本的办法，否则只是头痛医头，脚痛医脚。

前文阐述，会议是一种深层次的沟通方式，源于人类社会协作的需求，需要参会者在会议中进行认知交锋、认知改变和认知融合。

外部世界非常复杂，每个事物都有其特征、性质、用处、意义，每个人都有着复杂的内心世界（欲望、偏好、臆测、执念）……所有这些进入人类的大脑，再经过大脑的处理，才会对某个事物或人形成认知——大脑产生认知的过程非常复杂。从认识论的角度讲，人的认知来自感性认知、知性认知和理性认知：通过感官认识事物或人的能力就是感性，感性是有规定性的，即"先验的"，如色彩和光波波长的关系、声音和音波频率的关系等——人类的感性认知并不可靠，其认知能力天生受限；通过对感性认知进行主动收纳、归集和逻辑思考的能力就是知性；理性则是在知性认知的基础上进行抽象思维，形成概念和理念的能力。不难看出，建立于人类感性认知基础上的知性认知和理性认知都是不完备的，存在很大的局限性。

人类需要通过语言媒介向外部表达自身认知并理解他人的认知。在会议场景中，如果对议题的理解有所不同、参会者之间互不熟悉、缺乏好的会议机制、会议氛围稍差、参会者的语言能力不佳……就会导致会议效率不高，出现争议不断、跑题、会议冗长等问题。

由此可见，在深度沟通的过程中，如果人类的认知能力（体现在表达能力和理解他人的能力上）有限，就会大大阻碍协作效率的进一步提升。换句话说，人类认知能力有限或许是会议效率低下的根本原因，只有想办法提高人们在会议中的认知有效性[①]，才可以提高会议效率。

---

① 本书中的"认知有效性"是非常重要的概念，它强调人类大脑对外部信息接收和表达的完整度及准确度。

开会的第一性原理

为了验证以上说法，我们从第一性原理的角度对此进行分析。

第一性原理因"钢铁侠"马斯克火遍全球。简单来说，第一性原理是任何一个事物/系统/理论中本源的知识，是其中最基础、最坚硬、最不可简化的东西。比如说，欧几里得几何学的五大公设是它的第一性原理，如果要颠覆欧几里得几何学，那么只需颠覆其五大公设，于是，非欧几何出现了。

越是理性的事物/系统/理论，越会运行在一条或几条基本原理上。数学原理、物理学原理和化学原理就是这样的一组基本原理，制造业的多数第一性原理都出自其中。第一性原理的最佳思考方式就是用数学原理、物理学原理或化学原理，从本质开始抽丝剥茧。

> 首先将某个事物、某个系统、某种理论拆分为最细小、最基本的元素，然后将之作为演绎、推理、思考的源头，这是使用第一性原理的一种简便方法。例如，马斯克的美国太空探索技术公司之所以会取得成功，就是因为马斯克采用第一性原理进行分析，发现火箭材料拆分后的成本仅占美国太空总署（NASA）发射火箭成本的 2%，由此可知其中必然有巨大的可操作空间，后来的事实也验证了这一点。

我们将会议进行拆分，可以得到其中的基本元素——感觉、知觉、短时记忆、思维和想象。会议的衍生因素包括声音、文字、表情、知识点、心理特点、生理特点、认知结构、群体氛围等，这些衍生因素组合后形成了表达、理解、沟通、再表达、再理解……以上内容均属于认知有效性范畴，在认知有效性的基础上才会有认知交锋、认知改变、认知融合，以及随之而来的协作行为。由此，"三一会议法"的第一性原理可以被描述为"参会者的认知有效性是会议效率的来源"。

我们采用苏格拉底谈话法①，运用演绎逻辑进行验证。

- 问题一：开会的目的和本质是什么？从这个角度看，会议效率与参会者的认知有效性有多大的关系？

开会的目的是达成协作，达成协作的必由之路是沟通，而深度沟通必然带来深度协作。因此，会议的本质②是增加沟通深度，而参会者的认知有效性对此有最直接的作用。在讨论某个议题的时候，如果表达方和接受方都有完整的认知和清晰准确的表达（认知效率提高），那么会议效率必然会提高。从这个角度看，会议效率受参会者的认知有效性的影响。

- 问题二：在企业实践中，参会者是否难以进行深度沟通？

人类的认知过程艰难、认知能力天生受限，加之需要通过语言媒介与外部进行沟通，造成了企业组织中人与人之间进行深度沟通的难度非常大。举个简单的例子，当参会人数超过 8 人时，我们不见得能随意（不假思索）地叫出参会者的名字，何况在复杂的认知交锋、认知改变、认知融合的情况下，我们难以期望参会者能进行深入沟通。在企业实践中，管理者如果拥有一定的经验就会知道，沟通顺畅、与他人达成共识是一件美好而又极为困难的事情。

- 问题三：以上说法有依据吗？依据来源可靠吗？

以上说法的依据来自五个方面：第一是脑科学中的意识发生研究指出人类的认知是一个非常复杂的过程；第二是哲学家罗素对人类的感性、知性和理性进行了清楚的剖析，指出人类认知世界的局限性；第三，现实中无处不在的误解、偏见、壁垒……导致人与人之间沟通交流非常困难；第四，交流双方的语言能力不佳和理解能力有限会大幅度降低会议效率，在现实中有无数的例证；第五，在人类所有的实践领域，知识的复杂性与日俱增，导致认知的难度进一步加大。以上说法的依据均相当可靠。

- 问题四：别人对此会有什么想法？

Q：企业中有一部分不需要太多认知互动（认知交锋、认知改变、认知融合）的会议，那么提高人类在会议中的认知有效性是不是对这部分会议无效？

---

① 参考商务印书馆 2013 年出版的《柏拉图对话录》，柏拉图著。苏格拉底谈话法是一套逻辑严密的提问体系，其结构化的引导式提问能使被提问者自查自省，运用逻辑检验自身的想法。

② 本质是事物/系统/理论内生的根本属性。

A：大部分信息传达会议不需要认知互动，提高认知有效性对提高会议效率的作用有限。但是，这类会议往往不需要当面沟通，通过资料群发、无线广播等媒介也可以达到目的。

Q：是否目的单一的会议比目的多元的会议的效率更高？

A：完全同意。目的单一的会议的参会者更容易理解会议要求，也更容易集中注意力和进行有效表达，这样必然会提高会议效率。

Q：目的单一的会议的议题是否也应该单一，从而使会议效率进一步提高？一次会议只讨论一个议题能否提高会议效率？

A：表示部分同意。就会议本身而言，议题单一会使认知难度降低、认知有效性提高，结果必定是会议效率更高。但现实中凑齐参会者并不容易，有时需要在一个集中时间段讨论多个议题。

• 问题五：如果"三一会议法"的基本判断有误，那么后果严重吗？

后果不严重，每家企业都可以进行尝试。即使"三一会议法"和企业现实的匹配度不高也不要紧，错误本身也是认知的演进过程。

• 问题六：最初的看法对吗？是否要调整？

应该不需要调整，经过思考可以再延展。

• 问题七：再琢磨琢磨？

…………

能够提高认知有效性的办法都有助于提高会议效率，本书中的"三一会议法"完全建立在对此的认知上。书中的方法，包括设置会议召集人、会议主持人和会议记录人，设定主题引导发言，在会议室内设置议程电子提示屏，等等，都是为了提高参会者的认知有效性。可以说，本书的内容都是围绕提高参会者的认知有效性撰写的。

"三一会议法"介绍

围绕如何提高参会者的认知有效性这个问题，本书介绍一种能够大幅提高会议效率的开会方法——"三一会议法"。

"三一会议法"的主要内容是"三个角色、一个宗旨"。其中，三个角色是指会议召集人、会议主持人和会议记录人（通过界定会议中三个角色的职责和明确会议规则，使会议效率大幅度提升），共同组成一个会议烹饪小组，负责为参会者端上美味的会议大餐；一个宗旨则是指"三一会议法"的前置要求。

"三一会议法"示意图

- 会议召集人——确定议题、发起会议、邀请参会者、对会议结果负责、跟进决议的实施。该角色一般由领导层担任。
- 会议主持人——协助会议召集人进行会议策划、确定议程、主持会议、按照议程推进会议、帮助参会者达成共识，对会议过程负责。该角色一般由企业培养的储备干部担任。
- 会议记录人——撰写集体纪要、帮助参会者达成共识、对会议文本结论负责、跟进决议的实施（可选，为会议召集人服务）、撰写分享案例（总结分享会专有）。该角色一般由企业骨干担任。
- 一个宗旨——会议室内外是两个世界，需遵守不同的规则。

确定"三一会议法"中一个宗旨的过程颇费周章。"三一会议法"在初期推行时只有三个角色，而没有一个宗旨，致使推广过程面临很大困难——不是企业不愿意使用，而是一用就变形，一变形就效果全无。

"三一会议法"要求会议主持人对会议过程负责，及时制止会议中跑题和长篇大论的行为，严格把控会议时间和进度，尤其是控制"话多的人""声音大的人"的发言时长及对他人进行人身攻击的行为。但多数会议主持人在职场中人微言轻，根本不敢或无法制止这些行为。几次会议下来，会议主持人满头大汗，但被制止的行为依然存在。

怎么办呢？这不是会议方法的问题，而是职场人对会议管理的理解问题。此时，一个前置要求浮现出来了——会议室是"平行世界"，有着和会议室外不同的规则，在这里，会议主持人是最大的领导，所有人都应该听从他的安排，否则再好的方法也难以生效。

有了宗旨的"三一会议法"给企业带来了不小的帮助。以下摘录了几段"三一会议法"使用者的感受。

某企业高层管理者：以前让每个参会者都在讨论会上发言简直是不可能的事情，多数参会者会坐在那儿等结果，等散会。在将"三一会议法"引入讨论会后，情况完全不一样了。不光会议气氛不沉闷了、参会者发言踊跃了，很多事情也变得顺畅了……

某企业一把手：现在我得管着点自己！以前开会没意识，一说话就超时，现在不让说话很不习惯！不过我挺高兴——大家都开始说话了。王老师建议我下次开讨论会时可以不参加，会后看纪要。我是不是要退出历史舞台了（笑）。

某企业中层管理者：原来开会时大家说着说着就跑题，开什么会都这样！现在有了会议主持人和会议集体纪要，真的不一样了！原来开完会谁都不看会议纪要，现在（会议模式变了之后）开完会大家都得再看一遍，生怕自己漏看了下次被问责！

…………

虽然"三一会议法"内涵丰富，但其核心架构比较简单。这是有必要的，在实际工作中，唯有形式极简、内涵丰富的方法才能被推广开来。

"三一会议法"成形后在企业中推广经年，取得了很好的效果。一次偶然的机会翻阅《开会的革命》[①]一书，笔者惊喜地发现其中的"互动法"与"三一会议法"在角色和责任分工的基本设定上有异曲同工之妙。"互动法"被美

---

① 国际文化出版公司 2004 年出版《开会的革命》，迈克尔·多伊尔、大卫·斯特劳斯著。

国政府、GE（通用电气公司）、IBM（国际商业机器公司）、Metlife（美国大都会人寿保险公司）等企业和组织广泛采用，效果良好。不过，"互动法"与"三一会议法"两个方法的核心并不相同，"互动法"缺乏对会议效率本质和会议底层逻辑[①]的认知，缺乏对会议室内外需要两套不同规则的认知，对会议分类没有详细阐述，对会议召集人的作用不够重视，其模式和实践案例也更加适合西方企业。

此外，企业领导团队需要有序成长，会议召集人、会议主持人、会议记录人恰好是领导团队成长机制的一部分。会议召集人如果是部门经理，那么会议主持人可以是部门副经理或经理助理，会议记录人可以是部门骨干。随着业务的发展和时间的推移，通过深度参与企业的会议管理过程，三个角色都能得到成长。

企业会议的八个类别

在现实中，复合会议（多个目的的会议）居多，会议中出现的常见问题大多数与此有关，包括会议主题不明、会议议程冗长、会议过程争议不断、领导发言时长无法控制、跑题太远、陪绑者太多、参会者不发言、会议结论不明确……换句话说，会议目的杂糅是影响认知有效性、降低会议效率的主要因素。与之相对，会议目的越简单、主题越清晰、议题越少，就越能降低参会者的认知难度、提高会议效率。而且，当会议目的单一时，企业可以更好地采取与之相适应的会议组织模式来提高沟通效率。

经过反复思考和充分实践，会议管理的底层逻辑之一逐渐呈现出来——会议目的越简单，会议效率越高。如果一个会议有多个目的，就需要将之拆分。因此，做好会议管理的第一步是按照会议目的对会议进行分类。

从不同的角度，企业会议可以分为不同的类别。根据经理人的职能，会议可以分为三大类。第一类是"过程导向"会议，即企业经营过程中的例行会议，

---

① 底层逻辑是事物/系统/理论运行的基本规律，是事物/系统/理论的第一性原理和本质的延展。

其特点是可以预先确定会议召开的频次和模式，包括部门例会、运营总结会、月度（季度、年度）总结会、年度计划会和一对一会议等。第二类是"任务导向"会议，即与解决企业当下的实际问题相关的会议，不定期召开，包括问题讨论会、问题协调会和决策会等。第三类是企业中的务虚讨论会[①]。这类会议与当期经营没有直接关系，而是放眼未来，思考企业的业务发展及组织发展问题，根据企业需求召开，既可以定期召开，也可以不定期召开，包括务虚研讨会、战略规划会等。以上三类会议涵盖了企业 90%以上的会议。

按照经理人的职能来划分会议类别，无法有针对性地设计出能有效提高会议效率的办法。例如，"过程导向"会议中的部门例会、运营总结会、年度总结会的会议目的不同，开法完全不同，会议的召集要求、主持要求、记录要求、参加人数、座位安排也各有不同，不加以区分将无法提高参会者的认知，同时会降低会议效率。因此，应该根据会议目的对会议进行分类，以便于设计会议管理方法。以下是根据会议目的划分的企业会议的八个类别。

1．上情下达会

上情下达会——企业（部门、项目）信息向下传递。传递的信息包括企业最新动态、CEO 的特别信息、企业战略调整、重大人事变动、部门外部信息等。随着信息传递方式越来越多样化，很多上情下达类会议可以采用非会议媒介的传递方式，如发送公文通知、钉钉群消息或电子邮件等。这类会议组织相对简单，在本书中不做进一步介绍。

2．下情上达会

下情上达会，通过上下级进行交流，下级展示工作成果或提出需求，上级采集信息并质询和指导下级工作，如日常汇报会、月度/季度汇报会、半年度/年度汇报会等。这类会议的一般做法是下级汇报工作，上级进行质询，下

[①] 前两类是安迪·格鲁夫在《给经理人的第一课》中的分类，第三类没提。笔者认为并不是他没有想到，而是他将务虚讨论会归于高层经理的职能了。

级回复上级质询，并根据上级意见制订下一步工作计划。有些下情上达会没必要开，可以定期（周度或月度）将上级需要的数据和资料以文本形式进行汇总上报，减少会议召开次数。在多数情况下，多人参加的下情上达会一个季度召开一次足矣。当上级发现问题后，下级单独汇报、上级单独质询的效率明显更高。

3. 专题讨论会

专题讨论会——多人共同解决当前面临的问题。如果问题复杂或涉及面较广，难以由单个人完成，就需要采用多人专题讨论的方式。企业中的大多数会议都是此类会议，包括协调会、沟通会、计划会、研讨会等。在这类会议中参会者围绕会议议题进行深入讨论，找出最佳解决方案，达成共识，并推动问题的解决。

4. 决策讨论会

决策讨论会——管理者针对企业问题进行决策，决策内容决定了企业的命运。在多数情况下，决策讨论会是专题讨论会的延续——专题讨论会上参会者经讨论得出解决方案，管理者召开决策讨论会，甄选出决策标准并对解决方案进行抉择。这类会议的最佳结果是做出双赢的群体决策（与之相对的是单赢/输决策或双输决策），并使之得到有效执行。

5. 务虚讨论会

务虚讨论会——管理者对未来业务发展及组织发展问题进行深入思考。具体类型包括战略规划会、务虚讨论会等。务虚讨论会的议题与当期经营没有直接关系。参会者主要对影响企业长远发展的内容进行讨论。企业一旦跨过生死线，业务开始上台阶，就需要召开务虚讨论会，提出对业务或组织发展的一些设想，形成管理团队的共识。中小企业一年至少要召开一次务虚讨论会。

6．总结分享会

总结分享会，即在企业内部进行优秀实践案例分享和失败案例等的分享。它可以打破企业内部壁垒，加快信息传递，撬动企业文化改变，促进组织高效发展。具体类型包括实践分享会、业务总结会、项目复盘会等。在经营过程中，如果企业中出现的某类技术、某种工艺、某些机制、某个发明使经营结果达到理想状态，企业就可以召开总结分享会，共同分享优秀实践案例。

7．一对一会议

并非只有三人以上议事才是会议，一对一沟通也是会议。一对一会议，即通过上下级之间的深层次对话，使上级了解下级工作中的真实情况，及时发现问题和风险因素，提高下级的绩效水平，挖掘下级的成长潜力。通过一对一会议，管理者能达成多项组织目标，包括深入了解下级的工作实情、给下级赋能、满足下级在团队中被认可和被尊重的需求等。在多次召开这类会议后，我们就会发现它是我们和世界加深联系的重要通道。

8．反思反馈会

反思反馈会，即通过听取他人的反馈，进行自我反思，提升管理者和骨干员工的自我认知能力，推动团队协作，增强团队的凝聚力和战斗力。根据不同的对象，反思反馈会可以分为三类，分别为针对管理者和骨干员工的会议、针对团队协作的会议和针对团队建设的会议，会议的开法各不相同。本书主要介绍针对管理者和骨干员工的"裸心会"和针对团队协作的"鱼缸会议"。

除以上八类会议外，企业中还有一些其他类别的会议。这些会议包括部分信息沟通会议（如项目启动会、对接会、碰头会）、培训会议、外部会议（如业务会、发布会）、活动会议（如团建、年会）等。

"三一会议法" 会议分类表

会议名称	会议目的	参会者	参会人数	召集人	主持人重要性	对主持人的要求	记录人重要性	对参会者的要求	会议的主要功能	相关会议类型	会议特色	备注
上情下达会	自上而下的信息传递、快速、解答下级的相关问题	相关人员	不限制	上级领导	不重要	无	不重要	无	上下级间的信息通道	宣贯会、吹风会、表彰会等	一个声音	
下情上达会	自下而上的信息传递、快速、征求上级意见、接受上级质询	相关人员	越少越好	均可	不重要	无	不重要	提前阅读材料、会议发言	上下级间的信息通道	汇报会	汇报形式很重要	
专题讨论会	就复杂问题找出解决方案或就下一步工作达成共识	相关人员（参会人员必须发言）	最好在8人以内	均可	重要	熟悉会议主持程序，有一定的专业能力，对会议进程负责	重要	提前阅读材料、会议发言、准备发言	思考和解决当前工作中遇到的问题	协调会、沟通会、研讨会等	进程比结果重要	多数部门例会的核心议程是对某主题具体的专题讨论
决策讨论会	就重大问题明确提案、进行表决、确定下一步工作	相关人员（参会人员必须发言）	不超8人	上级领导	重要	重要决策讨论会由召集人兼任主持人，同时对会议进程和结果负责	重要	提前阅读材料、会议发言、准备发言	对业务发展和组织问题进行决策	决策会	结果和进程同样重要	
务虚讨论会	提出对未来业务发展和组织的一些设想，形成团队共识	相关人员（参会人员必须发言）	可以适当增加，在40人以内	上级领导	重要	熟悉会议主持程序，有一定的专业能力，对会议进程负责	重要	提前阅读材料、会议发言、准备发言	思考和讨论未来业务发展和组织发展的问题	战略规划会、务虚研讨会等	有规则地务虚	

续表

会议名称	会议目的	参会者	参会人数	召集人	主持人重要性	对主持人的要求	记录人重要性	对参会者的要求	会议的主要功能	相关会议类型	会议特色	备注
总结分享会	分享工作中的典型案例,包括优秀实践案例、失败案例等	有意愿参加者均可	越多越好	均可	重要	熟悉会议主持程序,有较强的专业能力,对会议进程负责	重要	提前阅读会议材料	针对内部信息不畅问题,进行成功和失败案例的分享,提高组织效率	实践分享会、业务总结会、项目复盘会等	越多人参加越好	
一对一会议	通过一对一的深入沟通、了解工作过程中事件的真实信息,贯彻落实责任机制,及时发现工作中的问题和风险因素	一般是上级和下级	只有两人参加	下级申请	不需要主持人	无	双方均应做会议记录	提前阅读会议材料	加深上下级间的沟通和理解,培养骨干员工	一对一会议	1~1.5小时	建议由下级来掌控会议议程
反思反馈会	通过批评和自我批评提升管理者和骨干员工的反思能力,增强团队的凝聚力和战斗力	中高层管理者及骨干员工	最好在8人以内,可以适当增加	上级领导	重要	熟悉会议主持程序,不需要专业能力,对会议进程负责	重要(部分敏感会议不需要记录人)	无	让成员听到内外部的反馈,进行自我反思,加强内部信任和理解	民主生活会、组织生活会、"裸心会"、"鱼缸会议"等	批评和自我批评	

注:1. 以上会议是单一目的的会议,企业中一些会议是多目的的复合会议。不过,复合会议中往往有一个目的是核心目的,也应该遵循相关规则。

2. 信息沟通会议、培训会议、外部会议、活动会议不在其中。

"三一会议法"的四点基本要求

要求一：会议召集人开准备会

会议召集人要对会议成果负责，会议目的一定要清晰。因此确定议题是会议召集人的头等大事。如果开会时才发现（或者始终未发现）议题不准确或是伪问题，那么会议成果必将大打折扣。所有重要会议都安排准备会，在准备会上，大家就"会议要解决什么问题"进行讨论，同时讨论会议的参会者、召开形式、会议议程等。准备会一般需要会议主持人和会议记录人一起参加。

要求二：会议主持人控场

控场就是控制会议现场。会议主持人通过控场为会议进程负责。控场的方式包括制定会议议程、选择会议发言模式、进行会议现场引导。其中的难点是进行会议现场引导，包括使参会者集中精力、制止人身攻击、鼓励发言人充分表达自身的"事实判断"和"价值判断"、控制跑题、控制每个参会者的发言时间、确保参会者都得到发言机会，等等。

要求三：会议记录人完成集体纪要

我们平时见到的会议纪要都是一份个人纪要——会议记录人按自己的理解进行记录。这样的会议纪要并不准确。对此，会议记录人应在会议结束前将会议纪要展示给参会者，并要求参会者对要点和共识一条一条地提出补充意见，从而形成会议纪要定稿——这就是所有参会者都认可的集体纪要。集体纪要太重要了，无论是要点纪要、共识纪要，还是下一步工作纪要，都要得到发言人本人及其他参会者的认同。这才是真正的会议成果。

要求四：参会者遵守会议规则

在会议室内，会议主持人是唯一的规则制定者和决策者，参会者需要遵守会议规则。尤其是企业管理者，在会议室内应该对会议主持人保持尊重，不得无视会议规则。

"三一会议法"的八种发言模式

会议中参会者的发言质量对会议的重要性毋庸置疑。因此，会议主持人需要根据会议目的和现实情况选择一种合适的发言模式来提高会议中参会者的发言质量。以下是会议中常见的八种发言模式。

发言模式一：引导发言模式

在会议刚刚开始时，阐述会议议题的目标、内容和意义就是引导发言，在对每个议题进行讨论前做引导发言能够提高会议效率。引导发言可以让参会者知道本次会议的关注点，提升参会者的认知有效性。一般来说，引导发言由会议召集人、会议主持人或提前约好的某位管理者、某位专家来做。

发言模式二：头脑风暴发言模式

这是指会议主持人利用"头脑风暴法"这种激发思维的方法，通过禁止批评、自由发言、自由联想、鼓励"搭便车"、想法越多越好等引导行为，使参会者得以畅所欲言的发言模式。该发言模式的最大特点是无压力。在无压力的状态下，参会者的发言必然是有创意或不同寻常的，这也是该发言模式的可贵之处。头脑风暴会之所以风靡天下，就是因为其无压力的发言模式。

发言模式三：预定发言模式

所谓预定发言模式是指提前约好时间、定好主题，在会议中发言的模式。

比如，某次讨论会请某位骨干员工参加，明确他在议程的某环节发言 10 分钟。此外，在采用诸如"六顶思考帽""迪士尼法"等思维工具的会议中，参会者从某个固定角度来谈问题也属于预定发言模式。以使用"迪士尼法"为例来讲，某位参会者只要站在写有"梦想者"的白纸上，他就应该以发散的思维大胆地谈眼前的问题。

发言模式四：轮流发言模式

这种发言模式在会议中最为常见，如果会议气氛凝滞，参会者们都不愿意主动发言，就可以用这种模式，让参会者们都开口说话。需要注意的是，尽量不要有"没有意见"这样的言论，如果某位参会者这么说，那么会议主持人需要对其加以引导，哪怕该参会者真的没有意见，也应该要求其多谈几句。

发言模式五：自由发言模式

这种发言模式很常见，即每个参会者自由发言，不被限定发言次数。在这种发言模式下，往往有一定资历、喜欢表达的人会得到更多的发言机会。所以，会议主持人需要确保每位参会者都有机会表达自己的观点。如果有的参会者发言时间太长，会议主持人就需要打断其发言，以留给其他参会者更多的时间。一个重要的技巧是预先和参会者约定自由发言的规则。例如，约定每位参会者只有三次发言机会，每次发言不超过 3 分钟。

发言模式六：分组讨论发言模式

当参会人数超过 8 人时，最好分组讨论，以每组 3 ~ 8 人为佳。在分组讨论时，各组可以使用头脑风暴发言模式、预定发言模式、轮流发言模式、自由发言模式等，之后选出代表上台发言。分组讨论能够节省会议时间并确保每位参会者都有机会充分表达自己的观点。这种发言模式需要各组的组长承担起会议主持人的部分职责，并且需要组长指定小组记录人，在分组讨论完成之前形成小组集体纪要，让上台发言的各组代表来代表集体发言，而非代表个人发言。如果是重要会议，则需要提前对组长和会议记录人进行培训。

发言模式七：德尔菲法发言模式

德尔菲法发言模式用于听取专家意见。具体方式：将问题和资料发送给多位专家，请他们以书面形式独立提出意见或建议；在汇聚专家意见后，会议主持人先找出其中的分歧点，再一一反馈给所有专家，并请他们再次提出自己的看法；根据情况反复数轮，最后形成专家组的意见。如果意见分歧太大，不排除进行集中讨论的可能。

发言模式八：总结发言模式

总结发言是指在会议（或某议题）结束前的回顾性发言，一般是对会议进程和结论进行回顾，并对后续工作进行安排。注意：总结发言不要太长，最好不超过 5 分钟，而且不是所有会议都需要进行总结发言。

"三一会议法"的七类会议的座位设置

为了促使参会者能进行深入沟通，组织者应根据不同会议类型设置不同的桌椅摆放方式。根据会议实践和人类的心理特点，"三一会议法"提出了七类会议的座位设置。

开专题讨论会时，如果人数恰好是 3~8 人，最好的座位设置是半圆式围坐，而非长桌会议或圆桌会议的座位设置。如果会议室里的座位能够挪动，就让参会者围成一个半圆，以使视线集中在主持人和白板（或 PPT 幕布和电子屏）上，且使参会者之间有视线交会点。这样做是因为按照长桌会议或圆桌会议的方式进行座位设置，参会者之间很容易进行对视，人在目光交流的情况下，情绪容易互相感染，无论是激昂的、愤怒的，还是沮丧的。而如果所有参会者看向一个方向，避开对视，但有视线交会点，就不容易相互影响，这样参会者更容易保持理性，提高认知水平，从而有利于聚焦和深入讨论问题。

有时，没有会议桌更好，大家围坐在一起，心理距离会更近，也更放松。研究表明，人存在一种特殊的状态——放松的专注（不太紧张，也不太放松）[1]，在此状态下人的创造力最强。这种状态的出现与座位设置有关。人数不太多、座位挨在一起的半圆式座位设置能够让参会者进入放松式集中状态，有利于提高认知有效性和发言质量。

专题讨论会座位设置示意图

需要注意的是，不是所有的专题讨论会都应该半圆式围坐，有的专题讨论会需要参会者互相激发情绪，这就应该安排圆桌会议，比如头脑风暴会（专题讨论会之一）。

正式的下情上达会（汇报会）和决策讨论会需要一些仪式感，因此应该在正规的会议室召开——长桌会议的座位设置更合适。锃亮的会议桌、厚实的皮座椅使会议庄重大气，在这种会议气氛下做出的汇报和决策似乎更正式，更具合法性，从而有利于下一步工作的展开。

务虚讨论会一般参会人数比较多，需要分组讨论：每组3~8人，最好的座位设置是鱼骨式座位安排或圆桌式座位安排。这样进行小组讨论和集中讨论都比较便捷。

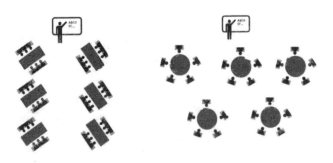

务虚讨论会座位设置示意图

开总结分享会可以采取随意就座和漫谈方式，这样可以让参会者完全放松下来，更好地听取提案人的介绍。在正规的会议室开总结分享会也没有问题，只是需要营造出轻松的氛围。一个技巧是，开总结分享会时，会议室的后

---

① 参考华夏出版社2013年出版的《身心合一的奇迹力量》，提摩西·加尔韦著。

门敞开，既方便想参与会议的人进入，也方便想退出会议的人离开。

还有一类会议叫反思反馈会，本书介绍了针对管理者和骨干员工的"裸心会"和针对团队协作的"鱼缸会议"。"裸心会"的座位设置相对简单，采用圆圈围坐的方式就可以（不要太正式）。"鱼缸会议"的座位设置相对复杂一些：由于会议的内容是参会者通过表达各自的观点，对个人或团队进行诊断和反馈，在此过程中，被诊断的个人或团队不要辩解，聆听即可，因此，具体的座位设置是被诊断和反馈的个人或团队坐在中间，提供诊断和反馈的参会者围坐在四周，这有点像众人观赏鱼缸中的金鱼。

开一对一会议时，双方可以找一个小圆桌，围绕小圆桌而坐，这样容易产生亲切感，快速产生圆桌效应。即使没有小圆桌，也千万不要按"工"字对坐，否则双方会进入拳击擂台赛或审讯的情境，不利于进行深入沟通。此时，双方可以找一个方桌按"L"形坐下对话，座位呈 90° 摆放，这样双方能够视线交会，很自然地开始对话。

3～8 人的会议

"三一会议法"认为，企业中的多数会议，包括汇报会、专题讨论会、决策讨论会、务虚讨论会、"裸心会"、针对个人的"鱼缸会议"，3～8 人是最佳会议规模。

在这个规模下，参会者能够将问题讨论得非常透彻，同时能够减少某位参会者被忽视的现象，参会者更容易集中注意力，从而提高参会者的认知有效性。安迪·格鲁夫强调，决策讨论会的参会人数上限最好为 8 人，否则无法做出好的决策。当然，8 人不应该是绝对的上限，经典电影《十二怒汉》[①]告

①《十二怒汉》是由美国米高梅公司 1957 年制作的一部黑白电影，由西德尼·吕美特执导。电影讲述了一个 12 人陪审团如何在身份、性格、心态、思考方式各异的情况下做出群体决策的故事。其中有不愿担责、具有懈怠思想的角色（李·科布饰演），也有坚决不陷入团体迷思、不为了避免冲突而改变自己想法的角色（亨利·方达饰演）。最终通过反复沟通、观点碰撞、从不同角度剖析原有的证据、提出合理的怀疑等，12 人达成了"无罪"的共识。

诉我们，12 人也能做出比较好的决策。但必须承认，各类会议中效率最高的会议规模就是 3~8 人。

劳伦斯·普特南致力于研究工作时间和效率的问题，为了找到团队规模的"最佳平衡点"，他选取了 491 个中型项目进行深入研究。结果显示，同样的工作量，3~7 人的团队需要的时间只有 9~20 人团队所需时间的 25%！其原因主要有两点：大团队中的新成员需要通过参加培训使自己跟上其他成员的速度，更重要的是团队成员增加后，沟通渠道就会增加，当团队超过 8 人时，大脑无法应对太多的沟通渠道。总之，最佳团队规模应该维持在 7±2 人，宜少不宜多。[1]

这是人类的生理特点和心理特点决定的组织规律。从成功的企业来看，美国戈尔公司将员工划分为多个工作小组，每个小组成员的人数都为个位数；谷歌公司内部团队的平均人数是 9 人；美国企业租车公司每家分店不超过 8 名员工。

企业实践中，3~8 人的会议容易召集，但也容易开成非正式会议——只要招呼一声，几个人就凑在一起开会，没有事先定好的主题和议程，也没有会议主持人和会议记录人，大家聊到哪儿算哪儿。这是 3~8 人会议的最主要问题。

大多数会议只要达到或超过 3 人，就应该用"三一会议法"介入，以提高会议效率。即使 3 人开半小时的小会，只要深入讨论问题，就应该有主题、有议程、有会议主持人和会议记录人（可以自然轮换）。如果其中两人就某议题产生争执，那么第三人应该履行会议主持人的职责——制止人身攻击或适时拉回话题。如果有六七个参会者参与讨论，则必须明确会议主持人和会议记录人。

9~20 人的会议

9~20 人的会议是企业中常见的会议规模，很多时候企业讨论问题都采用

---

[1] 参考中信出版社 2017 年出版的《敏捷革命：提升个人创造力与企业效率的全新协作模式》，杰夫·萨瑟兰著。

这样规模的会议。9～20人的会议结构复杂,为了节省时间及让每位参会者都能充分表达观点,应该采取分组的方式进行讨论。假如不分组,而采用轮流发言模式讨论问题,如果会议时间不够长,就会出现沟通不足的问题,在这种情况下,会议效率很难提高。在群体效应[①]上,相比之下,20～40人的会议比9～20人的会议达成团体共识更困难。

如果分组讨论,每个小组需要选举或指派一名组长(不能是主要领导)引导小组成员进行讨论,选举/指派一名会议记录人形成小组集体纪要,选举/指派代表在大会上发言。这样的会议可能有如下几个弊端。

- 要解决具体问题,如果相关核心人员不在一个组中就会导致讨论质量不高。
- 分组的目的是节省会议时间并确保每个人都有机会充分表达自己的观点,但如果分组讨论的时间不够长,则很难达成共识或形成解决方案。
- 组长和记录人将担负起重要职责(需要参加培训)。

企业应尽可能减少9～20人的会议,争取把参会者控制在8人以内。如果会议目的能做到单一化,那么可以通过议题拆分来控制参会人数(在大部分情况下,与单一议题密切相关的人很少会超过8人)。如果一些人的确需要了解会议全貌但又不需要发表意见,那么可以旁听。

20～40人及40人以上的会议

20～40人适合开务虚讨论会。

务虚讨论会和专题讨论会的会议模式没有本质区别,它是一个会议目的不同、参与人数可以更多、时间应该更长的专题讨论会。务虚讨论会希望达成"固结人心、纠合群力"的效果,大家一起讨论企业的发展以达成某种程度的共识。参会者多是中高层管理者和核心骨干。考虑到会议目的,参会人数应该多一些。基于务虚讨论会的特点,参会人数的最大可控范围为40人。

---

① 心理学名词。其含义是当个体处于群体之中时,其行为和意识会受到群体中其他成员的影响。

一般来说，当企业的业务规模逐渐扩大，业务复杂程度逐渐提升时，企业中领导+骨干员工的人数都会超过 20 人，这时企业就应该定期开务虚讨论会，在核心团队中达成真正的共识。

20～40 人的务虚讨论会必须采取分组的方式进行，根据具体人数分为 3～5 组，每组 3～8 人，可以采用小组讨论、代表发言的方式，同样需要选举/指派组长、小组记录人和发言代表。

由于务虚讨论会的时间更长，在一定程度上可以克服一些多人复杂会议的弊端。

- 务虚讨论会的会议时间足够长（一般在一天以上），可以提高参会者对会议问题的认知有效性。
- 给组内讨论留出充足的时间，以便进行深入沟通。
- 务虚讨论会的参会人数多，群体效应的影响更大一些，容易达成某种程度的共识。
- 会前对每组的组长和小组记录人进行培训（开准备会），要求组长正确引导组内讨论，小组记录人形成小组集体纪要[1]。
- 要求在大会上发言的小组代表主要谈小组共识而非个人观点。

除了上情下达会和总结分享会，不要举办 40 人以上的会议，否则会议效率将急剧降低。就上情下达会和总结分享会而言，因为不要求所有参会者发言，所以十几人的会议和几十人、上百人的会议并没有本质区别。

顺便说一句，企业之外还有政府组织、非营利性机构等组织，有时必须召开超过 40 人的讨论会。在这种情况下，应该制定更加严格的会议要求。比如，发言时必须面对会议主持人（参会者不得直接进行辩论）；参会者申请发言必须举手；有严格的动议原则，每个动议正反方轮流发言，且每次不超过两分钟等。具体内容和模式可以参考美国陆军准将亨利·罗伯特将军撰写的《罗伯特议事规则》[2]。

---

① 就分组讨论的模式而言，对会议主持人和小组记录人的要求与单独的专题讨论会完全相同，这就对组长和小组记录人提出了直接要求，但有时限于实际场景无法达到要求，这是分组讨论质量不高的主要原因。

② 《罗伯特议事规则》中的内容源于英国议会数百年的经验，也是在美国广受认可的议事规范。这套规则对如何提出议事事项、如何听取和发表意见、如何提出动议和如何表决，都有非常详细的规定。该书中文版2008 年由格致出版社/上海人民出版社在国内出版发行，作者是美国陆军准将亨利·罗伯特。

Tips：管理者参加会议总时间的掌控

不知道读者是否仔细想过，企业管理者花在会议上的时间不超过多少才算合理呢？

德鲁克对此有明确的答案——如果一家企业的管理者的开会时间超过了其总工作时间的 25%，就表明这家企业的管理出了问题。原文如下。

无论在什么时候，管理者（最高层管理者除外）花在会议上的时间如果超过一定的比例（可能是 25%或更少一些），就意味着结构不当。会议过多表明职务界定不清、职责范围太窄、责任不够分明。会议过多还表明决策分析和关系分析要么根本没有做，要么做了但没有付诸使用。在这个方面，设计结构应该遵守的规则是尽可能减少需要把大家召集到一起才能做事的情况。①

格鲁夫是德鲁克的粉丝和拥趸，不过，对于会议管理有深入研究的格鲁夫罕见地发出了不同声音。格鲁夫认为，在理想状态下，企业中的所有问题都有预案，因此过程导向会议（例行会议）就已经解决了所有问题，不需要再召开讨论会和决策会这种应变式的任务导向会议。因此，他提出应将德鲁克的话改为："如果经理人将超过 25%的时间用在应急的任务导向会议上，这个组织就一定有了问题。"

Tips：在会议室内提供小吃

"三一会议法"的一个宗旨是"会议室内外是两个世界，需遵守不同的规则"，也就是说，在参会者踏进会议室的一刻，就要告诉他们：你进入了一个不同的世界（空间）！

有一个方法是在会议桌上摆上小吃，这些免费食物能够立即营造出间隔

---

① 摘自机械工业出版社 2009 年出版的《管理：使命、责任、实务》，彼得·德鲁克著。

感（外部办公空间不会提供这些），让参会者知道自己来到了一个不同的空间，可以暂时放下外部办公空间中的身份和预设姿态。此外，美味的小吃不但能让参会者心情愉悦，还能让会议气氛更和谐，有利于会议的进行。

Tips：在会议室内设置议程提示板

　　创立于美国弗吉尼亚州的慧俪轻体公司的员工曾经一度对会议的低效非常不满，为了解决该问题，公司在会议室外安装了触摸屏，以便在会后收集员工的反馈。根据这些反馈，公司采取了一些措施。这些措施中最管用的一项是在会议室内设置一块议程提示板（电子屏），将会议室内正在举行会议的议程罗列出来，时刻提醒参会者会议的开始时间、具体议程、每项议程的结束时间和会议的结束时间。有意思的是，这项措施直接大幅提升了员工对会议的满意度。

第三章

如何开汇报会（下情上达会）

怎样给领导汇报工作？

怎样让汇报会的效率更高？

多数管理者在这两点上的表现都不尽如人意。

下情上达会的目的是通过上下级之间的交流，下级展示工作成果或需求、上级采集信息并质询和指导下级工作。在日常工作中，我们通常称之为汇报会。汇报会按其正式程度可以分为以下四类。

- 电梯汇报[①]：偶遇领导，用 30～120 秒说清楚一个项目的进程或对某件事的处理意见。
- 日常汇报会：日常就某事去找领导汇报工作，时间一般在 15 分钟左右。
- 月度/季度汇报会：按照绩效管理计划，定期向领导汇报完成情况和下一步的工作，时间一般不超过半小时。
- 半年度/年度汇报会：与绩效评估相关。汇报会时间为 30～60 分钟，除了准备正式汇报材料，还应该准备相关的会议阅读材料。

本章只谈影响重大的半年度/年度汇报会。从半年度/年度汇报会的组织实践来看，常见问题如下。

- 常见问题一：前期准备不足。如果参会各方都准备不足，那么下级的汇报一定不够精彩，上级的质询一定不够深入。有时因为上级没有足够的前置材料，在下级汇报完后上级根本提不出质询问题。
- 常见问题二：下级缺乏汇报技巧。下级只按 PPT 的顺序讲解，甚至干巴巴地读材料，和上级没有交流，汇报材料中缺乏要点、亮点陈述——汇报过程不顺畅，气氛沉闷。
- 常见问题三：下级文过饰非。下级的汇报技巧高超，倾向于用花哨的 PPT、丰富的多媒体资料、巧妙的语言/身体语言、煽情的故事进行汇报，以突出成绩、遮掩自身的工作失误。
- 常见问题四：汇报和质询时间安排有问题。比如，给某位员工安排了 40 分钟的汇报时间，却只留了 5 分钟的质询时间，这样对于一些关键问题根本就没有时间讨论。
- 常见问题五：陪绑情况严重。例如，组织者要求所有人进入会议室参加一个汇报会，但是议程是单个汇报人轮流向几位领导进行汇报，其他无关的人明明有很多事要去做，却不得不在会议室中陪绑。

[①] 严格来讲，电梯汇报不是会议形式，是指在短时间内（30～120 秒）言简意赅、结构完整地讲清楚某件事。在商业世界中"电梯游说"很著名，被视为一种很重要的沟通模式。这种形式虽然不够正式，但有助于汇报人厘清汇报思路。

究竟如何开好汇报会呢？

本章从开好半年度/年度汇报会的角度，谈谈该类会议的前期准备、中期进程和后期跟进事宜。此外，有三个理念很重要，即10/30法则、成功汇报的PRHP[①]结构、深度倾听后的三层次汇报法。

半年度/年度汇报会的前期准备：明确的前置条件

- 半年度/年度汇报会希望达成什么样的会议结果？
- 谁来汇报，谁来听？
- 应该什么时间汇报？有前置条件吗？
- 应该汇报什么内容，怎么汇报？

以上是汇报会的会议召集人应该仔细思考的一些问题。汇报会的目的是促进上下级之间的交流，半年度/年度汇报会作为汇报会中最重要的一类。下级要在这个平台上向上级汇报半年度/年度的整体工作，展示工作成果、提出资源需求，上级则在采集信息的同时质询和指导下级工作。除此之外，在大多数企业，半年度/年度汇报会还承载着重要的考核功能，是上级对下级进行绩效评估的平台。

半年度/年度汇报会分为如下三个层级：

- 基层向中层汇报；
- 中层向高层汇报；
- 高层向核心领导层汇报。

对于基层向中层汇报，下级给直属上级一个人汇报即可。其他两个层级的汇报会可以采取"定一级、看一级"的模式：

- 中层向高层汇报——总经理或常务副总经理参加、直属上级和相关高层管理者参加；
- 高层向核心领导层汇报——董事长或副董事长参加、总经理和常务副总经理参加。

---

① PRHP（Position，观点；Reason，理由；Highlights，亮点；Prospect，展望）。

所谓"定一级、看一级"：直属上级可以决定下级的评估结果、薪酬乃至晋升[1]，这叫"定一级"；再上一级领导可以参与汇报会和评估过程，可以在过程中参与质询，但不参与评估，这叫"看一级"。之所以采用这种模式，是因为一方面，企业中的很多工作是互相影响的，并组成一个完整的系统，对此，高层管理者需要有合理的渠道加深了解和沟通；另一方面，企业对高层管理者的要求就是能够从更高层面去看待企业的问题，因此高层管理者参与部门评估是合理的。

半年度/年度汇报会与其他会议的最大不同是前期准备阶段复杂。这种汇报会需要有明确的时间节点，而且必须有明确的前置条件——绩效评估流程已经走到最后一环，需要上级最终确定。该汇报会也有明确的成果，即完成上级对下级的评估——该评估与下属的薪酬和晋升直接相关[2]。

具体来说，这种汇报会的前置条件有以下两点。

（1）汇报人上个阶段的绩效考核报告已经生成，可以量化部分的考核（如KPI，Key Performance Indicator，关键绩效指标）已经完成——将其作为会议材料发给参会者。

（2）汇报人直属上级为汇报人撰写的《半年度/年度绩效评估报告》初稿已经完成——将其作为会议材料发给参加会议的评估人（暂时不发给汇报人）。

> 《半年度/年度绩效评估报告》对于培养管理者非常重要，它要求每位经理人拿出时间去认真评估每一个下属半年度/年度的绩效表现。《给经理人的第一课》中说道，格鲁夫对《半年度/年度绩效评估报告》非常重视。英特尔公司是一个员工人数超万人的大公司，格鲁夫极为忙碌，但他每年都会从下属写的绩效评估报告里随机选出一百份仔细阅读，不但仔细阅读，而且做批注和进行反馈。

---

① 与企业的薪酬和绩效管理制度相关，如果企业采用绩效强制分布的政策，就可以采取评估人群体权重打分的模式，来确定最终的绩效评级。

② 具体与企业实际的管理制度相关，即使该评估与被评估人的薪酬和晋升不直接相关，也是上级对下级的重要阶段性评估，需要存档备查。

《半年度/年度绩效评估报告》由四部分组成。

	姓名：约翰·多伊
	职称：原料支持主任
	评估期间：2005年2月—2005年8月
	工作内容说明：
	负责管理生产规划流程与制造标准制定过程（包括维修和开发）。
	评估期间完成事项：
产出评估：良好 →	在这半年中，生产规划流程有了显著改变。各部门之间协调得不错，管理活动也都能高效地进行。
	优点及需要改进的地方：
	约翰在2月份被调到原料支持部。当时生产制造流程出现了一些问题，而约翰很快便进入状态，与前一任主任顺利进行了交接。
流程评估：缺少活动	但在制造标准制定方面，约翰的表现就没那么好了。他虽然很努力但成效不佳，我想这有两个原因：
和产出之间的关联性 →	1. 约翰不能制定出明确的目标。一个比较有代表性的例子是他无法制定主要的产出目标；另外一个例子则是他3月份在对制造标准系统评估时做出了模糊结论——到现在我们还不知道这个系统何去何从。一个人如果没有明确的目标，就会很容易陷入"徒劳无功"的陷阱——这与接下来的第二点有很大关联。
陈述必须有实例 →	2. 我觉得约翰很容易以为开了会就是有进度了。他应该在开会前多下点功夫，明确会议的目标。
赞美也得找实例 →	约翰之前的财务背景很显然在很多地方派上了用场。最近的例子是他帮助采购部门解决了一些财务上的问题——虽然这不是他份内的事。
	约翰很希望能继续晋升。这一次我并没有提升他的打算，但我相信他的能力终究会让他晋升到他想要的位置。然而，在晋升之前，他必须证明他能处理复杂的项目，如之前的制造标准系统，而且重要的是必须有结果。他必须能清楚、明确地分析问题和制定目标，并找出达成目标的方法。而这些事情大部分都要靠他自己。虽然我会从旁协助，但主角还是他。当他可以证明自己能独立作业时，升职也就水到渠成了。
	总而言之，约翰对目前的工作还算胜任。我当然也明白他刚从财务部门调到制造部门自然会碰上一些困难。我会继续帮助他——特别是在目标制定及寻找解决方法上。约翰在原料支持上的评价是"及格"——他当然还有很大的提升空间。
除直接领导外，还得	**评价：** ☐ 不及格
向上再呈报一级。同	☐ 及格
时呈报人事部门，让	☐ 表现良好
他们处理薪酬问题 →	☐ 表现优异
	直接领导（签名）： _____ **日期：**2005/8/10
注意：这是一个双重	**总经理（签名）：** _____ **日期：**2005/8/10
报告的例子，原料经	**矩阵主管（签名）：** _____ **日期：**2005/8/10
理委员会的主席也参 →	**人事部门（签名）：** _____ **日期：**2005/8/10
与了此次评估	**员工（签名）：** _____ **日期：**2005/8/10

员工签了名只代表他看了这份报告，
并不一定表示他完全同意

《半年度/年度绩效评估报告》实例

　　第一部分内容是评估下属的产出——既评估实际产出，也评估绩效实现过程。比如说，下属的 KPI 指标完成情况还不错，但是在这个过程中的一些会议开得很糟糕——虽然按照计划召开了会议，但会议准备工作做得很差，也没有达成会议目的。与此类似的好几个会议都是这样开的。显然，下属的绩效实现过程存在很多问题。

　　第二部分内容是描述下属在上一年全年表现出来的优点和缺点。无论是优点还是缺点，都需要用实际的案例来支撑。

　　第三部分内容是明确告诉下属应该如何提高绩效。这部分内容一定要清晰、明确。

第四部分内容是一个综合评价选项，分别是不及格、及格、表现良好和表现优异——先为下属选其中一项，然后直接领导和更高一级领导签名。如果该员工还有其他矩阵主管作为领导，则还需要该领导和人事部门相关人员的签名。之后，直接领导拿这份报告和员工沟通，沟通后员工在上面签名（汇报会前置材料为报告初稿，双方都不需要签字）。

需要指出，这份报告虽然在企业中很有用，但用起来非常艰难，主要是因为《半年度/年度绩效评估报告》的分量非常重，下属对此非常重视。在跟下属谈问题、指出他表现不佳的时候，下属会非常反感并呈现典型的防卫状态——很多管理者对此都无计可施。因此，这项看起来不是很复杂的工作，却很容易走上形式主义的道路。格鲁夫每年要看一百份报告并进行批注，就是要把自己对这件事的重视信号传递下去，让下面的每一级管理者都笃行不怠。

注：相关内容摘自中信出版社出版的《给经理人的第一课》，安迪·格鲁夫著。

在满足会议的前置条件后，还需要对汇报人的汇报内容进行规范，一般而言，汇报内容包括四部分内容：

- 工作业绩——拿数字说话；
- 工作亮点——工作中的最佳表现；
- 工作问题——工作中的问题和不足之处，以及需要上级提供的支持；
- 工作规划——下一步工作安排。

汇报会的会议召集人由企业的人力资源部负责人担任，会议召集人可以兼任会议主持人。会议召集人在会前需要指定会议记录人并召开准备会，确定会议前置条件是否达成，并将会议资料和汇报模板发给相关人员等。

半年度/年度汇报会的中期进程：汇报、质询

半年度/年度汇报会的中期进程是最简单的，因为它无须分组、无须选择发言模式、无须做集体纪要，议程只有汇报、质询（含双方讨论）两个环节，会议主持人控场也非常简单。

正式的汇报会需要一些仪式感，最好在正规的会议室召开，长桌会议比较普遍——汇报人在长桌的一头，采用站立式汇报效果更好。一般而言，参会人数以 3~8 人为佳。汇报形式为单人汇报。汇报时间根据具体情况而定（一般为 30~60 分钟）。汇报人轮流进入会议室，汇报完成后即可离开。组织者提前调配好汇报人的时间。

汇报会有汇报和质询两个环节。在前期准备过程中，会议召集人需要根据会议情况和企业自身情况设定两个环节的时间占比，并在议程中明确。会议召集人/会议主持人可以准备几个标准的质询问题。示例如下。

- 请问，你的 PPT 中某处的数据来源是什么？
- 谈谈你对企业战略的理解。
- 你今年的销售计划未能完成。你计划新招 5 名销售员，请问：你希望这 5 名销售员什么时间到位？是否只要人员到位明年就一定能完成销售计划？
- 你的直属上级总认为你的时间观念不强，你对此有什么改进计划吗？
- 你对下一级管理者的培养有什么思路？有相关计划吗？

  …………

会议召集人/会议主持人按照议程推进，注意某个质询环节不要因跑题或某领导发言时间过长而导致耽误时间过多，需要对整体会议时间进行把控。

在汇报人准备汇报的过程中，他需要知道：在半年度/年度汇报会上，多数汇报技巧都是无效的，包括华丽的 PPT、震撼的开场白、夸张的表情和动作、煽情的故事等，这些会在大众演讲中得分的技巧被运用到给上级汇报的过程中反而会失分。下表强调在不同的汇报情境下应该采取不同的汇报风格。

不同类型的汇报、演讲[①]

类型	听众	听众关注度	多媒体工具	故事与数据	情感与逻辑	幽默	时间	听众参与度
演讲/演说	社区人员、社团/专业组织成员	一般	非常少	大量的故事	包含非常多的情感	必须幽默	短:20分钟	很少

---

① 参考企业管理出版社 2014 年出版的《向上汇报》，瑞克·吉尔伯特著。

类型	听众	听众 关注度	多媒体 工具	故事与 数据	情感与 逻辑	幽默	时间	听众 参与度
标准内部 汇报演讲	管理层同 事，下属	一般 偏低	大量	故事和 数据都有	一半情感 一半逻辑	可能 出现	长：45～60 分钟	一些
高层管理者 汇报	资深高层 管理者	高关注 度，会出 现冲突	很少	数据	逻辑	幽默 在这里 很危险	不确定，基 本上都很短， 时间会被尽 量压缩	非常多 的讨论

资深高层管理者在听取汇报时，其并不希望看到 PPT 花里胡哨的装饰，更希望汇报人能迅速传递相关信息。最好的汇报模式应该是三段论（可参考后文的 PRHP 结构）：

- 第一段：结论；
- 第二段：支撑结论的事实或相关论据；
- 第三段：下一步的工作计划、建议、资源需求。

在汇报会有限的时间内，汇报人要争取将自身的工作成绩和希望表达的信息完整地传递出去，而极简的表达模式无疑是一个好方法。

半年度/年度汇报会的后期跟进：上级评估

汇报会的会议记录人的主要工作是速记，记录的不是集体纪要和共识，而是汇报人的发言核心点和质询环节每个人的主要发言，注意将这份记录存档备查。

半年度/年度汇报会还有着评估的功能。汇报会后，有时需要上级完成对下级的打分评估。此外，《半年度/年度绩效评估报告》定稿后，相关上级和汇报人需要签字。

如果上级在质询过程中发现一些问题，则要有专人负责跟进（需要专门的督查督办机制）。

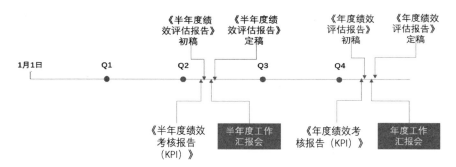

《半年度/年度绩效评估报告》定稿时间

理念一：10/30 法则

10/30 法则是指汇报会中汇报环节和质询环节的时间占比规则。举例来讲，如果汇报人汇报的整体时间是 30 分钟，那么他只能用 10 分钟来讲述汇报内容，剩下的时间交给质询（含双方讨论）。在实操中，组织者可以根据会议情况和汇报人自身情况设定两个环节的时间占比。

为什么要采用这个法则呢？

要知道，听取汇报的上级的阅读能力和理解能力都很强，如果汇报人只是演示幻灯片，那么根本不用开汇报会，汇报人写一份详细的报告发给相关人员就可以了，还能节省大家的时间。开汇报会的目的就是双方围绕工作要点进行交流，这是汇报会的核心。因此，质询环节必须留出足够的时间。每个汇报人准备的 PPT 要尽可能简短。一般而言，一张 PPT 需要讲 2~3 分钟，如果留给讲述的时间只有 10 分钟，那么 3~5 页 PPT 就够了。此外，汇报人除了这 3~5 页 PPT，还需要准备 10 页左右的文字资料作为附件（资料可以稍多一些，需提前发给听取汇报的上级），以便在进行深入讨论时随时可以亮出数据和资料。

有的汇报人不习惯进行工作汇报，非常紧张，希望汇报完全是单向讲述，没有现场互动才好。但是，汇报会是上下级交流互动的平台，只有汇报会上双方充分准备、积极互动、深度讨论，汇报会才会有比较好的效果。

10/30 法则不但对汇报人提出了要求，而且要求听取汇报的上级提前进行充分准备（如仔细阅读会前发放的相关材料），以便提出高质量的质询问题。

理念二：成功汇报的 PRHP 结构

好的汇报绝对不是流水账式的精心铺陈，而应该重点突出，与评估人（上级）深入交流——如果只习惯于演示和朗读 PPT 上的内容，必定难以和评估人进行深入交流。微软前 CEO 鲍尔默甚至建议汇报人在汇报时抛开 PPT（哪怕 PPT 正是微软的产品）。这就要求汇报人对自己的汇报内容有清晰的认知。

好的汇报逻辑可以用 PRHP 结构加以描述。

Position（观点）——核心内容

这是指汇报人开门见山，用一两句话说明这次汇报的关键点，当然长一点也没问题。例如，本年度我很好地完成了收入和利润任务，超出年初指标的 30%，但在回款方面有不小的问题。此外，在自身学习和下属培养方面我做得不够，明年围绕这些问题我制订了改进计划。同时，我会谈谈关于未来三年的初步想法。

Reason（理由）

这是指汇报人简单解释一下支持汇报关键点的数据（KPI）和事实。这部分完全基于实际数据和事实，不要加个人的感受。

Highlights（亮点）

这是指半年度/年度工作中的亮点。例如，为了解真实的市场情况，我一年中跑了十几家 A 级分销商，了解了分销网络的诉求，并和公司的战略发展思路相结合，这是今年超额完成收入和利润任务的主要原因。

Prospect（展望）

这里将这部分内容分成两部分进行阐述：首先，可以围绕关键问题点阐述下一步的改进计划；其次，可以围绕未来的工作开展进行展望。

正常人用汉语讲话时的语速约为每分钟 240 字（音节），汇报时往往语速会略快一些，基本上 10 分钟讲 2400 字以上。一份 3000 字的稿子，如果按照 PRHP 结构展开，15 分钟差不多能讲完。在极端情况下（如会场临时断电，用不了 PPT），如果汇报人按照 PRHP 结构进行过梳理，那么脱稿将自己半年/全年的工作内容汇报清楚，也基本能取得成功。简而言之，汇报人应提前将自己的工作内容锤炼到言简意赅、逻辑缜密的状态，并有理有据地展开。

理念三：深度倾听后的三层次汇报法

既然汇报时的质询环节应该比汇报人的单向汇报时间更长，那么汇报人就需要掌握深度倾听与深入交流的技巧。

如果在听取汇报时，某位负责营销的上级突然提出：

"我怎么觉得你改进计划中的回款计划不但无效而且有很多问题，你这个计划会影响我们明年的订单量！"

如果汇报人上来"硬顶"："不！这肯定不是问题，对于明年的订单量我是这么考虑的……"显然，这种对抗性的回答很可能会让对方进入自我防卫状态，接下来的对话也很可能无法进入深入质询状态。

因此，在汇报过程中，汇报人应尽量保持合作和倾听的状态。具体来讲，汇报人可以通过认真倾听，真正理解对方的意思，并用三个层次的回答使双方得以进行深入交流。

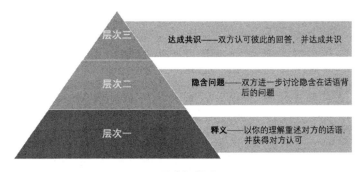

三层次汇报法

（1）汇报人要用自己的语言重复对方的话，这样做一是为了给予对方充分的尊重，二是确保自己正确地理解了对方的意思，三是可以赢得一点思考时间。接下来，汇报人需要站在对方的立场去思考，琢磨问题背后的问题是什么。

"您是否有点担心我的回款计划会触怒对方的高层，影响两家公司的长期合作关系，从而损害我们长期的订单？"

（2）如果汇报人不仅能回答表面上的问题，还能察觉到问题背后的问题并予以解答，无疑会给自己加分——汇报人需要拥有深度倾听的能力，并且业务精熟、情商在线。

（3）层次三则需要提出明确的解决方案，并以此和提问人达成共识，继续推动会议的进程。

"我的具体做法是……，这样一来，对方的高层不但不会有意见，甚至会加深双方的合作关系，不知道您怎么看。如果我们对此有共同的看法，那是不是意味着我已经回答了您的问题？"

这就是汇报人需要掌握的深度倾听后的三层次汇报法，是从数据/观点传输的单向汇报模式转向双向交流模式的过程中汇报人必须掌握的方法。

附件："三一会议法"下情上达会流程说明

"三一会议法"下情上达会流程说明

事件	负责人	过程说明	备注
确定召开会议	会议召集人	确定会议目的、召开时间、召开范围	
明确会议主题，选定会议记录人，召开准备会	会议召集人	会议召集人一般是人力资源部的负责人，可以兼任会议主持人，在确定下情上达会主题后与人力资源部相关人员和会议记录人召开准备会（如果有准备会议的行政人员，也需要参加准备会），确定会议前置条件是否达成，并确定参会者、召开时间、会议议程、会议材料准备、会议召开方式及其他注意事项。一般分工如下：会议召集人确定会议议题和召开时间，邀请参会者，确定会议议程和会议召开方式；人力资源部相关人员准备会议材料；行政人员进行会议前期准备，包括准备会议室、投影仪、白板等；会议记录人参会了解情况即可	

续表

事件	负责人	过程说明	备注
会议材料准备	人力资源部相关人员	发放汇报模板，要求汇报人撰写汇报材料，并提供相关会议材料；与财务部和相关业务部门沟通，进行汇报人的绩效评估工作，生成相关绩效考核报告，作为会前准备材料	行政人员需要搜集汇报人在会前提交的材料，并将绩效评估报告发给汇报人
会议材料准备（可选）	汇报人的直属上级	撰写针对汇报人的《半年度/年度绩效评估报告》	会前不将该报告给汇报人
会议开场发言	会议召集人	介绍"三一会议法"相关情况，明确本次会议的规则。具体规则包括但不限于：汇报人发言时长、评估人质询模式，要遵守发言时间要求，如有建议需举手发言，除会议记录人和行政人员外一律不得使用电脑。开场发言时间不超过 3 分钟	
汇报稿讲解	汇报人	汇报人对上阶段工作的具体情况进行汇报，展示工作成果、提出资源需求	
评估人质询	上级	评估人提出质询问题，汇报人予以解答。双方围绕问题进行讨论。评估人在某些问题上可以提出督办事项	
说明：若为多个汇报人，则循环以上过程			
记录会议发言	会议记录人	记录汇报人的发言核心点和质询流程中每位评估人的问题要点及汇报人的回答要点	记录应存档备查
汇报结束	会议召集人	对汇报情况进行简单总结，如果有后续重要工作要解决则做出提示。时间不超过 2 分钟	
说明：会后有两项工作需要完成			
完成绩效评估（可选）	汇报人的直属上级	完成针对汇报人的《半年度/年度绩效评估报告》，签字确认	
完成绩效评估（可选）	人力资源部相关人员	完成针对汇报人的绩效评估，《半年度/年度绩效评估报告》需要汇报人的直属上级、总经理、矩阵主管、人力资源部相关人员、汇报人签字	

注：在下情上达会上，会议召集人和会议主持人合二为一。

Tips：问题背后的问题

在"三层次汇报法"中，层次二是关于隐含问题的讨论，多数质询者不会直指问题本身，所以汇报人必须解读出问题背后的问题。

美国心理学家吉尔伯特写了一本名为《向上汇报》的书，其中有一个案例对问题背后的问题谈得比较清楚。摘录如下。

8年前，那时我才32岁，正在硅谷为我们的大客户提供课程培训。培训室里坐满了灰发的中年人。刚刚开场不到5分钟，一位绅士将双臂交叉在胸前，向我提问："你有多大了？"我感觉到了他语气中的愤怒，同时也知道我必须退后一步缓和气氛，并且对他问题背后的问题进行回应。

表面上，他的问题是针对我的实际年龄的，但是这并不是真正的问题。我感觉到，实际上他更关心在这里度过他宝贵的一天是否值得。同样他还有其他情感隐藏在他的问题背后。他可能在想我有没有足够的信誉和经验来教导、培训他。再往深层次想，可能他对他的"老师"跟他的孩子是同龄人这一事实感到烦闷与不安。

为了消除他的担忧，我需要通过释义来掌握隐藏在他的问题背后的深层含义。所以我说道："你来到这里，希望能看到高管级别的人教授这个课程（他点点头），但是你看到的却是我（他微笑了起来）。你或许正在怀疑今天的课程对你来说是不是很重要，怀疑我是否有足够的能力和资格来带领你学习这些内容。是不是这样？"令我惊讶的是，他微笑着回答"是的"。

这时，我可以正面回应他的担忧，并开始我的课程了。我告诉他这个培训项目有着坚实的调查研究基础，完全可以信赖；还告诉他我教授这个课程的时间。这些答案让他非常满意。

表面上，他的问题是针对我的实际年龄的，实际上他的问题是他宝贵的时间会不会被我的课程浪费（在课程结束时，他告诉我这一天的课程对他来说有多么的重要和珍贵）。

Tips：半年度/年度汇报会值得花时间开吗

举例来讲，一家企业约有中层管理者30人，假定半年度汇报会每人汇报半小时，那么每隔半年，高层管理者就需要拿出整整15小时来听取中层管理者汇报——不用全部参加，也差不多需要两天时间。

这个时间花得究竟值不值？这是每个管理者都会问到的问题。

值得或不值得要看半年度/年度汇报会有着怎样的效能，用格鲁夫的话说就是要看半年度/年度汇报会的杠杆率究竟高不高。

半年度/年度汇报会在 MBO（目标管理）中占据非常重要的位置，体现在如下四点。

- 下级绩效体现的主要舞台。相对日常绩效体现，半年度/年度汇报会能全面体现下级的绩效和能力，是下级的一个展示舞台。
- 上下级重要的正式交流平台。在半年度/年度汇报会中，相关管理者都会聆听汇报，提出问题并进行现场交流，因此，此类会议成为企业经营中很重要的交流平台。
- 中高层绩效管理的重要节点。由于涉及绩效评估，因此这种汇报必须做，否则绩效管理的逻辑就不圆满。
- 企业培养绩效文化的重要方式。

一般来讲，企业高层管理者一年拿出 4 到 8 天（普通高层管理者拿出 4 天，核心领导层拿出 8 天）参加半年度/年度汇报会是值得的。

周一清单

- 如果你看到本书的时间接近年中或年末，那么可以按照书中所述试着写一份针对某位下级的绩效评估报告。
- 将自己近期准备向上级汇报的工作汇总成一个"电梯汇报版本"，要求观点浓缩精练，语言简明扼要，用 30～120 秒的时间将自己的工作成果和工作计划讲清楚。

第四章
如何开专题讨论会

专题讨论会不是一个用于妥协的谈判场、一个用于对决的拳击台或某人发表想法的宣讲台，而是人们争取协调一致，共同建设"巴别塔"的场所。

企业中会有一些相当复杂、需要他人协作的问题。这时候就需要开专题讨论会，从而找到解决问题的办法、达成共识。有了共识，协作自然产生。

面对扑面而来的种种难题，专题讨论会作为直面问题、明确解决方案的专项会议，其重要性毋庸置疑。但是绝大多数企业都不知道应该如何开专题讨论会，导致企业的专题讨论会千奇百怪、五花八门。以下是一些病态的专题讨论会的表现。

- 一人讲，众人听。领导在上面侃侃而谈，下面的参会者则表现各异，要么正襟危坐，心思却云游天外，要么低头玩手机，要么干脆公然干自己的事情。

领导强推对某件事的认知，或者强推某个解决方案，这样做无法达成共识，更无法实现全力协作（顶多是貌合神离的协作），整体效率不高。

- 议程混乱，议题不定。准备不足，会议主持人形同虚设，讨论内容过于发散，参会者想到哪儿说到哪儿，往往议而不决。

问题讨论不清，无法得出好的解决方案，参会者无法达成共识。

- 强势表达，利益交换。参会者根据自身利益进行价值判断，强势表达，经常出现"你胡扯""我认为应该……""我们部门……"，最后会议被迫中止或在争论中达成妥协和利益交换。

有时可以解决问题，但往往只能得到较差的解决方案和较低的共识。会议成果是低水平的。

- 参会者众多，但多数沉默，被迫发言者字斟句酌，稍有问题就会招来领导的训斥。

如果参会者不能充分表达，专题讨论会的价值将被大大削弱，不但得不到好的解决方案，达不成共识，而且可能起反作用。

…………

那么，应该如何开专题讨论会呢？

本章将从专题讨论会如何开的角度，谈谈该类型会议的前期准备、中期进程和后期跟进事宜。对专题讨论会来说，有四个理念很重要，即专题讨论会上主持人最大，所有参会者都要参与讨论，头脑风暴是常用的专题讨论会发言模式，要注重对头脑风暴会的过程结构化。

专题讨论会的前期准备：反复斟酌议题

专题讨论会在什么情况下会失败？

最常见的失败是议题不正确导致反复讨论却得不出好的解决方案。

有一家企业认为产品的生产成本高是因为生产现场浪费太严重，于是召开了一个专题讨论会，议题是"如何解决生产过程中的浪费问题"，参会者主要是各车间主任。大家经过反复讨论也得不出太好的解决方案，高层管理者对此很郁闷。实际情况是因为产品设计导致生产工艺太复杂，造成产品的成本比竞争对手高。因此，正确的议题应该是"产品的成本为什么偏高"或"如何解决产品设计导致的成本偏高问题"。设计部门和技术部门要共同参与讨论，以得出解决方案。

对于许多问题，我们一眼看到的只是表面现象。比如，看到合伙人个性不合，其实是组织结构不当；看到人员招聘工作做得不好，其实背后是高层管理者的人才观念有问题；看到部门内部人员不够敬业，其实是目标制定不合理；看到生产成本过高，其实是产品设计不合理或销售规划不佳。

一家物业公司管理着一栋有点年头的写字楼。这两年有很多租户抱怨电梯的运行速度太慢了，于是物业公司管理人员请了一位电梯专家来做诊断。专家的意见是可以换一部新电梯，以提高运行速度。由于建筑结构和新电梯造价的问题，电梯拆换的成本很高。

"怎么解决写字楼电梯运行速度慢的问题"作为一项议题被放到了物业公司管理层的会议上进行讨论。会上有人问这部老电梯到底有多慢。由于缺乏实际的数据，总经理决定让大家一起去感受一下。在亲自体验之后，大家都觉得只是稍微有点慢，完全在可以接受的范围内。那么，租户抱怨的"真问题"究竟是什么？经过管理人员一次次询问，一个问题逐渐浮现出来——也许不是电梯运行速度慢，而是在电梯运行过程中租户过于无聊。

从这个思路出发，物业公司给出了一个简单的解决方案——在电梯间装一个 LED 屏，用来播放新闻，中间插播一些广告（LED 屏不用物业公司投入成本）。一个月后，当物业公司再次询问租户意见的时候，对电梯运行速度慢的抱怨神奇地消失了。从更换电梯的大投入到转变思路之后的完全不用投入可以看出，发现"真问题"的作用是巨大的。

企业中的问题大多与上例相似，只是不见得能得出这么戏剧性的解决方案。在上例中，如果我们将专题讨论会的议题变为"换什么品牌的电梯能降低成本"，那么得出的解决方案将大相径庭。很多时候，企业花了冤枉钱，却没能得到想要的效果。

因此，专题讨论会的议题非常重要，很多企业采取症状诊断的方式提出议题，也就是俗称的"头痛医头，脚痛医脚"，显然是不恰当的。这就需要企业在开专题讨论会之前就"当前面对的真问题是什么"进行思考。这件事情的责任人是会议召集人，也就是召集大家开会讨论的人。会议召集人一般是会议上职位最高者（但会议召集人也有可能请他的上级参会）。会议召集人负责确定议题，他也对会议最终结果负责。

在会前确定议题这件事非常重要，会议召集人需要反复斟酌，并与相关人员讨论确定。在召开重要的专题讨论会前，一定要召开准备会，会上大家就"当前面对的真问题是什么"进行小范围的讨论。准备会的参会者包括会议主持人和会议记录人等。

专题讨论会的中期进程一：需要找到解决方案

当问题比较复杂的时候，开专题讨论会的核心目的是找到问题的解决方案。

为找到好的解决方案，专题讨论会中期进程有几个要点，分别是分组选择、发言模式选择、会议信息归类、解决方案选择、会议集体纪要完成，以及由此确定的最终议程。在这个过程中，会议主持人控场相当重要。如果需要针对问题形成解决方案，专题讨论会的中期进程可以分为以下几步。

第一步，发放会议通知和会议材料，明确对参会者的要求和安排。

- 要求参会者提前做好准备，包括提交相关材料，按要求阅读下发的会议材料等。
- 根据参会者的人数明确是否分组。

第二步，明确发言模式，一般有如下选择。

- 引导发言+头脑风暴发言模式。无论是简单议题的会议还是稍微复杂一点议题的会议，都可以采用头脑风暴发言模式进行创意采集。
- 引导发言+预定发言模式。比如采用"六顶思考帽"、"四副眼镜"或"迪士尼法"，让参会者从不同角度来看同一个问题，有助于加深对问题的理解和出台有新意的解决方案。此外，对于预定发言，可以请一些资深员工（或外部专家）参会，提前约定发言主题和发言时间，这有助于把握讨论的深度。
- 引导发言+轮流发言模式。该模式简单易行，适用于简单议题的专题讨论会。
- 引导发言+自由发言模式。每个参会者自由发言，不限定发言次数，但发言时间不能太长，由会议主持人确定。同时，会议主持人需要确保参会者都有机会发言。

第三步，展开讨论进程。

会议主持人：欢迎大家参加今天的讨论，我们讨论的主题是"如何提高公司网站的转化率"。今天时间比较紧张，只有45分钟，没有预定发言，以自由发言为主。每个人的发言时间在2分钟以内。谁想先发表一下看法？

小张：我先说。我认为网站设计和用户体验是关键因素。如果用户在进入我们的网站后无法迅速找到他们需要的信息或产品，就很可能离开并寻找其他网站。我们需要确保网站布局简洁明了，导航易于使用，同时提供有吸引力的图片和文本内容。

小刘：完全同意。不过，除了布局和导航，我们还需要确保网站的响应速度和可用性。如果网站响应速度慢或存在故障，用户很快就会离开。我们需要定期测试网站的性能，以确保网站能够在不同的设备和浏览器上正常运行。

会议主持人：非常好的观点。其他人有什么看法吗？

季经理：我认为，为了提高网站的转化率，我们需要创建有价值的内容，吸引用户访问并促使他们进行转化。这可能涉及写点用户案例、制作一些视频、发布一些案例研究等内容，并将其与我们的产品和服务相关联。这些都有助于建立我们的品牌形象和权威性，并增强网站在搜索引擎排名中的竞争力。

会议主持人：季经理说得非常好！小王也说两句？

小王：我们还可以使用一些工具来进行热图和用户反馈分析。这些工具可以帮助我们了解用户在网站上的关注点，并收集用户对网站的反馈和建议。

…………

会议主持人：谢谢大家！时间已经过去30分钟了，非常感谢大家的分享。我们刚才已经就网站设计、用户体验、内容营销、测试和分析等方面的问题进行了探讨，以提高网站的转化率。但是资源有限，总经办只批准了20万元的预算，因此我们不可能同时去做这些事情，我们得说说究竟应该怎么办，并形成初步的解决方案。

…………

第四步，问题的归类梳理。

这是指会议主持人负责带领参会者对所有发言中的事实判断和价值判断[①]的信息进行结构化归类，并依据某种规则进行排序，形成解决方案的草案。

会议主持人：目前我们一共收集了八个思路，不过由于预算有限，只能从中挑选出两个作为近期实施的要点。现在还有15分钟时间做选择，对于应该怎么选，大家有什么意见？

季经理：我觉得要先把这些创意进行组合，因为有些内容是可以被放进同一个方案中的。

小刘：我同意！我觉得其中的第三条和第八条就可以组合。

---

① 对事实判断和价值判断的划分始于英国哲学家休谟。所谓事实判断，就是对事物本身的描述和指陈判断，如"詹姆斯是英国人"。所谓价值判断，就是主体自身对客体的一种评价性的判断，如"詹姆斯脾气暴躁"。

…………

（组合后形成了五个方案）

会议主持人：如何对这五个方案进行选择？

小王：我们先确定一个选择标准，然后投票，这样最快！

季经理：可以，最基本的标准就是所选方案能够很快带来数据变化。

小赵：但是我们看不到未来的数据情况。我觉得最基本的标准可以是给第一次点进来的用户以震撼的效果，让网站对用户有吸引力。

………… （关于选择标准的讨论，以及之后的排序）

第五步，解决方案的选择。

此时，会议主持人（或会议召集人）要明确相关限制条件，如上级的要求、资金的限制、外部环境的特殊性等，根据这些限制条件和方案的选择标准明确排在前列的解决方案草案（可以采用投票、打分等方式）。在选择完毕后，如果是普通议题，就可以当场确定下一步的工作如何展开，包括工作的负责人、完成时间和监督模式；如果是重要议题，则需要完善解决方案，对接后续的决策讨论会。

会议主持人：还有两分钟，我们投票吧！

………… （投票过程）

会议主持人：今天的会议很圆满，大家投票选出了两个解决方案，并明确由小赵、小王两个人负责完善方案。后续季经理会代表大家参加决策讨论会，决定究竟选择哪一个方案。

在专题讨论会的中期进程中，会议主持人需要控场，包括制定会议议程、选择每个环节的发言模式，准时开始会议，集中参会者的精力，禁止人身攻击，鼓励发言者充分表达自身的事实判断和由此而来的价值判断，通过控制跑题和每个参会者的发言时间确保每个参会者都能得到发言机会等。

同时，参会领导需要控制自身的行为。在绝大多数情况下，领导不得做评判性发言或干涉会议主持人的工作，除受会议主持人邀请的会前引导、会末总结和回答提问外尽量减少发言。需要注意的是，专题讨论会不能由领导兼任会议主持人，否则会降低会议效率。

专题讨论会的中期进程二：需要达成共识

　　解决问题需要很好的团队协作，召开专题讨论会的核心目的是达成共识。

　　如果你与有着不同背景、不同利益取向的人共同参加过专题讨论会，或者细读过《罗伯特议事规则》，就能够理解人类这个物种进行深度沟通、达成共识为何那么艰难。

　　孙中山曾在《建国方略》中写道会议目的主要是"固结人心、纠合群力"。他非常明白群体共识的重要性，《建国方略》中的"社会建设"部分主要就是讨论如何开会，其核心内容参考了《罗伯特议事规则》和 *Women's Manual of Parlimentary Law*[1]，详细阐述了在会议中达成共识的方法。试摘《建国方略》中部分内容分享如下。

- 有规则之会议，则异于是，其组织必有举定之职员，以专责成；其行事必按一定之秩序，有条不紊。如提议一案也，必先请于主座[2]以讨地位，得地位而后发言；既提之案，必当按次讨论，而后依法表决。一言一动，秩序井然，雍容有度。如是，乃能收集思广益之功，使与会者亦得练习其经验，加增其智能也。

- 议场每行一事，其手续有三：其一，动议；其二，讨论；其三，表决。此三手续，乃一线而来，无论如何复杂之程序，皆以此贯之。动议者，为对于事体处分之提案也。欲在议场发生合法之提案，必当行正式之动议；倘随意谈话或随意拟议而得一般之同意者，不得收约束之效力也。如命行一事，必有正式动议，正式表决，始足责成受命者之遵行也。凡随意谈话，只足当动议之先导，而不能代动议之功能。故动议者，实为事体之始基也。

---

① 孙中山提到的"沙德氏之书"，美国女权运动者沙德撰写的 *Women's Manual of Parlimentary Law*，没有中文出版物。

② 会议主持人。

- 若发言者于讨论中偶要说及他会员，则不当提其名，但说"在我左或右之会员"，或曰"我等之书记"，或曰"其他之发言者"，或曰"我之反对者"，或其他不属个人之代名词，以指出所说之人便可。
- 领袖于开端时可讲十分钟，结尾时可讲五分钟。
  ………………①

从以上分享内容及书中其他内容可以看出，围绕会议主持人的甄选、限制领导发言、对不同意见的重视及对跑题发言的纠正等，孙中山表达的内容与今天开好专题讨论会的方法完全匹配。其源头——《罗伯特议事规则》和 Women's Manual of Parlimentary Law 则更加严谨规范地提出了一系列方法，把专题讨论会中如何达成共识的细节推向了极致。

美国传记女作家鲍恩的著作《民主的奇迹：美国宪法制定的 127 天》②是美国学生的教科书之一。书中讲述了 1787 年在费城召开的美国联邦制宪会议——美国建国史上最重要的会议，十三个差异巨大的区域（州）怎样在天差地别的情况下达成共识，制定出《美利坚合众国宪法》。这种共识促成了真正有效的决策。

虽然组织类型不同、会议目的不同、地域文化不同，但政府、企业、非营利性组织在开专题讨论会时的议事规则是相通的，只是在一些细节上有所不同。相对来说，企业专题讨论会的参会人数更少、背景更趋于一致，达成共识相对简单。

什么是"共识"？共识就是共同的认识，本质是有着不同利益诉求的人群通过求同存异的过程，最终达成共同的认识。其内涵有两点。第一点是指"能达成一致意见"，如果团队能达成共识是非常棒的事情。不过职场人士大多都知道，很多时候达成共识是奢望，存在分歧才是常态。比如，有的团队似乎很容易达成一致意见，但实际上这种情况多数是维护表面和谐、个人意见无法充分表达的"假共识"，对团队反而有害。第二点是"执行承诺"，是指在很多问

---

① 摘自中国长安出版社 2011 年出版的《建国方略》，孙中山著。
② 参考新星出版社 2013 年出版的《民主的奇迹》，凯瑟琳·德林克·鲍恩著。

题上团队即使达不成一致意见，如果能在相互理解的前提下形成执行承诺也是很好的——这意味着一旦做出决策，团队成员就会笃行不怠。

需要注意的是，执行承诺既不是妥协和利益交换，也不是对指标或结果的简单承诺，而是对团队协作的认可和承诺。亚马逊公司有一条领导力原则是"敢于谏言、服从大局"，即敢于表达不同意见，在经过充分沟通后，即使不同意对方的意见，也仍然愿意承诺并给予全力支持——这是真正的共识，是专题讨论会成果的主要体现方式之一。

很多企业一把手认为他们内部达成了大量共识。其实不然。由于创业成功，企业一把手往往自信爆棚，会不自觉地对不同意见表示轻视。这导致在企业的实际工作中，下属和其他人逐渐不再提出和企业一把手不一致的意见，于是"共识"轻松达成。实际上，这种共识只不过是皇帝的新衣。如果想要企业进步，企业一把手就要广泛听取各种不同的意见，求同存异，这样才能凝聚大多数人的共识。

但是，越成功、越聪明的管理者越容易陷入单一思维的陷阱，某些管理者喜欢在会议上说："如此明显的'事实'你为什么看不到（背后的含义是你如果持反对意见，那么不是愚蠢就是不安好心）？"这种说法一旦出现，就永远不可能达成共识。

在达成共识的过程中，不同的意见是有价值的。在职场中，管理者如果希望打破单一思维，就需要包容不同观点，有耐心且仔细地听取不同意见，因为哪怕是"笨人"，也可以给管理者展示不同的视角——要假设持不同意见的人看到了不同的事实。

在某次会议上，某位不谙世事的年轻人提出了一个看似很愚蠢的问题。不过，开放的会议氛围经常能使我们出乎意料地找到解决问题的新思路。这不是假想，而是许许多多真实会议场景中经常发生的事情。

除此之外，专题讨论会的议程和发言模式也会影响共识的达成程度，如果安排得当，信息、观点、事实展示得足够充分，专题讨论会的中期进程就会更加顺畅。

会议主持人：欢迎大家参加今天的专题讨论会，会议主题是"产销部门如何更好地协同"。今天专题讨论会的时间比较充裕，有 2 小时。主要议程是由李经理和陈经理分别代表销售部和生产部各发言 15 分钟；之后是自由讨论环节，大家自由发言，不用举手；下午 3:30 我约了秦老师来参加会议，请他就这个主题发言 10 分钟，之后我们继续讨论；会议结束前 10 分钟，我们请会议记录人帮我们梳理今天发言的要点，看看我们究竟达成了哪些共识。好，现在开始，首先有请李经理！

在信息的汇集、事实的陈列、观点的互动下，参加会议的人会逐渐了解到别人的利益诉求和出发点，从而产生"理解"之意，继而在某些问题上达成一致意见或形成执行承诺。专题讨论会能真正增强企业内部的共识程度，在某些情况下效果极佳。

会议主持人控场和领导自控与上一节的内容相同，不再赘述。

此外，需要达成共识的专题讨论会不能从妥协的角度思考问题，会议主持人和参会者需要特别注意这一点。会议主持人和参会者要在会上不断追问"什么才是对的"，而不是"谁才是对的"或"什么才是他人能够接受的"。当然，在找到问题的症结所在之后，求同存异很重要。对于每一个重要的认知，尽可能地团结一切可以团结的人非常有必要。在企业中，应在核心团队、中高层管理者，乃至企业所有员工中达成最大限度的共识。上下一心，其利断金。

专题讨论会的后期跟进：紧盯方案执行或共识执行

集体纪要的整理和尽快发出是不言自明的事情。

会议记录人做集体纪要的注意事项如下。

（1）如果会议的成果是解决方案，那么会议记录人不但要记录最终提交的解决方案，而且要记录未提交的解决方案备查。

（2）如果会议的成果是达成的共识，那么会议记录人不用详细记录每个参会者的发言要点（很少有人会回头看这些内容），但一定要记录清楚达成的共

识的内容、下一步的工作安排（包括责任内容、责任人、完成时间、监督模式）
和下次的会议安排。

多数企业的专题讨论会的会议纪要中缺少关于会后跟进的监督模式。
所谓的监督模式，就是在会后紧盯方案执行或共识执行的方式，一般有以
下三种。

- 指标落实：将会议确定的解决方案或共识执行情况作为相关责任人的
  绩效评定指标，与责任人的绩效挂钩。
- 督办模式：监督办理，由某部门或员工负责监督会上确定的内容是否按
  计划实施，并向相关领导汇报或在下次会议时进行说明。
- 自查模式：在内部管理较好和员工自驱力比较强的企业可以采用自查
  模式，即相关责任人根据会议结论自查自纠，并主动向领导汇报或在下
  次会议时进行说明。

在专题讨论会的"独立王国"中，一个合适的会议主持人很重要，会议
主持人表现得好就会提升参会者的认知有效性。更开放的环境、深度交流、
不会被批评、不用盲从领导、与同伴产生"化学反应"，这是解决会议中诸多
问题的不二法门。这里再次强调，会议主持人不能由会议召集人（领导）兼
任，否则会使专题讨论会变质。

专题讨论会的产出不仅仅是最终的结果，更重要的是在这个过程中你和
他人之间的互动。因此，专题讨论会不是一个用于妥协的谈判场、一个用于对
决的拳击台或某人发表想法的宣讲台，而是人们争取协同一致，共同建设"巴
别塔"的场所。

理念一：专题讨论会上会议主持人最大

为了开好专题讨论会，格鲁夫推荐了一个"同级群体加一"的方法[1]，即
在参加专题讨论会的群体上再加上一个人，这个人最好不是直接的老板，但级

---

[1] 格鲁夫倡导的"同级群体加一"本质上是一种控制手段，即必须有人能控制会议的进程。

别要比参会的其他人高一点。这个人需负起对会议进程进行引导的责任。也就是说,这个人不表达观点,只引导讨论。

这个人就是会议主持人。

企业专题讨论会中的现实问题是会议主持人级别比较低。参会者中"立场强硬的人""话多的人""声音大的人"比较多,这些人往往是职位较高的人或资深人士。会议主持人按职位序列"人微言轻",不敢打断这些人的发言,从而造成会议时间失控和议程失控。如果领导(一把手、高管或部门负责人)直接当会议主持人,情况或许会好一些,但这是专题讨论会的大忌。因为开专题讨论会会面临复杂的问题,需要参会者深度参与会议进程,共同探索解决方案,领导当会议主持人无法做到中立,也无法营造平等互动的氛围,这样就会直接降低参会者的认知有效性,压抑参会者的主动性。

会议主持人要为会议过程负责,就必须控制住会议进程,也就是说,他的话必须有人听。例如,会议主持人必须在会上制止他人的不当发言。

- 张主任,先别打断小周的发言,等他讲完您再说。
- 李工,你的发言超过 3 分钟了,让别人也讲两句。
- 提醒一下,我们讨论的主题是"……",而不是"……",廖经理请回到主题上来。

因此,会议主持人在会议中必须有独特的地位。

"三一会议法"的宗旨是"会议室内外是两个世界,需遵守不同的规则"。只有参会者接受并遵循这条规则,专题讨论会和诸多会议的具体方法才能施展开来。在企业中,会议主持人这个角色应该具备公信力和掌握相应的权力,企业有必要在职位体系中设立"会议主持人"这样的岗位(要有相关的培训支撑),进行兼职(大型企业甚至可以设立专职岗位)培养,并发放薪酬。

领导发言是专题讨论会中很令人头疼的问题。许多企业领导的表达欲相当强烈,会上滔滔不绝。议程中明明要求每人发言不得超过 3 分钟,遇到某位领导发言严重超时却没人敢打断他。有的领导在会议中不能接受不同的意见,一旦有人提出不同意见,轻则不屑一顾,重则暴跳如雷,进行人身攻击。而且,领导一旦在专题讨论会中过早发言,就会有很多参会者跟风,使讨论的结果变质。

在专题讨论会上减少领导发言是很有必要的。即使会议主持人有责有权，但毕竟身在企业之中，如果企业文化不够开放，那么会议主持人绝不敢贸然打断领导发言或制止领导批评其他发言人。有一个小技巧，就是会议主持人在会前和参会领导沟通，要求领导在讨论的过程中不发言或晚一点发言。准备推广"三一会议法"的企业可以设置相关制度，规定领导在专题讨论会的讨论过程中不得发言，只在讨论之初进行引导发言或讨论结束后总结时根据议程安排由会议主持人决定是否发言。

理念二：所有参会者都要参与讨论

一些企业的会议气氛很沉闷，多数参会者不主动发言。

会上不发言的参会者分为以下四种情况：第一种情况是不想发言，即使讨论的内容与自己相关也不愿发言；第二种情况是被拉来听会（或代替别人来听会），不便发言；第三种情况是议程中只有一点内容与自己有关，其他大部分时间是陪绑；第四种情况是纯粹旁听，收到会议通知了，不来不好。在有些会议上，甚至有的参会者带着笔记本电脑，当别人讨论得热火朝天时，他却自顾自地干着与会议无关的事情。

为了解决这样的问题，管理者想出了一些方法，包括轮流发言或点名发言，争取让参会者每人都说两句，哪怕是一句"我没什么意见"。

"三一会议法"对专题讨论会的要求是每个参会者必须发言，必须参与议题讨论，而不能说没意见。这就对专题讨论会的议题和参会者范围提出了要求。

- 议题尽可能单一。参会者与议题要紧密相关。如果必须有多个议题，最好把会议拆分成多个会，尽量不出现陪绑现象。多开几个单一议题的小会强于开一个多议题的大会。

- 参会者尽可能少。如果某人和议题有关，但关系并不是特别大，属于可以邀请也可以不邀请的，那就不要邀请。

专题讨论会的核心是讨论，如果有参会者不参与讨论，一方面会降低会议效率，另一方面会使参会者不够投入。3~8 人是讨论问题的最佳人数范围，一旦超过这个人数范围，就容易忽略某些意见和某些人。因此，如果参会人数超过 8 人，就应该分组讨论。

如果分组讨论，就应对各小组的组长和记录人分别提出引导讨论、撰写集体纪要的要求。在多数情况下，组长和记录人难以像整体会议的主持人和记录人那样尽职尽责。而且，小组讨论的时间也得不到保证，因此分组讨论的质量往往不尽如人意。因此，专题讨论会的人数尽可能不要超过 8 人（可以参考前文 9~20 人的会议的弊端）。

理念三：头脑风暴是常用的专题讨论会发言模式

专题讨论会可以有多种发言模式，其中一种叫头脑风暴发言模式。它的特点是可以让参会者畅所欲言，互相激发思维，从而形成有创新意义的解决方案。头脑风暴发言模式下有一些特殊规则框定了讨论过程——自由发言、异想天开、不打断、不批评、"搭便车"、延时评判、强调创意数量。这种发言模式能充分激发参会者的热情，给创造性讨论留出足够的空间。今天，头脑风暴已经成为企业中常见的会议发言模式之一。

会议主持人：欢迎大家参加今天的专题讨论会，会议主题是"如何提高公司网站的转化率"。今天讨论的时间比较紧张，只有 20 分钟，我们采用头脑风暴发言模式。现在我把主题调整为"提高公司网站转化率的方法大全"，大家觉得怎么样？

…………

会议主持人：我们现在就开始列举自己的方法。在这个过程中大家只说自己的方法，不评判别人的方法。其他的头脑风暴发言模式的具体规则我就不赘述了，大家都很清楚！会议记录人会记录下大家的方法，回头我们再组织一个会，把观点梳理和讨论一遍，分出先后和缓急。如果大家没问题就开始发言，看能否在 10 分钟内提出 15 个好方法。开始！

小张：改网站布局，使网站变得简洁明了。

小刘：每周测试一次网站的性能。

季经理：每周测试一次太频繁了……

会议主持人：停！说好了不评判别人的方法。季经理，你的方法是什么？

季经理：我觉得内容很重要，我的方法是创建有价值的内容来吸引访问者并促使他们进行转化。

会议主持人：不错，我们继续！小王，你有什么主意？

小王：我搭个季经理的便车（被他人发言激发后有新的主意），我们可以将上周做的一个案例研究放到网站上去。

小赵：我有个狂野的想法，你们觉得在主页上放一个黑骷髅头，再放两个链接怎么样？

要开好采用头脑风暴发言模式的专题讨论会需要注意以下六点。

（1）采用头脑风暴发言模式有利于提出问题、列举创意，但适用于分析问题、筛选创意，因此会后还要再组织一场会议（最好是原班人马）用于整理、分析和排序。例如，会上提出了 20 个创意，后续会议筛选后重点瞄准 3 个，最终形成问题的解决方案。

（2）会议记录人在记录时要采用不记名的方式记录每个人的观点，这样不但将个人的观点变成团队的观点，而且有利于做到对事不对人。

（3）会议不能时间太长，否则就会拖拖拉拉、效率不高。比较合理的时间是 15～40 分钟。

（4）除会议记录人记录每个人的观点外，建议会议主持人在白板上一边主持一边写，将每个人的观点以不记名的方式写下来，这样有助于大家集中注意力、梳理思路。

（5）如果有 1 分钟时间没有人说话，就说明会议可以结束了，或者可以暂停了。

（6）会议一结束，完整的集体纪要就应该已经被整理好了，并做到人手一份，同时明确下次召开会议的时间。

理念四：要注重对头脑风暴会的过程结构化

为加深读者对头脑风暴会的理解，下面我们用过程结构化[①]的方法对会议进程进行分析。这里以阶梯头脑风暴会为例来讲。

- 第一步：参会者进入封闭会议室。
- 第二步：会议主持人对本次头脑风暴会的主题进行清晰阐述。
- 第三步：除了参与讨论的两个参会者，其他参会者离开会议室，留在会议室的两个参会者讨论各自的想法。
- 第四步：15 分钟后，一个新的参会者进入会议室，先谈论自己的想法，再听取会议室中两个参会者的想法。
- 第五步~第 N 步：每隔 15 分钟（时间可以根据情况而定），新的参会者进入会议室并阐述自己的想法。
- 第 N+1 步：所有人聚齐，共同评估所有想法，并选择最佳解决方案。这个阶段类似于传统头脑风暴会中的筛选和选择阶段。

阶梯头脑风暴会严格的过程设计使最不起眼的参会者也会有一种自己的想法受到重视的感觉，从而尽心竭力，同时，每个参会者在独立思考和集体讨论之间获得平衡。如果采用该模式，那么参会者的人数不能太多，一般为 5 ~ 15 人[②]，否则会议时间太长。

6-3-5 头脑风暴会是德国人基于严谨的习惯而设计出的一种默写式头脑风暴会。

6-3-5 头脑风暴会每次由 6 个参会者参加，在主题明确的前提下，每个参会者都要在 5 分钟内完成 3 个设想（所以叫 6-3-5）。具体来说，每个参会者面前都有一张大纸，上面画着 6 个大格子，每个大格子被分为 3 个小格子，

---

① 达文波特认为，对知识工作者而言，工作改进的有效方法是"把工作当作一个过程"。他说："建立一个正式的框架来约束它——定义它的开始、中间步骤和结束……这种基于过程的绩效改进已经不再陌生，是改善知识工作活动的一个显而易见的选择。"

② 这种会议模式解决了参会人数多导致的部分参会者不发言或不受重视的问题，参会人数可以超过 8 人。

每个参会者需要用 5 分钟时间填满 1 个大格子，即完成 3 个设想；完成后将自己的纸顺着某个方向轮流传递（方向一致，保证每个参会者都能拿到一份），继续在新拿到的大纸上用 5 分钟完成 3 个新设想（注意参考其他参会者的看法），这样一直持续到每张大纸都被填满。会议一共持续 30 分钟，可得到 108 个设想。

接下来的环节是整理、归类和讨论，找出其中最佳、可能性最大的设想。这种默写式的头脑风暴会使每个参会者都有机会表达自己的想法。同时，由于每个参会者都可以看到其他参会者的想法和建议，因此能够获得更多的灵感，从而产生更具创意性的方案。

除此之外，头脑风暴会的过程设计还有很多种方法。

- 默想法：参会者先独立思考问题并写下想法，然后分享并展示各自的想法。

- 双倍想法：参会者给出两个想法，一个是正常的想法，另一个是与正常想法相反的想法。

- 观察法：观察顾客使用产品或服务的过程，寻找其需求点和痛点，并从中寻找灵感。

- 反向头脑风暴法：反向头脑风暴的目的是通过思考如何使事情变得更糟糕，来找到解决问题的方法。参会者先思考可能导致问题或挑战加剧的因素，然后寻找减轻或消除这些因素的方法。

- 随机词语头脑风暴法：在这种类型的头脑风暴会中，参会者会在一个随机生成的词语列表中选择一个词语，并试图将其应用于问题或挑战上。这种方法可以帮助参会者思考非传统的解决方案，并激发他们的想象力。

- SCAMPER 法：一种有助于激发创造性思维的方法。每个字母代表一种问题解决策略——Substitute（替代）、Combine（合并）、Adapt（改造）、Modify（调整）、Put to another uses（其他用途）、Eliminate（去除）、Rearrange（重新排列）。在这种类型的头脑风暴会中，参会者会应用这些策略来修改或重新设计现有的想法，以产生新的创意。

- 快速原型制作：一种将头脑风暴的想法转化为具体概念的方法。参会者会快速制作一个原型或模型，以使想法更具体化，并帮助团队进一步完善想法。

…………

头脑风暴会可以用如此多的方法进行过程结构化，以适应不同情境，从而提高会议效率。那么，其他类型的会议呢？

目的越简单的会议越容易采用不同方式进行过程结构化。头脑风暴会作为专题讨论会的一部分，其目的清晰而单一，因此易于进行过程结构化。同样，其他目的单一的会议都可以被当作一个过程，重新被定义和结构化。

多数专题讨论会的过程比结果更重要。当然，会议的目标是实现一定的结果，因此应将过程和结果结合在一起思考——好的过程将使好的结果的出现概率大增。

对于中高级知识工作者而言，工作通常基于复杂的思维和创意过程，因此过程的重要性更加突出。在工作中，他们需要不断探索新的思路、寻找新的灵感来完善想法。由于每个人的思维都有局限性，他人会从不同的视角提出意见，因此专题讨论会是知识工作者用于完善自身想法、建立共识、加深协同的最佳媒介。

附件："三一会议法"专题讨论会流程说明

"三一会议法"专题讨论会流程说明

事件	负责人	过程说明	备注
确定召开会议	会议召集人	确定会议目的、召开时间、召开范围	
明确会议主题，选定会议主持人、会议记录人，召开准备会	会议召集人	会议召集人在确定会议主题后，与会议主持人、会议记录人开准备会(如果有准备会议的行政人员，也需要参加准备会)，并确定会议议题、参会者、召开时间、会议议程、会议材料、会议手册、会议召开方式及其他注意事项。一般分工如下：会议召集人确定会议议题和召开时间，邀请参会者，对会议主持人和会议记录人提要求；会议主持人确定会议议程和会议召开方式；会议主持人和行政人员共同准备会议材料、会议手册；行政人员进行会议前期准备，包括准备会议室、投影仪、白板等；会议记录人参会了解情况即可	行政人员需要搜集参会者在会前提交的材料

续表

事件	负责人	过程说明	备注
会议开场发言	会议主持人	介绍"三一会议法"相关情况,明确本次会议的规则。具体规则包括但不限于:将手机关机或静音后统一交至某处;会议室中是"另外一个世界"(与现实世界中的规则不同),大家要听会议主持人的安排;讨论时就事论事,不得进行人身攻击;尊重他人,认真倾听;独立思考,畅所欲言;遵守发言时间要求;围绕议题发言;如有建议须举手发言;除会议记录人和行政人员外一律不得使用电脑。会议主持人如需进行个人介绍,则可以在此环节进行。开场发言时间不超过3分钟	
引导发言	会议主持人/会议召集人	首先介绍会议的目的、时长和议程,接下来围绕议题进行引导,主要谈议题的背景、现状和未来发展等内容,以及希望达成的结果及应该注意的问题。时间一般不超过15分钟	会议主持人可以邀请会议召集人或其他人做引导发言
头脑风暴(可选)	会议主持人	邀请参会者进行头脑风暴,找出尽可能多的新想法。在进行头脑风暴的过程中,会议主持人要求参会者不得互相评价,可以基于他人的想法上提出新想法(搭便车)。会议主持人在过程中可以用假设和开放式问题激发参会者的创造力	
思路评估(可选)	会议主持人	将头脑风暴得出的想法进行分类,引导参会者形成可行方案评估标准,以此标准对得出的想法进行可行性评估。具体评估分数可以由参会者投票得出。一般而言,选出得票前三位的解决方案即可	
制订行动计划(可选)	会议主持人	对选出的解决方案进行完善和细分,思考相关的挑战和困难。可以采用先分组讨论后汇总想法的方式,也可以采用其他的方式	
预定发言一(可选)	会议主持人	用"六顶思考帽"、"四副眼镜"或"迪士尼法"的会议模式,让参会者从不同角度来看同一个问题。具体实施方式是先提前分组,约定每个参会者的不同角色,然后参会者根据角色要求进行发言(根据具体情况约定发言时间)	
预定发言二(可选)	会议主持人	请一些资深员工(或外部专家)参会,提前约定好发言主题和发言时间	
轮流发言(可选)	会议主持人	按照某种顺序(如座位排序)轮流围绕主题进行发言,形式比较简单,一般限定发言次数和发言时间。具体情况由会议主持人现场判定	

续表

事件	负责人	过程说明	备注
自由讨论（可选）	会议主持人	每个参会者自由发言，不限定发言次数，但每个参会者的发言时间不能太长，具体情况由会议主持人确定。此外，会议主持人需要确保每个参会者都有机会发言	
分组讨论（可选）	会议主持人	人数超过 8 人的需要进行分组讨论。根据具体人数分为 2~4 个组，以每组 3~8 人为佳。具体可以采用小组讨论、代表发言的方式，这样既节省了会议时间、活跃了会议气氛，又让每个参会者有发言的机会，有利于提高参会者的参与感、增加创新思路的产生	
梳理会议纪要	会议记录人	会议主持人邀请会议记录人上台，会议记录人将会议纪要投屏展现，与参会者逐条核对，形成集体纪要。重点是达成的共识（单列）或形成的解决方案	
明确下一步行动	会议记录人	确定下一步工作的重要事项、事项的负责人、事项完成时间(包括节点和时间)、下一次会议的时间(可选)，以及将集体纪要发给全体参会者的时间。本条和上一条 "梳理会议纪要" 的累计时间不得超过 10 分钟	
会议总结（可选）	会议召集人	对会议整体情况进行总结发言	可以不做会议总结或委托他人进行总结
宣布散会	会议主持人	再一次明确下次开会时间或后续重要工作的时间（可选）	

Tips：抓住要点，设计特色会议

管理者在企业中无须关注太多的事情，而要学会抓住重点，进行会议管理也应如此。

美国硅谷有一家华人创办的公司——旭电公司，它是电子制造服务领域的顶级制造商。自创立以来，旭电公司的销售额以每年 30% 以上的速度增长，目前其销售额已超过 200 亿美元。旭电公司的服务质量在业界有口皆碑，曾多次获得美国国家质量奖。

自 1980 年开始，旭电公司每周都要做一次客户满意度调查（旭电公司的客户包括思科公司、惠普公司等）。旭电公司的业务人员周一向相关客户下发问卷，周三上午收回，周三下午紧锣密鼓地进行问卷分析，周四上午7:00公司高层管理者（包括总经理）及各部门的负责人聚在一起开会，所有部门都要参加。会议的主题只有一项，即根据客户满意度调查结果及客户提出的问题确定后续工作内容。会议时间不长，每次都会在1小时内结束（如果有处理不了的问题，总经理将要求另行开会处理），会议结果会在2小时内被传达给相关工厂的一线工人。

旭电公司坚持20多年不间断地召开"周度客户满意度反馈及行动会议"，使公司的服务质量和客户满意度达到了全球领先水平，公司效益持续增长。该会议属于专题讨论会，以具体的客户问题为抓手，打破了从客户需求到内部多数岗位的信息屏障、制度屏障和部门屏障，提高了员工的服务意识，改进了员工的行为。

旭电公司的案例表明，企业的收入来自客户的购买行为，因此客户的声音必须让全体员工都听到（创造类企业有另外的第一性推动力，不在此列）。从这个角度出发，旭电公司设计了特色会议，将客户端的压力持续引入企业，使"反馈—改进"成为一个螺旋上升的良性循环。

在企业实际运营过程中，有时管理者只要抓住一两个会议，将其开好并坚持不懈，用它来推动企业整体的业务进步，就能将企业的经营管理带到一个新高度[①]。

Tips：人类的固有思维模式

在很多情况下，对于涉及企业业务和组织的复杂问题，我们不能一上来就奔着答案去，而要向日本的很多企业学习，先"界定问题"。日本的很多企业认为，真正重要的是"界定问题"。与之相对的美国的很多企业（也是我国大多企业的多数管理者的看法）认为，"找到答案"才是最重要的事情。

---

① 企业经营需要系统性思考、点状突破（在资源有限的情况下，点状突破常常是最佳选择）。

按照逻辑，我们自认为的思维模式如下：

问题症状➡搜集资料➡提出可能的问题➡找到真问题➡开专题讨论会，提出不同的解决方案➡选择并做出决策。

但是现实中我们的真实思维模式如下：

问题症状➡根据直觉提出问题答案➡搜寻证据支撑➡论证（推翻）观点➡明确提出某个方案➡向他人推销自己的答案。

当听到与自己的答案不一致的意见，我们又会出于自我保护的本能予以反击。几乎每个人的关注点都在问题的答案上，而不在问题本身，这种情况几乎充斥企业的各类会议。这是人类固有的思维模式在作祟，它源于大脑中先验的因果论和思维经济原则。

Tips：书面头脑风暴会

用语言进行交流几乎是所有人公认的会议模式。但是，有一种会议模式避开了直接语言交流，且实践效果颇佳，那就是书面头脑风暴会。

书面头脑风暴会属于专题讨论会，示例如下。

会议主持人：欢迎大家参加今天的讨论，主题是"如何提高公司网站的转化率"。我们采用书面头脑风暴的模式来进行讨论。我把主题调整为"每人写出 3~5 个好主意，提高公司网站的转化率"，大家觉得怎么样？

…………

（会议主持人把这个主题写在白板上。）

会议主持人：每个人的面前都有几张纸，在一张纸上只写一个想法，请把字写得清楚一些。大家现在就可以写了。注意保持安静，在 10 分钟内完成。写完之后，我们开始下一个环节。

（每个参会者写完后就把白纸贴在会议室四周的墙上。）

会议主持人：现在大家可以拿上笔，离开座位，去看看别人的想法。有不同想法的可以随手在上面写几句。如果受到启发，也可以回到自己的座位写出新的建议，写完之后贴到第一次贴的白纸旁边即可。这个环节用时 8 分钟。

…………

以上是书面头脑风暴会的过程模拟。这种会议模式的优势在于书面表达的严谨性，以及让不善言辞的人也有进行充分表达的机会，在某些场景下值得一试。

Tips：是会议结果重要还是会议过程重要

如果拿这个问题向领导请教，那么领导多半会说："当然是结果更重要，没有结果，过程再完美又能如何？孩子的学习再好，如果高考考砸了有什么用？平时客户关系维系得再好，年底订单任务完不成有什么用？"一些强势的领导的口头禅是"我不管你的过程如何，我只要结果"。

企业成功与否取决于它能否实现市场份额目标和盈利目标。在这个前提下，管理者关注结果无可厚非——只有取得好结果，才能让企业持续经营。但只看结果不看过程是一种简单的结果导向思维，而拥有这种思维的管理者离优秀还有较大距离。

在多数情况下，过程和结果一样重要。比如，知识工作者进行创造性工作，需要把重点放在创造的过程中，包括创意激发、创造过程和实验验证，而不仅仅是关注结果。错误和失败在过程中是避免不了的，但错误和失败同样也是财富，它们可能激发出新的创意。阿里巴巴创始人马云的目光就非常长远，他懂得进行系统性思考，认为销售团队的成长、运行机制设计和销售业绩同样重要。

以专题讨论会为例，会议召集人对会议结果负责，召开准备会、确定正确的议题；会议主持人对会议过程负责，确定议程并通过控场提高会议效率；会议记录人对会议记录负责，推进集体纪要、帮助参会者达成共识。三者为一个好的会议过程共同努力。当然，这个过程不见得会百分百带来好结果，但可以说，好的会议过程将提升得到好结果的概率。

Tips：过程不仅要优秀，还要可复制

对企业而言，结果必须是可复制的，而缺乏过程的结果是不可复制的。

某公司有一个 30 人的销售团队，超额 50% 完成了去年的任务。老板很开心，年底兑现承诺，给大家发了不少奖金。但今年时间过半，该销售团队的任务只完成了 1/4。团队还是去年的团队，并没有优秀成员流失，为什么今年如此低迷？究其原因，该销售团队一直疏于培训，甚至有些销售员连产品都说不太明白。但去年的销售势头很猛，导致不好的销售员"躺赢"。在今年严峻的形势下，该销售团队开始"原形毕露"。

过程可复制对于企业来说太重要了，如果过程不可复制，企业就很难实现规模化成长和长期增长。可以设想一下，如果科学家没有明确的实验流程和记录方法，那么他们很可能因错过某些重要的细节而难以重复验证他们的实验结果。一个企业可以在市场上推出一款热门产品，但如果没有激发创造的相应机制，很可能无法再次推出热门产品。因此，企业管理者不能只关注结果而忽视过程。缺乏过程的结果是不可持续的。

构建可复制的会议过程并不是一件容易的事情。为了实现可复制的会议过程，管理者需要深入研究"三一会议法"，深入了解会议的每个环节和每个步骤的细节。这就要求管理者投入大量的时间和精力。但这样做是很有必要的，唯有如此才能确保企业在未来持续得到高质量的会议结果。

Tips：应关注"什么才是对的"，而不应关注"谁是对的"

笔者的一位朋友学富五车。不过他有一个不好的习惯——喜欢在一群人闲聊时指着某人说："你是对的！"

然而，在企业会议中这么做会很可怕。试想，在几个人发言后，领导突然

指着一个人说他是对的，那么，其他几个人是不是错的呢？他们是否还敢讲出与众不同的意见呢？这会让人联想到一句话：说你对你就对，不对也对；说你不对你就不对，对也不对。

通常，人们会支持自己喜欢的人的观点和立场。然而，这种行为容易导致盲从、偏见和歧视。关注"什么才是对的"会比较辛苦，它意味着需要关注事实、证据和逻辑，并积极搜寻信息。但很显然，这种对事不对人的做法是理性的、明智的。

在有了这种认知后，参会者会倾向于深入研究事实，从而得到更圆满的解决方案。物有本末，事有终始。在专题讨论会中，参会者要始终关注"什么才是对的"，不执着于个人的对与错，放下一时的得与失，花费精力去思考和解决真正的问题。这是企业管理者和会议主持人需要特别注意的。

Tips：会前给参会者委派任务

会前给参会者委派任务有利于提升参会者的参与感和认知有效性。

在会前，会议召集人或会议主持人需要花心思去琢磨：给参会者委派什么样的任务、准备什么样的材料有助于会议结果的达成。这包括让参会者阅读相关材料，比如项目说明、专题背景介绍、某篇相关文章，使参会者在进入会场前能有所准备。

最好的方法是让参会者动笔写一些内容，比如填写调查问卷、填写表格、写一篇与会议主题相关的随笔文章，或者通过软件让参会者协同完成一份文档……这些都会让参会者的参与感大增，更容易安排议程，同时能够更加深入地讨论，从而提高会议效率。

Tips：建议企业专设一个"问题讨论中心"

企业中重要的专题讨论会很多，为了让这些会议获得更高的效率，企业有必要专设一个"问题讨论中心"。

在通读本书，了解了"三一会议法"之后，企业可以为专题讨论会特设一个"问题讨论中心"。这个会议室不用太大（专题讨论会的最佳规模是 3 ~ 8 人），只需一张小小的、可以挪动的会议桌，几把简便并可以挪动的座椅，一面随时可以贴大白纸的墙壁，一个有支架的白板，一台合适的投影仪，以及一个可以显示议程和倒计时的电子屏。

除硬件外，"问题讨论中心"还应有受过专门培训的会议主持人。对企业的重要专题讨论会来讲，一个高水平、中立的会议主持人非常重要。

Tips：开会前应该收手机吗

手机已经成为现代人的延伸"器官"，很多年轻人都有每隔数分钟就看看手机的习惯（至少要摸一下），而开会时每个参会者都要精力集中，这就与使用手机的习惯出现冲突了，所以有些企业开会前的一个标准程序就是收手机，要求参会者把手机放到一个架子上，待会议结束后再取回。

很多人认为不应该收手机，因为一般会议中拿手机只是看一下时间或回一个信息，不影响会议进行，所以收手机多此一举。

但是，很多人高估了自己多线程处理问题的能力。

人类之所以可以一边吃饭一边看电视，一边听音乐一边写文章，是因为吃饭和听音乐已经成为熟练动作和肌肉记忆，可以由潜意识进行模块化加工，而不占用显意识的内存。本质上，人类的显意识是"单核处理器"，同一时间只能处理一件事，比如说投入地写文章时耳边的音乐我们是听不见的。因此，哪怕在开会过程中拿手机看一眼时间、给人回一个信息也会对注意力产生很大的影响，从而降低会议质量。

周一清单

- 如果你是会议召集人，想一想：你召集的会议有没有问题？会议目的究竟是什么，是专题讨论会还是汇报会？
- 从团队中选出几人作为会议主持人的候选人，先让他们阅读本章，然后一起聊聊如何开好专题讨论会。
- 你作为领导参加某次专题讨论会，全程忍住不发言。
- 在部门内部组织召开一次书面头脑风暴会。

第五章
如何开决策讨论会

应该怎么做决策？

不同的管理者当然有不同的做法。不过，这件事情和其他事情一样，都有着一定的规律可循。

开决策讨论会是企业最重要的管理活动，几乎没有之一。多数企业的实际情况是，无论企业大小，决策讨论会开得都相当任性。比如，重大决策基本都是企业一把手说了算，普通决策则是部门一把手说了算，为了体现民主就进行投票，但如果民主投票结果不合心意就想办法改成合心意的。

多数企业的决策讨论会都有问题，其中一些问题是系统性问题，如果管理者不了解决策讨论会召开的相关理念和方法，会议模式就很难被调整过来。以下是病态决策讨论会的一些表现。

- 决策讨论会开成了漫谈会，毫无重点，没有效率，议而不决，毫无进展，白白浪费了时间。

"议而不决"影响企业的决断力和执行力，是企业管理中的大忌。

- 决策信息搜集不充分，随意拍板或表决。

这是决策讨论会失败的最常见原因。

- 会议用投票法来决定一些需要所有人支持的重大决策，却用共识法来做出一些小决策。

恰恰反了，应该用投票法决定小事，用共识法决定大事。

- 领导固执己见，强力压制不同意见。在领导的权威表达下，决策讨论会最终形成单一决策方案。

这属于独断决策模式，虽然这种决策模式不一定是错误的，但在实际场景中要慎用。

- 大多是赢-输（单赢）类、妥协类、双输类决策，很少有双赢决策。

要了解这些类别的决策有何不同，逐渐向双赢决策靠拢。

- 决而不行——花了很多时间和精力做出了决策，但几个月后发现没人执行，或者执行不到位。

这是企业中的常见现象，与决策讨论会缺乏相关机制有关。

…………

究竟应该怎么开决策讨论会呢？

本章从怎么开决策讨论会的角度，谈谈决策讨论会的前期准备、中期进程和后期跟进事宜。开决策讨论会是相当复杂的，本章会辅以七个重要理念进行详细阐述。

决策讨论会的前期准备一：问题确认，信息搜集

要召开决策讨论会，就要进行问题确认，所谓问题就是实际状态和期望状态之间的差距。在多数情况下，问题的边界并不清晰，需要进行界定。界定问题框架需要回答以下问题。

- 发生了什么事？（信息和背景情况）[1]
- 对于这件事，我们不希望发生什么？（实际状态或非期望状态）
- 我们希望这件事变成什么样？（期望状态）[2]

在明确（最好是书面）以上三个问题之后，需要做决策的问题就会凸显出来。在信息充足、背景清晰的情况下，参会者需要对事件冲突和疑问进行讨论并做出决策。

决策讨论会上经常遇见的问题是参会者对某个关键事件的信息把握不够。在经过深入讨论之后，如果参会者发现并不了解某个关键事件的信息，那么后续自然无法做出决策。

某企业决定从市中心迁到环境更好、空间更大的郊区。消息公布后不久，就有 30% 的人提出离职，一时间人心浮动。总经理办公室召开了紧急会议讨论应该怎么办。有人说员工提出离职主要是因为上下班不方便，所以安排通勤车就能解决问题；有人说竞争对手在挖墙脚，听说有个团队要集体离职，这是人心浮动的主要原因；还有人说现在谣言满天飞（比如企业不行了，要破产清算），离职的人会越来越多，如果关键岗位的员工离职了，那么企业怎么办……该会

---

[1] 如果是面向未来的问题，则应问"未来会发生什么事情"。

[2] 参考南海出版公司 2010 年出版的《金字塔原理：思考、表达和解决问题的逻辑》，芭芭拉·明托著。

议上没有讨论出结果，于是总经理要求办公室工作人员在进行细致调查后再议。

经过深入调查，总经理很快又召集了一次决策讨论会，办公室工作人员提前将搜集到的信息材料分发给参会者。参会者在分析后，了解到竞争对手挖墙脚的事件属于空穴来风，破产谣言和上下班不方便是真正存在的问题。大家一致决定，通过发公告、开全体会议来制止谣言的传播；同时做好通勤车的安排，并提供交通补助，安抚因此而惶惶不安的人。很快，这场风波烟消云散了。

在多数情况下，决策讨论会的信息会存在不足的情况，在信息不足的情况下做出正确的风险决策是开决策讨论会面临的挑战。但无论如何，在前期准备阶段尽可能地搜集信息是必须的。

决策讨论会的前期准备二：七步成诗

复杂问题的决策讨论会可以前置专题讨论会，并形成多个不同的解决方案，作为决策讨论会的会议材料。同时要求参会者在会前认真阅读这些解决方案，从而对解决方案形成初步意见。

管理者对这些解决方案的初步意见往往来自直觉。人的直觉源于经验和经历，有时候直觉非常准，能够直击事物本质。但在以知识工作者为主的复杂任务环境中，偏爱单一逻辑和短期因果论的直觉系统并不准确，很容易因受到外在环境和个人感受的影响而产生错误指向。

对于重大决策，企业可以将希腊哲学家苏格拉底的谈话法作为工具，把参与决策者的直觉向理性方向引导。参与决策者可以将谈话法作为会前准备工具。具体来说，企业可以用七个步骤梳理参与决策者的初步意见。

- 第一步：参与决策者形成对解决方案的初步意见，并在纸上写出来。
- 第二步：（话外音）为什么我会这么想？
- 第三步：（话外音）我的依据是什么？依据来源可靠吗？
- 第四步：（话外音）别人对此会有什么想法？
- 第五步：（话外音）如果我错了，后果是什么？如果后果很严重，我要不要再想想？

- 第六步：（话外音）我最初的意见对吗？是否需要调整？
- 第七步：（话外音）从这个过程中我能悟到什么？

这种方法被称为自我问答"七步成诗"。但凡重大决策都可以采用这种方法（日常决策采用这种方法会比较烦琐，难以坚持）。具体操作：填写电子表格，或者在白纸上打印以上问题并推动参会者进行书面回答，使参会者进行理性思考。

对于重大决策，可以用制度化的方法要求参会者在会前完成"七步成诗"，并形成材料发放，让所有参会者在开会前就了解了相关信息（包括了解其他参会者对决策事项的具体认知），这样的决策讨论会非常高效，可以在短时间内达成共识或做出抉择。对于"是或否情境"决策会，参会者甚至可以用极简的语言（如"附议"）直接通过/否定某方案，从而形成决议。

此外，我们做任何决策，都需要问自己一句："然后呢？"要知道，我们生活在一个错综复杂、相互联系的世界里，我们永远不可能只做一件事。很多难题的解决方案可能会带来更大的麻烦（本书不具体举例，可在网络上查找相关案例）。企业中的许多问题之间互相关联、环环相扣，管理者要做出好的决策就必须考虑"二阶后果"①。

决策讨论会的中期进程：为达成共识而努力

在决策讨论会上，会议召集人和会议主持人最好合二为一，做出群体性双赢决策——所有参会者能够就提案形成一致意见。当然，更可能的是，决策进程出现如下三种不完美的情况。

- 情况一：大家达不成共识，吵作一团（双输）。
- 情况二：决策对一部分人有利，对另一部分人不利，因此另一部分人不同意（赢-输）。

---

① 每一个决策、每一次行动都会导致某个后果，这个后果被称为"一阶后果"；由"一阶后果"导致的后续结果，被统称为"二阶后果"。

• 情况三：大家各退一步，形成妥协方案。

这里拿企业中常见的产销矛盾举例。

某企业的总经理召开了一个决策讨论会，主题是确定一个重要客户订单的交期。之所以要开这个会，是因为生产部和销售部对此有不同意见，双方吵成了一锅粥，需要总经理出面协调，以确定该订单的最终交期。

由于客户的要求，产品 A 的交期比正常交期要短一个月，为了争取这笔大订单、维系客户关系（该客户明年可能有更大的订单），销售部不得已向客户做了承诺。但生产部为此非常愤怒，因为该订单对现有生产计划冲击很大，直接打乱了生产节奏。而且要在正常生产周期的基础上提前一个月交货，即使加班加点也非常困难。生产部给销售部明确回复：产能有限，无法按照合同的日期交货。这倒不是生产部不配合，销售部以前也经常对客户做出这种承诺，在量小的情况下加加班也就赶出来了，但在产能有限的前提下完成这笔大订单难度太大。

总经理有如下四个选择。

选择一：赢-输方案。比如说总经理支持销售部，压着生产部必须完成任务。具体措施是要求人力资源部尽快招募一些临时工赶订单，同时，除现有工资外再发一笔奖金给生产部。

选择二：妥协方案。总经理要求销售部和生产部各退一步，即交期在合同规定的基础上延长 15 天。销售部去做客户的工作，生产部加班加点赶订单，保证在交期延长 15 天后准时交货。

选择三：双赢方案。总经理要求双方平静下来，花点时间共同分析并形成解决方案。首先，仔细分析企业整体的经营状况、客户状况、产能状况（对付本位主义最好的办法是抬高管理者的站位），让销售部人员深刻认识到随意做承诺对生产计划造成的冲击之大，同时让生产部人员深刻认识到企业面临的问题和当前客户面临的问题，使双方互相理解。然后，建立利益联动机制，将销售部和生产部捆绑成更加紧密的利益共同体，双方商讨，如果能按交期顺利交货，则拿出该订单一定比例的销售奖金作为加班费发给生产部相关人员。该机制未来可以作为一个常设机制。最后，使销售部人员也认识到，产品不是从天上掉下来的，赶工有可能造成质量波动，反而对客户满意度造成损害，应该主动去找客户协商。这样一来，工作做到位，晚一周交货客户也不会有意见。

选择四：双输方案。双方持不同意见，又都态度坚决，不肯妥协。总经理无法确定究竟采用何种方案，只好延后再议。决策延后会导致双输的结果——交期延迟、客户不满意、奖金泡汤，生产部和销售部都不满意。

选择三的双赢方案虽好，但极难做到，应该怎么办呢？作为会议的最高领导，总经理也许将不得不自己做出最终决策，哪怕该决策是赢-输决策或妥协决策，也总比双输决策好。在此之前，总经理可以试着给参会双方施加足够的压力。

总经理：今天的议题我刚才已经讲得很清楚了，大家事先也看过材料，并且有了初步意见，我们争取用45分钟的时间做出决策，核心是生产部和销售部两个部门达成共识。如果45分钟结束，双方还达不成共识，那就没有办法了，只能由我来做决定了。

生产部和销售部一定不希望出现赢-输决策（除非他们能保证自己赢、对方输）或双输决策，因此双方会尽可能在45分钟时间内设计出对方可能接受的共识方案。

一个行之有效的方法是提前开专题讨论会。这样双方就有更多的时间讨论可行方案，为决策讨论会做准备，还可能将会议由纯粹解决问题的突发会议转向固定的例行会议（比如说商讨将多大比例的销售奖金作为加班费的会议），由任务导向会议转变为过程导向会议，从而提高会议效率。

综上所述，决策讨论会的中期进程可以分为以下五步。

第一步，下发会议通知和会议材料，明确对参会者的要求和安排。

• 具体来讲，要求参会者提前准备和上交相关材料，并按要求阅读下发的会议材料。

说明：如果是重要的决策讨论会，会议材料应该来自提前召开的专题讨论会，可以是备选的解决方案。

第二步，确定会议发言模式，并推进会议议程。一般的发言模式如下。

- 预定发言（方案讲解）+轮流发言模式。该模式简单易行，适用于简单
  的决策。
- 预定发言（方案讲解）+自由发言模式。这是指每个参会者自由发言，
  不限定发言次数，但每个参会者的发言时间不能太长，由会议主持人确
  定。会议主持人需要确保所有参会者都有机会发言。
- 预定发言（方案讲解）+预定发言（专家发言）+自由发言模式。请一些
  内外部专家参会，提前约定发言主题和发言时间。

第三步，为达成共识而努力。

会议主持人带领参会者为达成共识进行反复而深入的沟通，为最终决策
做准备。

会议主持人：李经理说他之所以不接受方案一，是因为他的部门中没有足
够的人手，如果该方案通过，那么即使全员加班也完不成任务。谁能帮他解决
这个问题？

…………

好，老韩你可以安排两个人来帮李经理做事。老周呢，方案一中第三部分
的工作你的部门应该可以接手，怎么样？……李经理，这样调整之后你还有什
么意见？

…………

其他人有什么想说的吗？

这是决策讨论会中很重要的过程，对会议主持人的要求比较高，因此会议
主持人的压力比较大。这也是会议召集人需要兼任会议主持人的原因。共识能
否达成取决于很多因素，包括会议主持人的协调能力、问题的复杂程度和参会
者之间的互相信任度。

第四步，使用相关决策方法。

常见的不确定性决策方法有如下三种。

- 小中取大法：参会者对未来持悲观态度，对备选方案按照其最低收益考
  虑，然后从中选择最低收益最高者。
- 大中取大法：参会者对未来持乐观态度，对备选方案按照其最高收益考

虑，然后从中选择最高收益最高者。

- 最小最大后悔值法：本质是决策机会成本的高低，即参会者根据会对决策感到后悔的程度而对眼前的方案做出选择。

网络上对这三种方法有很多描述和案例，读者若有兴趣可自行查找。除了这三种方法，还有一些结构化的决策方法，以下简要介绍 KT 决策法[①]。KT 决策法由 SA（状况分析）、PA（问题分析）、DA（决策分析）、PPA（潜在问题/机会分析）四部分组成。其中 DA 是核心环节，它强调不要急于比较各解决方案的优劣，而要致力于制定解决方案的选择标准。一个简明的思路如下：

- 设定决策要达到的目的；
- 根据目的设定解决方案的选择标准；
- 将选择标准排序；
- 提出选项、明确决策。

决策方法的使用对整个决策讨论会的中期进程很重要，在为达成共识而努力的过程中，结构化的决策方法和思考模式有助于提升参与决策者的认知水平，使他们更容易看到问题的关键点，从而达成共识。

第五步，决策模式的选择。

决策模式包括独断式决策模式、小团队决策模式、先民主后集中决策模式、群体共识决策模式、全员决策模式、投票决策模式六种。如果是重大决策，往往不能当场决定，而是需要进行反复沟通。许多企业遵循"听多数人的意见，与少数人商量，自己说了算"，即先民主后集中决策模式。在正常情况下，最优模式是群体共识决策模式，次之是先民主后集中决策模式，如非迫不得已，不要采用独断式决策模式和投票决策模式。

此外，对决策讨论会的中期进程而言，纪律非常重要。比如，决策讨论会不能迟到，如果有人没有提前请假且未被惩罚，那么无疑是在告诉其他人"这个决策讨论会也没有那么重要"。

[①] KT 决策法由美国社会心理学家凯普纳和社会学家特雷高提出，这是他们对美国空军中的 1500 名善于分析问题和做决策的人进行调查后，找到其中的共有思维和逻辑并加以提炼而形成的一套方法。

决策讨论会的后期跟进：决而行之

解决决策讨论会"决而不行"的问题要从三个方面着手。

（1）重视会议纪要。百年前的通用汽车公司总裁亲自发送会议纪要给每个参会者，德鲁克认为这种做法改变了通用汽车公司的命运。会议纪要是否重要与其内容有关，也与领导的重视程度有关。

（2）建立完善的督查督办机制。具体来讲，可以由某部门或个人负责监督会上确定的内容是否按计划实施，并向相关领导汇报或下次开会时进行说明。

（3）重新审视决策内容和决策过程，查找其中不符合企业价值观或者严重损害某些执行人利益或情感的事项，进行新一轮评估。

如果要对决策讨论会的效率做出评判，就应该回到组织的外部效能[①]上来——不管决策讨论会开得如何高效，最终都要回到决策成果是否对企业生存有利上来。如何衡量决策讨论会的成败呢？最好的方法是将结果量化。例如，（决策内容实施后）本季度某 App 的下载量达到上季度的 140%。

这样一来，在周期末（如季度末），无论是否达成目标，都可以采用 PDCA 循环（一种管理方法）的方式召开复盘会来回顾决策讨论会的得失，不断提高决策讨论会结果的有效性。

理念一：会议召集人和会议主持人合二为一，对结果和过程负责

在"三一会议法"的规则中，专题讨论会的主持人很重要，他要掌控会议氛围、推进议程、纠偏跑题现象、严控会议时间，要对会议进程负责。同时，专题讨论会的主持人不能由会议召集人（领导）兼任，但在决策讨论会中，这一点发生了变化。

[①] 就决策讨论会的效率而言，组织外部效能（企业生存视角）是第一性的，它是"不可违背、不可删除"的命题。

在决策讨论会中，由于讨论的议题需要在会议时间内进行决策，因此会议的结果比会议的过程更重要。如果会议主持人和会议召集人不是一个人，遇上关键节点讨论激烈、两个位高权重的参会者意见不统一、对复杂的观点不理解等情况，会议主持人往往会不知所措。因此，在复杂的决策讨论会中，会议召集人需要直接担任会议主持人，两个角色合一，对会议的结果和过程负责。

在两个角色合一的情况下，会议主持人可以在会上发表自己的意见，但需要提前告知[①]。

会议主持人：我也想就刚才老赵说的话谈一谈，卸任会议主持人五分钟时间，讲讲我认识到的外部市场形势……就是这些。现在，我重新回到会议主持人角色，有请下一位发言。

不仅如此，会议召集人还要负起推动决策内容执行的工作，他需要亲自过问会议纪要，盯紧决策内容的后续执行过程。唯有如此，会议召集人才能真正对决策讨论会负责。

理念二：选择合适的决策模式

做决策是一件复杂的事情，它会涉及领导的性格特征和思维模式、团队的成熟程度、决策的时机、问题的特殊性等。根据决策过程进行分类，大致有以下六种决策模式。

- **独断式决策模式**：领导凭借自身的阅历和知识，依据搜集的信息，完全不顾相关人的意见，自己拍板做出决策。这种决策模式的优点是决策速度一般很快，甚至不用开决策讨论会，可以通过开专题讨论会搜集信息后直接做出决策，有利于快速响应市场变化和客户需求；缺点是一旦失误就会造成比较大的损失。

---

① 作为决策讨论会中地位最高的领导，会议召集人不能过早地表露自己的倾向；作为会议主持人，如果谈论观点，那么最好是事实判断而非价值判断，不要直接表明自己的主观价值判断，甚至直接倒向某决策结果。

- 小团队决策模式：决策由核心的几个合伙人构成的小团队做出，每个合伙人根据自身的阅历和知识，依据搜集的信息做出基本判断，之后小团队（多为 2～5 人）开一个小型决策讨论会，小团队中一般各有分工和侧重，每个人会从不同角度提出各自的看法，并争取达成共识、做出决策。如果小团队达不成共识，就依据小团队的内部约定，由小团队牵头人独自做出决策。

- 先民主后集中决策模式：在决策讨论会上，领导只负责引导讨论，让不同意见激荡出火花。在无法达成群体共识的情况下，遵循"听多数人的意见，与少数人商量，自己说了算"的原则做决策。

- 群体共识决策模式：对于重大决策，首选的决策模式是经过协商达成共识，如果一次讨论不行，就再来一次讨论，经过多次讨论，求同存异，即所有参会者一致支持某个决策，并承诺全力实施。

- 全员决策模式：这是日本企业常用的决策模式。这种决策模式被称为 U 型模式，即先由领导层提出决策方案和计划，并将计划下发给基层管理者和普通员工进行讨论，然后由基层管理者和普通员工提交修改意见，同时注重横向交流和协调，最终由核心领导层拍板决定。虽然决策仍然是由领导最终拍板的，但由于决策时间很长，下属可以完全了解该项决策的方方面面。这类决策最能被下属接受，有利于决策的执行。

- 投票决策模式：这种决策模式采用少数服从多数方式，根据投票数确定最终决策。投票的方法有若干种，包括举手表决、无记名投票、实名投票等。此外，还可以实施一人多票制，即就某个议题投票时一票等于多票，以解决投票模式公平有余、科学不足的问题。

以上六种决策模式各有利弊。全员决策模式的效果最好，但花费时间最多；群体共识决策模式效果好，难度大，花费时间多；先民主后集中决策模式效果较好，花费时间较少；小团队决策模式效果一般，花费时间少；投票决策模式效果较差，花费时间更少；独断式决策模式效果不稳定，花费时间最少。独断式决策模式和投票决策模式要慎用。在企业的不同阶段、针对不同问题、考虑团队成员的不同情况，管理者可以采取某种更加合适的决策模式。

案例：群体共识决策——长达10天的联想公司京郊龙泉会议

上世纪90年代初，联想公司的小日子过得不错，微型计算机代理业务的销售额持续增长，毛利润也非常高。1992年，中国的改革开放上了一个新台阶，各种对外开放的举措骤然加速。在计算机方面，相关部门宣布取消微型计算机的进口调节税，同时把微型计算机的关税税率从50%调整到20%，很快又把关税税率从20%调整到9%。微型计算机整机进口的大门完全打开。

这意味着中国的品牌微型计算机市场直接成为国际市场。在极短的时间内，国际厂商涌入中国，IBM、惠普等开始和国内厂商站在同一个起跑线上。很多原来没有进口许可证、拿不到进口手续的国内企业，也可以开始进入微型计算机市场。对于中关村原有微型计算机厂商来讲，他们发现前有狼后有虎，毛利润被腰斩，销售额直接跌到冰点。

怎么办？

柳传志拉上十几个核心骨干到北京西郊的龙泉宾馆开了一个为期10天的闭门会议，即京郊龙泉会议。

经过反复讨论，该会议达成了一个群体共识——此时的巨大风险对联想来讲也是巨大的机会，联想要鲤鱼跃龙门！只要过了这一关，联想就不再是一条小鱼了，而是龙了。这个群体共识得到所有人的一致认可，大家激情澎湃。

在李勤（柳传志副手）的带领下，团队制订了执行计划。执行计划的核心内容是放弃超高的毛利润，把毛利润砍到所能承受的最低点（15%，再往下就会亏损），然后全力销售，卖出3倍以上的销售额，把市场份额拿下来。这个计划听起来不太稳妥，但是经过10天的会议，通过把计划做细、打磨其中的关键细节，大家觉得这个计划不再是天方夜谭，而是有很大可能达成目标。

接下来是从团队共识到个人承诺。

胡锡兰是联想创业元老之一，她代表全体员工表态："军令如山，坚决完成任务！"她以个人身份承诺完成任务会起到如下两个作用：

- 个人倾力投入，没有退路、没有借口；
- 与身边的人互相激励，形成集体英雄主义的氛围。

京郊龙泉会议至此圆满成功，随之而来的是联想公司市场占有率的爆炸式增长和企业规模的快速扩大。

理念三：决策讨论会上有三类常见的情境

决策讨论会上常见的三类情境如下。

- 博弈情境：所谓博弈，简而言之就是指为了获取利益而与他人竞争。企业中有很多博弈情境存在，比如说每个岗位的 KPI 制定都是一场博弈、市场营销策略的制定也是与外部竞争对手的博弈。典型的博弈情境是在决策过程中双方持有不同的观点，最终一方获胜，或者双方各让一步。

- 多选一情境：问题经过专题讨论会得出两个或两个以上的解决方案，决策讨论会需要对解决方案完成多选一的工作。如何订立选择标准、完成方案选择？这是许多决策讨论会面临的情境。

- 是或否情境：在解决方案唯一的情况下，决策讨论会的参会者只有通过或不通过两种选择。这样的会议需要让参会者在开会前就了解到相关信息（信息越详细，决策讨论会越高效）。这类情境更适合低复杂度的议题。

以上三类情境不符合 MECE 原则①，并非"相互独立、完全穷尽"，多选一情境和是或否情境很多时候属于博弈情境。之所以用这种方式罗列出来，是因为这三类情境在现实中最为常见。

理念四：少做赢-输决策，多做双赢决策

典型的博弈情境决策有四个结果：

---

① MECE 原则即 Mutually Exclusive Collectively Exhaustive 的首字母缩写，中文意思是"相互独立、完全穷尽"。它是著名咨询公司麦肯锡奉行的思维方式，能有效地对问题进行结构化，从而避免思维混乱造成的逻辑问题。

- 赢-输（一方胜利，另一方失败）；
- 妥协（双方各退半步）；
- 拖延（有时会导致双输）；
- 双赢（双方的获益程度高于妥协）。

在企业的决策讨论会中，赢-输决策和妥协决策较为常见。很多人认为真正的双赢是不存在的，不过是双方妥协而已。但仔细思考一下，我们生活在群体之中，不存在绝对的自由、绝对的利益。我们将此概念用于决策讨论会就知道：没有所谓的"最优方案"，所有好方案都是"次优方案"。具体来讲，一方面，大家都能接受该方案，并感觉不错；另一方面，方案有创新之处，双方都能从中获益，获益程度高于妥协，这就是双赢的含义。

甲乙两个和尚结伴住在山上的庙中，距山下的水源 500 米。两人需要解决喝水的问题。他们有如下六种选择。

- 选择一：甲负责挑水，乙不挑水。
- 选择二：乙负责挑水，甲不挑水。
- 选择三：甲乙二人只挑自己喝的水，不管对方。
- 选择四：甲乙二人都不挑水。
- 选择五：甲乙二人合作挑水或轮流挑水。
- 选择六：甲乙二人共建一个滑轮组，并约定轮流灌满水缸。

很明显，前两个选择是赢-输决策；选择三是妥协决策，看似解决了问题，实则并不合适；选择四是双输决策，最终双方渴死；选择五对个人而言并非最优选择，然而该选择可以使甲和乙得到较好的结果，是正和博弈下的妥协，优于选择三；选择六明显有创新性，是一种真正的双赢决策。

在企业决策讨论会上，应尽量避免做出对某一方造成深深伤害的赢-输决策，博弈双方尽可能坐下来达成正和博弈。此外，双赢决策绝非妥协决策，不是双方各退一步就可以达成的，而是参与决策的双方经过充分交流，实现某种程度的共同协作、形成创新，并以此为基础达成共识。

理念五：少用单体决策，多用群体决策

双赢决策靠一方无法达成。单体决策最大的可能是赢-输决策或妥协决策。

在前述六种决策模式中，前三种（独断式、小团队、先民主后集中）偏向于单体决策、后三种（群体共识、全员、投票）偏向于群体决策，那么，应该如何思考单体决策和群体决策之间的关系呢？

西方国家有一个持续进行了很多年、极为简单却耐人寻味的实验——糖果实验：先在一个玻璃罐中放满糖果，并请人来猜糖果的数量，然后记录每个人的答案。虽然每个人的答案单独看上去很离谱，但所有人的答案的平均值惊人地接近真实数值。例如，2007 年哥伦比亚商学院的实验，糖果实际数目为 1116颗，有 73 个商学院学生参加实验，73 人中单个人的答案都离 1116 颗相差甚远，但 73 人的答案的平均值却是 1115 颗！

这是很不可思议的，这个实验中涌现出的群体智慧似乎远远超过个体智慧。不过该实验只能说明在极简场景下群体智慧的力量，场景稍微复杂的情况下的群体智慧就会发生改变。例如，一辆汽车在行驶途中熄火，需要分析原因，这时群体判断就绝对不如一位汽车技师的判断更准确（信息不对称导致每个人面临的问题不同）。此外，还需要保持个体的独立性，当个体独立性丧失的时候，群体决策并不准确。很多企业管理者错误地认为，群体决策总是趋向于保守的。但实际情况是，当个体的独立性丧失的时候，群体决策趋向于极化（极端保守或极度冒险）。其原因如下。

- 权威影响：因某位权威人士的论证而改变自己原有想法（在糖果实验的案例中，当有人发言的时候，结果就会出现偏离）。我们经常可以看到，某个团队突然做出旁人无法理解的行为，小到看完电影后一起痛批编剧的水平太低（也许编剧并不差），大到某个国家突然发动战争。原因

在于权威影响导致团队成员产生与事实不符的认知后做出错误决策，并采取行动维护自己的决策。

- 团体迷思[1]：为与他人保持一致，个体被迫放弃自己的观点，不提出反对意见。

企业经营非常复杂，如果管理者希望发挥群体决策的优势，就需要有如下前置条件。

- 经营信息足够透明，参会者信息拉齐，每个参会者都能够充分理解所面临的问题（能够完全理解"糖罐中有多少颗糖"这个问题）。
- 保持群体中个体的独立思考——不被权威带偏，不受团体迷思的影响。

在此前提下，群体决策有相当大的优势：其一，群体的眼界和知识面更广，能够提供更多的思维角度，具有天然的失误矫正机制；其二，群体决策必然在可执行性上比单体决策强，这是不证自明的；其三，在群体决策完成后，个体更加愿意承担风险和责任（这一点已被西方学者证实），有利于企业发展和个体成长。

随着社会的发展，企业更倾向于群体决策，每个员工都希望参与可选方案的开发。同时，员工参与讨论复杂问题也加大了获得双赢的可能性。于是，一个问题浮现在团队领导眼前：

如果采用群体决策模式，那么应该如何操作？

团队领导可以采用如下流程。

- 召集团队召开决策讨论会，明确本次会议采用群体共识决策模式。
- 在会前尽可能将全部信息提供给参会者。需要指出的是，信息需要经筛选和提炼，从而让参会者在短时间内领会其中的含义。

---

[1] 团体迷思的概念是由美国心理学家贾尼斯提出的。贾尼斯在潜心研究越南战争、"挑战者"号航天飞机失事等事件后，提出团队成员如果一味去追求团队和谐，则会压制每个成员思考问题的空间，从而难以客观评估身边的事实，这样的群体决策将导致盲目和失败。与此同时，贾尼斯提出了八项诱发团体迷思的前置因素：团队高度凝聚、团队隔绝外界资讯与分析、命令式领导、决策方法缺乏条理、团队成员背景和价值观相似、来自外部威胁及时间限制的压力、现有的方案被有影响力的领导所接受而使团队没有信心去寻找更好的方案，以及刚刚经历的失败使群体处于一种很低的自尊水平。参考中央编译出版社 2016 年出版的《小集团思维》，欧文·贾尼斯著。

- 团队领导作为决策讨论会的主持人，引导参会者达成共识。
- 鼓励参会者进行深入沟通，并在此基础上形成创新。
- 告诉参会者，如果本次决策讨论会无法达成群体共识，则会采用独断式决策模式。
- 明确本次决策讨论会不采取投票决策模式，不允许投票表决。

由于团队领导是会议主持人，因此能够清楚地观察到参会者是否过度捍卫自己的观点，是否固执己见，是否受权威影响过大，是否为避免冲突而轻易改变自身的想法……如果有这些"群体极化"的迹象就要及时制止，以确保参会者观点的多样性和独立性。同时，如果群体决策的方向是团队领导完全无法接受的，那么团队领导可以暂时退出会议主持人的角色，作为参会者说两句。团队领导要用各种方法引导参会者积极谋求双赢，争取提出大家都能接受的解决方案。

举一个现实中的例子。

某总经理遇到一个挺让人头疼的问题，他不想做单体决策。于是，他召集相关的两个部门开会，在安抚双方情绪、搭建一个公平的会议平台后，要求双方进行深入交流并达成一致意见，自己作为会议主持人参与其中，但不发表个人意见。在会议开始 30 分钟后，总经理见双方仍然相持不下，就想了一个办法——委派一位高管主持会议，并告诉与会双方："我必须去参加一个重要会议，45 分钟后回来，回来后你们必须告诉我一个有创新性的解决方案！"

需要说明的是，在企业中，单体决策模式使用得更多。本节的目的是希望管理者能够更多地采用群体决策模式。

理念六：重要的决策讨论会上即使没有不同观点也不要急着下结论

请想象如下场景：

在某个决策讨论会上，有一个重要的方案需要讨论。W 总给大家讲解了

A方案。A方案逻辑缜密、事实和数据清晰、有可行性，得到了参会者的赞赏。大家一致同意批准实施A方案。

这是许多管理者脑海里都会有的理想决策场景。不过，这个场景实际上并不符合管理原则——面对一个高度复杂的议题，如果只有相同的观点，没有不同的观点，那么不要急着下结论。

德鲁克在《管理的实践》中讲过一个故事：

通用汽车公司总裁曾在公司的一次高层会议中说过这样一段话："诸位先生，在我看来，我们对这项决策都有了完全一致的看法。"出席会议的委员们都点头表示同意。但是他接着说："现在我宣布会议结束，此问题延到下一次开会时再行讨论。我希望下次开会时能听到反对意见，那样我们也许才能对这项决策有一个真正的了解。"一个月后，这次会议中提到的方案被否决了。①

讨论不同的观点是一个开阔管理者视野的方式。现实中，视力正常的人会对很多身边的事情视而不见，比如窗帘的颜色、家务事、身边某人的优点及某个产品的显著缺陷。企业决策讨论会上准备多个方案（通过专题讨论会得到）正是为了开阔管理者的视野，确保他们深思熟虑。当我们激动地朝着一个目标奔跑的时候，往往对路边的情景一无所知，这是人类认知的特点，也是需要警惕的问题。

决策讨论会对企业一把手提出了额外要求——要有强大的包容心，而不是一颗暴躁的独裁之心。通用汽车公司的缔造者杜兰特具备极强的开拓精神，但他刚愎自用，在做决策时完全听不进别人的意见，从而导致了一系列决策失误。通用汽车公司开始出现严重的危机，汽车销量急剧下降，周转资金不足，甚至濒临倒闭。真正使通用汽车公司成为伟大企业的斯隆则非常善于倾听他人的意见，在成为CEO之后，斯隆公开鼓励员工对各项管理工作和决策提出异议，以便听取不同意见。

用制度化的方式形成决策中的不同意见是极佳的做法。华为公司为了能够听到不同的意见、达成有意义的共识，特意打造了红军体系和蓝军体

---

① 摘自机械工业出版社2006年出版的《管理的实践》，彼得·德鲁克著。

系。红军体系以现有战略发展路线为核心，蓝军体系则对当前的战略发展路线进行反向分析，寻求差异化、颠覆性技术和产品。围绕同一个问题，两个体系分别提出观点，进行激烈的辩论——好的共识、好的决策在此基础上逐渐形成。

除此之外，挑战既有观点和想法能够有效打破团体迷思的怪圈。如果一个重要的决策讨论会上没有不同观点需要讨论，那么管理者必须警惕起来，不但不要急着下结论，而且要想一想造成这种情况的原因是什么，是否应该采取措施去解决。

理念七：把"执行承诺"包含到决策讨论会中

与日本相比，多数西方优秀企业的转型存在很大问题。与柯达错过数码影像业务转型类似，施乐错过了个人电脑业务转型，诺基亚错过了智能手机业务转型……今天的谷歌公司依然屹立于潮头，但50年后谷歌公司是否还存在没有人敢确定。艾柯卡将克莱斯勒公司从倒闭边缘拯救过来，郭士纳带领IBM这头大象重新翩翩起舞……但太多的优秀企业一经挫折就沉沦下去。

日本的许多企业则有所不同。日本的一些优秀企业似乎已经远离我们的视野，比如说松下、索尼、NEC、佳能、奥林巴斯、富士等。但实际情况是，松下跻身电动汽车车载电池的全球第一梯队，与特斯拉汽车合作多年；索尼从电子硬件供应商转型为音乐、游戏等内容供应商，同时进入电子元器件市场，其图片传感器产品目前占全球市场份额保持领先；NEC是日本最早做商用电脑的公司，现在是顶级的电子服务商，在全自动驾驶系统、空间通信等领域全球领先；佳能转向医疗设备事业和宇宙产业（小型卫星），拥有全球最先进的CT系统；奥林巴斯由数码影像转向医疗事业，目前奥林巴斯的医疗业务已经成为该公司的核心业务；富士持续投入技术转型，由胶卷技术转向医疗和药妆产业，顺利完成转型，目前已经是全球顶级的综合性医疗保健科技企业。

日本纪录片《日本企业长盛不衰的奥秘》提到，超过 200 年寿命的企业，美国有 14 家，中国有 9 家，而日本竟然有 3000 多家（百年以上的企业多达 50000 家）。显然，这绝非偶然因素造成的。

日本企业长寿的主要原因在于对决策的认知不同。

美国企业的决策更强调结果。从西方企业家和管理学者的著述中能够看到，其决策讨论会强调效率，会议结束时一定要有解决方案，在明确解决方案后立即自上而下大力推行。他们认为，企业的成败取决于决策讨论会提供的解决方案的优劣及后续执行力度的大小。

然而，日本企业的决策不是这么做的。

日本企业的决策模式被称为 U 型模式（全员决策模式）。如前所述，先由领导层提出决策方案和计划，并将计划下发给基层管理者和普通员工进行讨论，然后由基层管理者和普通员工提交修改意见，同时注重横向交流和协调，最终由核心领导层拍板决定。比如说，某日本企业要和某西方企业建立合资公司，日本企业高层会让每个员工写下这个决策会对他的工作产生什么影响，员工不用表示支持或反对，但自己必须用心思考决策对自身的影响。在这种情况下，企业的高层管理者、中层管理者和基层管理者就对问题和决策有了全面的了解。最终，决策由高层管理者做出，并由全员努力推进。

这种模式强调决策的过程，有点像一个长长的决策讨论会，参会者是全体员工。所有人都设身处地提出自己的意见和建议，从而把"执行承诺"包含到决策讨论会之中，使会议形成上下共情、上下同欲的氛围，计划者和行动者融为一体。

历史上日本人经常做出不可思议的决策，比如放弃基督教、从封建社会一步跨入资本主义社会、脱亚入欧等看起来不可能成功的决策。但是，这些决策不仅能被制定出来，而且能顺利实施，并最终取得成功。

由于全员决策模式耗时很长，效率很低，人们普遍认为其不适合新经济条件下快速变化的市场环境。但从以上分析可以看到，全员决策模式不存在过时的问题，在企业转型的特殊情况下，该模式能够爆发出极强的力量。

附件："三一会议法"决策讨论会流程说明

"三一会议法"决策讨论会流程说明

事件	负责人	过程说明	备注
确定召开会议	会议召集人	确定会议目的、召开时间、召开范围	
明确会议主题，选定会议记录人，召开准备会	会议召集人	会议召集人在确定会议主题后，与会议记录人开准备会（如果有准备会议的行政人员，也需要参加准备会），并确定会议议题、参会者、召开时间、会议议程、会议材料、会议手册、会议召开方式及其他注意事项。一般分工如下：会议召集人确定会议议题和召开时间，邀请参会者，确定会议议程和会议召开方式，和行政人员共同准备会议材料、会议手册；行政人员进行会议前期准备，包括准备会议室、投影仪、白板等；会议记录人参会了解情况即可	行政人员需要搜集参会者在会前提交的材料
提前开专题讨论会（可选）	会议召集人	为决策讨论会做准备，形成备选方案	
七步成诗（可选）	会议召集人	规定参会者在会前完成"七步成诗"，并形成材料下发；让所有参会者在会前收到并阅读相关信息，包括他人对决策事项的认知	
会议开场发言	会议召集人	介绍"三一会议法"相关情况，明确本次会议规则。具体规则包括但不限于：将手机关机或静音后统一交至某处；会议室中是"另外一个世界"（与现实世界中的规则不同），大家要听会议主持人的安排；讨论时就事论事，不得进行人身攻击；尊重他人，认真倾听，独立思考，畅所欲言；遵守发言时间要求；围绕议题发言；如有建议须举手发言；除了会议记录人和行政人员一律不得使用电脑。开场发言时间不超过3分钟	
引导发言	会议召集人	首先介绍会议的目的、时长和议程，接下来围绕议题进行引导，主要谈议题的背景、现状和未来发展等内容，以及希望达成的结果和应该注意的问题。时间一般不超过15分钟	召集人可以邀请其他人做引导发言

续表

事件	负责人	过程说明	备注
方案讲解（可选）	相关参会者	相关参会者对备选方案进行细致讲解，讲解人和讲解时间事先确定并写入议程	
方案评估标准讨论（可选）	会议召集人	引导参会者讨论备选方案的评估标准	
预定发言（可选）	会议召集人	预定某些参会者（资深员工或外部专家）发言，提前约定好发言主题和发言时间	
轮流发言（可选）	会议召集人	按照某种顺序（如座位排序）轮流围绕主题进行发言，形式比较简单，一般限定发言次数和发言时间。具体情况由会议召集人现场判定	
自由发言（可选）	会议召集人	每个参会者自由发言，不限定发言次数，但每个参会者的发言时间不能太长，具体情况由会议召集人确定。此外，会议召集人需要确保参会者都有机会发言	
决策环节	会议召集人	明确决策模式。注意：重大决策不一定能当场拍板	
行动计划（可选）	会议召集人	做出决策后制订行动计划，明确事项、负责人和时间节点	
梳理会议纪要	会议记录人	会议召集人邀请会议记录人上台。会议记录人将会议纪要投屏呈现，与参会者逐条核对，形成集体纪要。重点是达成的最终决策和行动方案	
明确下一步行动	会议记录人	确定下一步工作的重要事项、事项的负责人、事项完成时间（包括节点和时间）、下一次会议的时间（可选），以及将集体纪要发给全体参会者的时间。本条和上一条"梳理会议纪要"的累计时间不超过10分钟	
会议总结（可选）	会议召集人	对整体会议情况进行总结发言并宣布散会；明确下次开会时间或后续重要工作	可以不做总结或委托他人进行总结

注：在决策讨论会中，会议召集人和会议主持人合二为一。

Tips：少用投票决策模式进行决策

进行决策最好的情况是参会者通过群体决策以获得双赢。但多数企业的现实情况往往是单体决策和赢-输决策，有时领导为了表现民主，在无法达成共识的情况下倾向于采用投票决策模式进行决策。在影视剧中经常会出现一些投票场景，似乎采用投票决策模式做出决策是没有问题的，执行也没有问题。

虽然投票决策模式越来越常见，但其作为决策方法有着很大的弊端。

首先，似乎该方法尊重了所有人的意见，但由于人性的特点，由多数人负责也意味着没人为此负责。其次，真理掌握在少数人手中，投票结果决不代表做出的是正确决策，相反，很有可能是一种最差的妥协式决策。再次，大多数企业的组织架构都属于韦伯的官僚等级制架构[①]，就算创新型企业多数也是等级制架构，在这种架构下进行民主制决策显然对执行不利。在不太可能达成共识的情况下，遵循"听多数人的意见，与少数人商量，自己说了算"，先民主后集中的领导决策模式是最佳选择。

除非在很特殊的情况下，决策讨论会上不要采用投票决策模式。

Tips：决策讨论会上如何处理不同意见

决策讨论会上，多数人认同了方案 A，少数人却坚决不同意。这时应该怎么办？

显然，无论是用权力硬压，还是通过强调团队和谐来压制不同意见，都不是好方法。用权力硬压会引起逆反心理，达不成共识；通过强调团队和谐来压制不同意见必然会让团体迷思抬头。

管理者一定要认识到，少数人不同意的背后一定有更深层的原因有待挖掘，这些少数人一定是看到了别人没看到的东西。因此，建议会议主持人/会议召集人这么说：

- 不同看法的背后往往有改善决策的契机存在，我们一起努力，看能不能找到这个契机！
- 请×××再详细说一遍看法。大家认真听，一定有些东西被忽略了。

[①] 马克斯·韦伯被称为"组织理论之父"，在 20 世纪初提出了组织的官僚等级制架构，成为现代社会的组织基石。直至今日，绝大多数政府和企业的组织架构模式仍未脱离该框架。

- 请你再说一下方案 A 中的哪些内容让你感到不妥，以及需要做什么样的调整？

- ×××，在对方案 A 进行哪些方面的修正和补充后，你就能够接受该方案了？

- ×××，如果你不同意现有解决方案，就需要提出一个新的解决方案。有信心提出吗？什么时间完成？

- …………

在多数情况下，与其做出一个思考不完备、讨论不充分的决策，不如借助不同意见的力量使决策质量"更上一层楼"，这样也能够让团队协作的质量进一步提高。

事实上，人类本身就难以达成共识，让一群人在会议中达成共识非常难，但好的团队在经过充分沟通后，即使有成员不同意对方的意见，也仍然愿意承诺给予全力支持——共识的本质是一种承诺，这也是决策讨论会成果的主要体现方式。

Tips：亚马逊的内部会议禁用 PPT

自 2006 年开始，亚马逊的内部会议开始禁用 PPT，会议资料只能用 Word 来呈现。亚马逊创始人贝佐斯认为，一篇 4 页的 Word 叙述文件要远比一个 10 页的 PPT 展示文件更难完成，原因在于前者的叙事结构需要逻辑，而且需要对事情本身有更深刻的思考和理解。如果单纯罗列 PPT 要点，就很容易使一些相对重要的观点和细节被淹没。做 PPT 时，汇报人可以不用在意页数，把自己想说的要点罗列出来即可，如果不想细讲某个要点就用一句话带过，这很容易"糊弄事"。Word 资料则不同，既需要有一定的逻辑，又需要有大量细节，还需切中要害——只有斟酌词句、反复思量，才能完成。

亚马逊对会议资料的页数进行了限制——只有 1 页纸和 6 页纸两种文档规格。当然，作为附加资料的图表和数据没有限制，如果有人想看更详细的数据，则可以看附加资料。

虽然参会者用 1 页纸写不了多少内容，但 1 页纸用于呈现小型会议的汇报、提案、计划、总结的要点和重要细节陈述是没有问题的。1页纸资料的结构包括背景、问题、解决方案、对应的计划和预计达成的目标。6页纸资料则常见于大型项目或企业复杂问题的相关会议，比如大型项目策划或企业预算等，其结构因内容的不同而有所不同，一般包括背景、问题、解决方案、验证和分析、总结等。如果涉及商业计划，就要清楚地指出预算、时间表、人员编制、应急计划和相应的财务信息等。

对于这样的会议资料，如果参会者在会前没有读或只是浮皮潦草地翻了翻该怎么办？

在亚马逊的决策讨论会（不是所有会议）上，有前置的静默时间，供参会者细读会议材料（1页纸材料读5分钟，6页纸材料读15分钟），同时其要求参会者在读会议材料时应保持安静，不可询问。这种默读形式比起PPT宣讲有如下明显的优势：

- 拉平所有参会者的前置信息，使会议效率更高；
- 默读的效率比听讲更高，可以用更少的时间得到更多的信息；
- 可以随时回看默读的会议材料，自由控制进度更有利于理解信息。

在读完会议材料后，如果有参会者提出意见，那么他的意见也是有质量保证的，不会浪费别人的时间；如果参会者都没有意见（不需要讨论就已经达成了共识），那么会议结束。会后相关人员就可以按照会议材料中所述计划实施了，真是效率奇高！①

周一清单

- 在召开重要决策讨论会前，和参会者一起试一次"七步成诗"。
- 促成一项双赢决策的达成。
- 作为旁观者观察一下自己团队做决策的过程，思考是否有权威影响和团体迷思的因素存在。
- 将决策权下沉，放手让下属进行一次群体决策，看看效果如何。

---

① 参考万卷出版公司2021年出版的《贝佐斯如何开会》，佐藤将之著。

第六章

如何开务虚讨论会

企业面临巨大危机?

企业面临战略选择?

企业外部环境复杂,不确定因素多?

企业高层管理者不和,各有各的想法?

希望中层管理者提升站位?

…………

也许需要开一个务虚讨论会。

什么是务虚讨论会呢？

与务实会议相对，务虚讨论会不针对企业当前遇到的问题，而是针对中长期的、复杂的系统问题。战略漫谈会、各类规划会及不直接解决眼前问题的讨论会都属于务虚讨论会。相比于专题讨论会和一般的决策讨论会，务虚讨论会讨论的是更加长远、更加复杂、对企业更加重要的事项。

企业是一个复杂系统。在企业运行的过程中会出现大量复杂的信息，这些信息需要中高层管理者予以甄别和判断；人心或人性是复杂的，企业中的大量事务需要人与人协同处理，其中的许多利益纠葛、情感/情绪翻涌也需要定期梳理；企业的外部环境（包括政治、商业、社会、技术环境等）也在不断变化。

因此，初创企业可以将绝大部分精力用于眼前经营，而不去考虑更加长远的复杂问题，但只要有了稳定的客户、企业稍具规模，就必须开务虚讨论会——人无远虑，必有近忧。

此外，企业在遭遇重大危机时，一定要做的就是通过开务虚讨论会来统一思想。在复杂的外部环境下，只有开务虚讨论会，通过集体深度研讨的方式得出的结论才是真正能够执行下去的——参会者在开会过程中贡献了自己的智慧，并从各个侧面深入了解了企业面临的现实情况和未来的风险，最终认同自己要做的事情。影视剧中的故事（领袖才智卓绝、高瞻远瞩，下属只负责执行，最终取得成功）在现实中是不存在的，环境越复杂，越需要让多数人甚至所有人都了解情况、参与意见、达成共识。企业的兴亡不但与最高决策者有关，而且与执行团队中的每个人有关。

本章将从如何开务虚讨论会的角度，谈谈关于务虚讨论会的前期准备、中期进程和后期跟进事宜。此外，本章还会详细阐述六个与务虚讨论会相关的重要理念及其他相关内容。

务虚讨论会的前期准备：甄选议题和参会者

务虚讨论会和专题讨论会很相似，我们可以将务虚讨论会看作一个档次更高的专题讨论会。两者之间的不同主要表现在议题、时长、参会者、领导发言、会议结果等方面。

1. 议题

- 专题讨论会：短期、眼前需要解决的问题。
- 务虚讨论会：长期、复杂的系统问题。

2. 时长

- 专题讨论会：较短，一般 1~2 小时，可以更长。
- 务虚讨论会：较长，一般 2 小时~3 天，可以更长。

3. 参会者

- 专题讨论会：与讨论事项相关的管理者和员工。
- 务虚讨论会：企业的中高层管理者和骨干员工。

4. 领导发言

- 专题讨论会：领导最好全程不发言（会议开始时可以做引导发言，会议结束时可以做总结发言）。
- 务虚讨论会：除了会议开始时、会议结束时，领导还可以作为普通参会者发言。

5. 会议结果

- 专题讨论会：形成解决方案或达成共识。
- 务虚讨论会：多种结果都有可能，包括达成共识或未达成明确共识、形成解决方案或未形成解决方案、做出决策或未做出决策。

务虚讨论会的议题非常重要，会议召集人需要在会前召开准备会，反复思索、讨论和甄选议题。

确定议题后，会议召集人需要仔细甄选参加务虚讨论会的人员。由于务虚讨论会要讨论的是关于企业发展的根本问题，因此甄选时会议召集人要思考这样一个问题：

"如果要带一批人重新创业，你会带上谁？"

一家企业跨过生死线后，业务得以快速发展，组织规模也迅速扩大，这时的企业大概率仍然是一家小型企业，需要参加务虚讨论会的人数多半是十几到二十几人。如果需要开扩大会议，则可以增加到 30 ~ 40 人。

> 分辨小型企业和中型企业的标准是"管理结构"，也就是说看在组织中能产生关键影响的人到底有几个。对于小型企业而言，企业一把手用不着问任何人就可以知道谁在企业中能产生关键影响或起重要作用。对于中型企业而言，企业一把手已经不能单靠自己认识和了解所有真正对企业有较大贡献的重要人了（知道名字、有过简单接触不算），而必须询问一下自己的管理团队。在中型企业中，对企业的绩效和成果有重要影响的人会达到 40 人。

在务虚讨论会召开之前，会议召集人、会议主持人和会议记录人需要开准备会，讨论会议的议题、议程、讨论模式和会议资料准备等事宜。如果有必要，还需要提前下发会议手册，提醒参会者有关会议时间、地点、议程，以及需要提前阅读和准备的各项内容。

务虚讨论会的中期进程：采用工作坊模式策划

务虚讨论会的中期进程与专题讨论会的中期进程基本相同，以下就务虚讨论会的不同之处进行阐述。

1．务虚讨论会的讨论模式更多地采用工作坊模式

工作坊模式的特点是参会者的参与程度更高，更有利于打破组织结构的束缚，参会者之间可能进行深度对话，也更有利于在团队一致性不高及问题复

杂程度较高的情境下发挥作用。这些特点与务虚讨论会希望达成的目的更加契合。

2．务虚讨论会的议题面向未来

专题讨论会的目的是形成解决方案或达成共识，即一定要有结果。务虚讨论会则不会强求结果。由于会议时间更长，因此务虚讨论会如已达成共识，则可以在共识的基础上形成决策，继而完成进一步的工作计划。即使达不成共识也不用强求，由于议题的复杂性，一时达不成共识也不见得就不好。

3．务虚讨论会的过程有时比结果更重要

为了提升会议效率，企业可以采用多种方式对务虚讨论会进行结构化设计。

- 汗蒸房会议：芬兰一家汗蒸房设有适合企业开会的会议室，企业去那里开会成为一种潮流。该汗蒸房提供了若干拥有自然光的会议室，可以召开不同规模的会议，参会者可以在非常放松的状态下讨论长远发展的话题。

- 角色扮演：腾讯公司采用过角色扮演的方式开务虚讨论会。具体做法是，将一朵花作为道具，接到花的人暂时扮演 CEO，即要以 CEO 的身份分析问题、思考问题、解决问题，意在要求参会者提升站位，用全局思维去思考问题。

- 主要领导先示弱：腾讯公司的务虚讨论会经常由马化腾先发言，谈自己的问题和所思。这种通过主要领导先示弱让参会者放下心理包袱、弱化心理防御的方式，可以让大家讲出心里话。

- 客户拜访：这是微软公司 CEO 纳德拉在务虚讨论会中设计的一项活动。该活动要求参会者（多半是微软公司不同部门的管理者）去不同的地方拜访客户，而这些客户大多来自大学、大企业、非营利性组织、医院、小企业等。参会者通过听取客户的意见、在彼此间建立联系，感受跨部门的多元化团队共同解决客户问题的威力，并由此引出新的话题和思考。

　……………

4．务虚讨论会单次会议的时间应该长一点

对此，德鲁克认为，中小企业的最高管理层每年应该拿出一个星期的时间开务虚讨论会。在竞争激烈的今天，如果核心团队拿不出一周的大块时间，那么至少也要有两天完整的时间用于召开正式的务虚讨论会。

5．务虚讨论会最好在办公室之外的地方召开

换一个环境，思维方式也会跟着变换。在一个山清水秀的地方开会的话，参会者更容易放松精神、脱离日常工作的桎梏。

在务虚讨论会的中期进程中，Workshop 模式很常见。早期的 Workshop 是指工业革命前用来维修、制造一些物品的工作站，随着时代的发展，其含义逐渐转变为用"手工"经过创新来解决身边的问题。今天，Workshop 被翻译为工作坊。工作坊模式多用于研讨会，具有了多向交流、结构化互动的内涵。这种模式在团队一致性不高及问题比较复杂的情境下能更好地发挥作用。

工作坊模式和大多数会议模式不太一样，其形式和内容都更加灵活多变。例如，在形式上，参会者可以人手一杯咖啡，眺望远山，围坐而谈；在内容上，则包括会议室沟通、参加特色游戏、做实验、进行实地访谈、手绘图画等。

工作坊模式也有非常严格和结构化的研讨方式。例如，通过细致设计和会议主持人的过程控制，每部分议程的时间实现精准化（此时，让所有参会者随时可见的议程表格或电子屏是很好的工具）；议程一旦完成，就立即用笔画掉，让参与者充满成就感；通过遵循完整的程序规则，采取有效、有趣的工具，达成预期的会议结果。

某次务虚讨论会上，参会者在头脑风暴之前先学习使用 HMW[①]工具，然后根据给定的框架（HMW 有自身的框架，但每个参会者都可以改动和添加）进行思考。思考完成后，所有参会者用报事贴将自己的 HMW 归类整理并集中

---

① HMW（How Might We）是一种用于多向分析的思考工具，它有助于将我们的思维从固定圈层中解脱出来，从多个思维角度提出正确的问题。例如，可以从积极角度思考如何发挥积极影响或如何消除消极影响，可以从问题出发应对挑战，也可以将问题拆解为多个问题，并一一提出解决方案，还可以通过逆向思维找到令人意想不到的答案。

在一面墙上展示。每个参会者用五张贴纸为自己认可的 HMW 投票。这样，参会者可以清楚地看到哪个区域的问题或机会最多，接下来根据具体的问题和机会，采用头脑风暴的方式继续进行研讨。

美国人兰西奥尼的著作《团队协作的五大障碍》中虚构了一个非常逼真的企业场景，描述了一位空降的女性 CEO 如何通过结构化的工作坊重整TMT（Top Management Team，高层管理团队），大幅度改变了团队协作状况，并带领团队取得成功的故事。

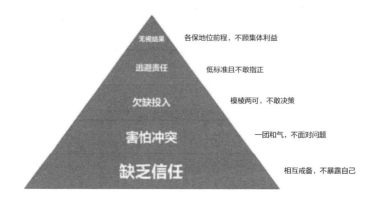

团队协作的五大障碍

随着工作坊模式的广泛应用，结合将务虚讨论会结构化的思路，企业召开务虚讨论会就有了很大的策划空间。采用工作坊模式策划使参会者在结构化互动下产生"化学反应"，好的想法和意愿被激发出来，从而得到最佳会议结果。

务虚讨论会的后期跟进：两种情况

务虚讨论会的后期跟进分为两种情况。

第一种情况，务虚讨论会没有大范围地达成共识，只是就某些关键问题进行了沟通：

- 讨论目前的核心问题和未来可能出现的最大风险；
- 讨论当前最出色的员工，以及他们每个人的特质；

- 陈述竞争对手的主要动作和本企业的回应，讨论未来的竞争策略；
- 审视过去一年的市场策略，展望未来三年的市场工作；
- …………

在这种情况下，管理者不需要安排特殊的后期跟进事宜。

第二种情况，务虚讨论会就某些关键问题达成了共识（或做出决策，包括未来发展策略和计划）：

- 就未来五年的战略路径达成共识；
- 敲定了未来一年的市场策略；
- 针对×××公司的收购事宜确定了下一步的团队融合计划；
- 就人才成长计划确定了未来三年的工作思路。

在这种情况下，会后督办就显得较为重要。在会议纪要中，具体的共识内容和下一步工作的负责人、时间节点、里程碑都要求记录清晰、准确。

无论是第一种情况还是第二种情况，会议记录人都需要出面，在会议结束前用十分钟左右的时间完成集体纪要。

理念一：将直觉结构化

有记者采访一些优秀企业家，当问他们在某一个关键时刻是什么促使他们做出独特的决策，从而取得成功的时候，很多回答是直觉——我追随了我的直觉！有些媒体将这种直觉吹嘘得神乎其神。但是，这种基于经验积累的直觉往往并不准确和理性，德鲁克也一再告诫企业家不要盲目跟随直觉。

在现实中，很多管理者对直觉都有着偏执的自信，他们依靠直觉的引导在现实工作中做出种种判断和抉择。

直觉究竟是什么呢？

心理学家卡尼曼给直觉起了一个名字叫系统1。系统1凭借记忆、联想、简单因果关系进行无意识的判断和决策，它与人类的本能相关——不经过思考而直接做决策是最节省大脑能量的方式（在漫长的进化史上，人类必须节省能量，否则就无法生存）。为什么人类在理性思维（系统2）这个问题上会犯懒——懒得想、懒得问，原因就在于此。

对直觉比较准确的描述如下：在大脑里面有某个回路，在无意识的情况下，只要遇到相似的情景就会采取相应的行动或做出相应的判断，这些行动或判断没有经过认真思索，或者说没有运用理性思维，是"不假思索"后的输出[①]。

虽然人类相当依赖直觉，但面对复杂环境下的企业现实，直觉系统并不可靠。随着科技发展的不断加速，年龄大、经验丰富的人对新环境、新技术的认知具有了滞后性，甚至不如刚刚进入职场的年轻人。换句话说，知识和经验的"折旧速度"在不断加快，直觉愈发不可靠。

直觉需要被引导着走向理性，一个非常简单的方法就是将直觉转化为文字，写出来。

人们经常觉得稀里糊涂的，种种想法浮现于脑海中，但往往还未组织出来便稍纵即逝。那么，我们要做的就是努力尝试将上述情况变成语言，只要有想法一浮现就立即将其用语言组织出来……要将人名、欲望、憎恨、懊悔等都原原本本地写下来。即使自己对此事或此物的感觉并不好，也要努力将其记录下来[②]。

要坚持使用这种将直觉转化为文字的方法。这种方法看似简单，但由于人自身的特点（容易分心、短时记忆容量小），因此必须让人的思绪不断集中，从而将片段的直觉转化为持续思考，这样才能让人拥有深入思考的能力。

引导直觉走向理性的另一个好方法是对问题进行结构化讨论。首先，让参会者接受结构化思维并使用结构化思维工具，分析原来由直觉处理的问题；其次，提供一个可以自由发言、延伸思考的平台，让参会者畅所欲言、互相激发，将系统1和系统2有机结合在一起，在结构化情境中发生"化学反应"。

理念二：从源头挑选务虚讨论会的议题

务虚讨论会面对的不是企业的现实问题，而是与企业未来业务发展和组

---

① 参考中信出版社2012年出版的《思考，快与慢》，丹尼尔·卡尼曼著。
② 摘自后浪出版公司2014年出版的《零秒思考：像麦肯锡精英一样思考》，赤羽雄二著。

织发展相关的议题,议题的选择很难——有些议题看起来很真实且马上就可以行动,但实际上可能只是一个伪问题。

某品牌香水销售情况不佳,总经理基于之前的经验,认为原因在于这个品牌不行。于是,他召集了一个务虚讨论会,讨论会的议题是"是否从下半年开始逐步放弃该品牌,从第三季度起启用新品牌"。

在多数情况下,这位总经理找到的是一个伪问题。造成产品销售情况不佳的原因非常多,有可能是市场规模缩减,也有可能是竞争对手的策略发生了变化,还有可能是消费者需求迁移,等等,不一定是品牌的问题。退一步说,即使该总经理的直觉是对的,销售情况不佳的确与品牌有关,那么,是什么导致了品牌的问题,启用新品牌是否还会出现之前的问题?本企业的长远发展战略是什么?本企业的核心竞争力又是什么?本企业当前应该投入资源的重要工作与启用新品牌之间是什么关系?

在前景一片混沌、市场情况不明朗、问题满天飞的情况下,企业应该多次召开务虚讨论会,用较长的时间找到企业发展中关乎生死的真问题,不应该贸然召集一个似乎更贴近于行动,但议题是伪问题的务虚讨论会。

企业中的类似问题很多,具有迷惑性,这种伪问题浪费了管理者的精力、带偏了管理者的注意力。要知道,企业的根本问题是资源稀缺,管理者的精力和注意力则是企业的关键资源,伪问题给企业带来的损失比我们想象的大得多。

从源头思考企业发展的关键问题会更加可靠。从"水有源,树有根"的逻辑来看,企业的真问题是有本源的。例如,德鲁克关于事业理论的层次化论述:

- 我们的事业是什么:企业的使命;
- 我们的事业将是什么:企业的愿景和价值观;
- 我们的事业应该是什么:企业的目标管理(战略目标、战略路径)和业绩管理。

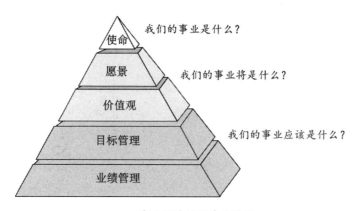

事业理论的层次化论述

如果觉得事业理论的论述过于宏大，自己的企业较小，不便于着手[①]，那么，我们可以换一个角度去思考：

- 企业究竟在为谁服务（客户到底是谁）？
- 企业产品/服务的内容是什么（企业卖什么）？
- 企业凭什么服务（客户为什么会接受企业的服务）？
- 面向未来，企业必须做哪些事（企业现在必须干什么）？

从表面上看，这些内容是不言自明、一目了然的。实际上，在多数情况下，管理者对此并不清楚，或者没有达成共识。管理者对以上问题的认知在很大程度上决定了企业的未来。这里举一个麦当劳的例子。

2002 年 12 月，全球快餐连锁巨头麦当劳发布亏损公告，这是麦当劳自上市以来的首次亏损。麦当劳的金色拱门一直是美国的标志之一，是"最蓝的蓝筹股"，但很明显，当时的麦当劳出了大问题！先知先觉的股神巴菲特甚至在麦当劳发布亏损公告的几年前就抛售了他手中的大部分麦当劳股票。

问题出在哪里呢？麦当劳 CEO 坎塔卢波很快就找到了问题所在，即麦当劳把自己的首要客户是谁搞错了！在普通人看来，麦当劳的客户当然是消费者，可是麦当劳当时的主要利润来自加盟商提供的地产收益和租约收益，导致麦当劳的管理者出现不同的看法。CEO 格林伯格在任的几年间（1997 年—2001 年），以增加海外连锁加盟店为己任，麦当劳全球连锁店的数量迅速从8000 家增加到 15000 家。他认为，麦当劳的核心客户是地产商和加盟商，其

---

① 事业理论并不宏大，也不虚无缥缈，它与职场中大部分事件密切相关。小企业也一样可以用。

商业模式是用低租约从地产商手中长期租房（或直接购买地产和房产），改造之后将其高价租给加盟商（另行收取加盟授权费），同时给加盟商提供产品、管理和服务的各类支持，最终实现麦当劳、地产商、加盟商的多赢。

正因为如此，麦当劳的资源是围绕加盟商投入和展开的，比如让他们更快地开店、更快地获得收入和收回成本等。不可避免地，麦当劳不重视对消费者的服务。消费者开始抱怨吃麦当劳的汉堡味同嚼蜡。这导致麦当劳单店营业额不断下降，市值大幅缩水。

坎塔卢波的解决方案是重新思考"自己的首要客户是谁"这个问题，并向所有员工宣布说"消费者是麦当劳的新老板"——麦当劳开始认真聆听消费者的意见，调整组织结构，开发更能满足需求的新产品，同时开始关闭不合格的加盟店。麦当劳逐渐走出低谷，开始步入新的辉煌。截止到 2019 年年底，麦当劳的市值达到 1300 亿美元，超过了星巴克和肯德基市值的总和。

企业必须非常明确自己所服务的客户是谁。像麦当劳这样的企业都搞不清楚谁是他们的首要客户，那么，这个问题是否值得企业管理者花点时间和精力去思考呢？如果觉得这个问题仍然不好把握，我们可以思考得再具体一点：

- 我们希望企业三年后成长为什么样的企业？
- 我们去往三年后的路径是什么？
- 如果要沿着这条路径走，我们当前有哪些工作可以做？
- 哪些工作取得突破就可以让我们的绩效再翻一倍？
- 如果要完成以上工作，那么我们在各个领域必须打赢的仗有哪些（具体谈产品、市场、技术等方面的工作）？

对于快速发展的企业来说，应该围绕以上五个问题定期开务虚讨论会，至少一年一次。除了企业的根本问题，企业可以隔一段时间就挑选议题开"非现场审核会"（务虚讨论会的别名），即离开工作场所，在某个山清水秀的地方讨论企业的一些关键问题。具体议题举例如下：

- 规划新的资本支出计划；
- 未来新办公地点（厂址）的选择；
- 半年度的营销策略调整；

- 如何调整组织架构；
- 骨干员工晋升或轮岗机制；
- 绩效考核流程调整；
- 未来一年的员工培训计划；

…………

理念三：重构决定企业发展的关键问题

在某个时间节点、某种市场环境下，企业会有一个或两个问题（不超过两个）属于生死攸关的问题，一旦找到并提出这样的问题，就会对全体管理者产生震撼的效果并极大地推动企业成长。

曾在麦肯锡咨询公司日本分部供职的安宅和人在其著作《麦肯锡教我的思考武器》中说，企业中"真正应该在当下找出答案"且"有办法找出答案"的问题只有约 1%，其他问题都是伪问题或不值得深入讨论和解决的问题。他认为，重构关键问题是管理者必须具备的思维方式[1]。那么，应该如何重构关键问题呢？可以从以下四个思考方向进行思考。

思考方向一：应该围绕关键问题反复召开务虚讨论会

在企业的发展目标和发展方向明确，产品得到市场认可，团队协作顺畅的前提下，企业可以不开务虚讨论会，大家只要勠力同心向前冲就好。当业务遇到挫折、企业发展方向存疑、产品出现问题、团队协作不畅的情况下，务虚讨论会对于企业来讲非常重要，唯有围绕关键问题反复研讨才能找到阻碍企业发展的真问题。

思考方向二：关键问题必须具有震撼性

如果一个问题即使讨论清楚了也不会对现状造成重要影响，那么这个问

---

[1] 参考后浪出版公司 2014 年出版的《麦肯锡教我的思考武器：从逻辑思考到真正解决问题》，安宅和人著。

题就不值得深入讨论。企业中的关键问题必然具有震撼性，一旦提出，就能让企业员工像赛场上的运动员一样兴奋起来，否则问题可能并不准确或并不到位。

业务线是收缩还是保持现状，是以自营为主还是以渠道为主，是向左还是向右……类似这样的议题是不是很有震撼性？其结果将改变企业中的相关人员对企业的核心业务的思考，进而对企业中多数人的未来行动造成巨大影响。

对于所有企业来讲，具备震撼性的议题大致包括以下内容。

（1）业务选择——包括方向的选择、产品的选择、客户定位的选择和选择的逻辑。

（2）方向聚焦——资源有限是企业面临的现实情况，无论是大企业还是小企业，都必须聚焦于某个领域，要明确聚焦于哪个地域、聚焦于哪类客户及聚焦的逻辑。

（3）实战策略——是价格战、渠道战、广告战还是品牌战，如何在选定的时间、选定的地域、聚焦的产品上打败竞争对手，占据市场领先地位。

（4）组织变革——包括组织架构的变动、关键人员的任免、决策机制的变动、企业文化的重塑、行为模式的调整等。组织变革的目的是适应组织所处的内外部环境、技术特征和组织任务的变化，从而提高组织效能。

思考方向三：深入下去，改变看问题的角度

在美国航空航天局设计火星探测器的着陆系统时，所有人都聚焦于"如何才能设计一款更好的三条腿着陆器"，而工程师阿德勒改变了看问题的角度，提出"我们如何才能克服（火星）重力，让我们的探测器安全着陆"。由此，他提出了使用巨型安全气囊缓冲着陆的方式，1997 年，安全气囊使"探路者号"火星探测器在火星安全着陆[①]。

我们既可以从宏观角度上凝聚概念，也可以从微观角度上提出关键细节，从而另辟蹊径，找到新的问题描述方式。有时候，问题描述方式的改变会使问题完全不同。

---

① 参考北京联合出版公司 2020 年出版的《像火箭科学家一样思考》，奥赞·瓦罗尔著。

思考方向四：打破定势思维

打破定势思维是非常困难的，这是因为我们所受的教育、所经历的各类事件，以及对这个世界的认知都深深固化在潜意识之中，我们并不能意识到99%的想法已经被预设了。

高中的物理课堂上有这样一道题：

给你一个气压计，用它来测量写字楼A的高度，你会怎么做？

大多数学生的答案是在楼顶和楼底分别测量气压，用气压的压差来计算楼的高度。有一个学生给出了不同的答案：

先用一根绳子拴住气压计，然后从楼顶把气压计放到楼底，这样，测量出所需绳子的长度就可以得到楼的高度。

很显然，这个答案一定是对的，而且测量得更加精确，但这个答案和老师们的初衷不一致，考试时要敢这么回答必然会得零分。其实要解答这个问题，还有若干方法：

- 在有太阳的日子，先测出气压计的长度和影子的长度，再测出写字楼A影子的长度，用简单的比例法就可以得出楼的高度；
- 登上大楼，让气压计以自由落体的方式落下，测得落地的时间，用自由落体公式就可以算出楼的高度；
- 用一根绳子系住气压计，让它在楼顶和地面分别做钟摆运动，测量出重力加速度的差值，根据这个差值就可以算出楼的高度；

  ⋯⋯⋯⋯

通常，我们只能看到自己想看的东西。有时，为了打破定势思维，我们需要等待不同观点的出现，并用开放包容的心态去思考和理解。这是研讨过程中需要坚持的基本规则。

理念四：用务虚讨论会"固结人心、纠合群力"

在重构关键问题之后，企业接下来最主要的工作就是统一管理者的思想、激励管理者朝一个方向努力，也就是"固结人心、纠合群力"。其重要性不言而喻。

企业界的底特律会议（也称斯隆会议）相当有名，通用汽车公司 CEO 斯隆每年都要在底特律主持两次这样的会议，讨论重要问题或敏感问题，以求达成共识。会议内容包括大会公布各分部（如制造部门、销售部门、金融服务部门等）的经营结果，探讨成败得失，并就不同分部或核心管理层提出的建议展开辩论。参会者一般为 200～300 人，而且每次都有一定数量的人员被替换。所以，几乎每一个通用汽车公司的中高层管理者（自车间主任开始）都有机会了解公司的总体情况，以及自己在公司中所处的位置和公司的基本政策与规划。对于这样的会议，斯隆坚持了十多年，并取得了巨大的成功。

由于底特律会议的参会人数太多，因此各地的通用汽车公司分部召开了一些小规模的务虚讨论会，作为对底特律会议的补充——大小会陆续召开，小会可以让核心管理层的成员有时间与当地的分部管理者建立联系、互动并达成共识。另外，分部也会邀请经销商参加类似的会议。

这种定期召开的会议是斯隆成功管理通用汽车公司的关键之一。通过底特律会议，他能够统一中高层管理者的思想，确保各部门协调一致，保持公司战略的一致性，并及时做出调整以适应市场变化。同时，这些会议也促进了公司内部的沟通和信息共享，加强了公司的内部协作。

带领微软重新回到巅峰的 CEO 纳德拉每周都要拉上微软的高级领导团队开会，每次都要开 4 小时以上，而且有相当长一段时间是务虚时间。简直把务虚讨论会当成了例会来开！该会议在微软被称为 Insight 会议，参会者是微软的高层管理者和主要团队领导，每周定期举行，目的是促进跨部门合作和信息共享，并确定公司的战略和发展方向。该会议由各个部门的主管（高层）轮流主持，参会者要分享他们所负责业务的最新情况，并在会上进行深入的讨论和交流[①]。

Insight 会议被看作微软在纳德拉的领导下实施文化转型的一个重要举措，强调团队达成共识、朝同一个方向努力的重要性，同时也促进了公司的创新和

---

① 参考中信出版集团 2018 年出版的《刷新》，萨提亚·纳德拉著。

增长。按照纳德拉在《刷新》中的描述，Insight 会议的主要作用是"固结人心、纠合群力"。

其他大型企业的务虚讨论会没有纳德拉开得如此频繁，但同样开得也很勤。华为 EMT（经营管理团队）每隔两个月就会专门召开务虚讨论会，围绕国际形势、网络安全、业务定位、利益分配逻辑等主题进行深入讨论。

以上案例是大企业召开务虚讨论会的情况，中小企业同样需要务虚讨论会的加持。德鲁克认为，中小企业的最高管理层每年应该拿出一个星期的时间开务虚讨论会。

那么，是否需要这么长的时间呢？

在企业的初创期，业务比较少，核心人员也比较少，企业一把手往往跟着感觉走，凭直觉迅速做出决策。这样效率的确比较高。但当企业跨过生死关、业务规模逐渐扩大、业务复杂度不断提升、人员越来越多的时候，"固结人心、纠合群力"就应该成为中小企业一把手最关注的事情之一。试问，你所在的企业有 TMT 吗？这个团队的状态是什么样的？是各管一摊、彼此协同不多，还是精诚合作、拧成一股绳去奋斗呢？如果团队的状态是前者，那么企业应该逐步改变工作习惯，定期召开务虚讨论会，在核心团队中建立共识[1]。共识的作用非常大，要在核心团队中形成共识，就要有相关机制作为保证，中小企业应该每年至少开一次 2~3 天的务虚讨论会。

比较理想的会议召开时间和议题安排可以像下面这样。

- 年度务虚讨论会：外出 3 天；议题，如未来三年的战略讨论、明年的预算讨论、领导力培训等。
- 季度高管务虚讨论会：外出 1~2 天；议题，如季度目标复盘、绩效讨论、经营策略讨论、关键问题讨论等。

此外，中小企业之所以要开务虚讨论会，是因为务虚讨论会本身就是一种开放的象征，它是促进"化学反应"发生的最佳平台，也是支持团队涌现[2]的最佳平台。

---

① 讨论会中共识的内涵之一是"执行承诺"，务虚讨论会也一样，即使无法达成一致意见，也应该取得团队成员的执行承诺。

② 涌现是系统的普遍属性。从组织管理的角度出发，涌现是指个体之间发生相互作用，使整体产生不同于个体之和的特质。团队由此获得更高的效能。

理念五：企业应该将经营数据透明化

企业是一群人为共同的经济目标而奋斗的组织，可见，企业是一群人的企业而非一个人的企业，这群人互为伙伴。也就是说，企业的战略思考、经营数据都应该对这群人公开。但实际情况不都是这样的，很多管理者骨子里仍然视下属为工具——自己是企业/部门一把手，就应该大权独揽、信息独占。即使他们口口声声要求下属以企为家、和企业/部门一条心、把企业/部门的事情放在第一位，但实际上，他们并没有把下属当作伙伴。

基于此，大多数企业的内部信息不透明。内部信息不透明的弊端主要体现在以下四个方面。

（1）企业的凝聚力不足，无法形成合力。如果信息不透明，员工就会各行其是。员工不了解企业目标，或者不了解自己干的工作和企业的目标有何关联，自然无法形成合力。

（2）企业文化封闭，无法形成开放包容的氛围。如果管理者认为信息是权力的象征，他就会尽力封锁和掌控信息。这样一来，企业的组织架构必然像金字塔一般高耸，企业内部层级分明，"官大一级压死人"（即使企业内部号称扁平化管理，也只是浮于表面）。在这样的氛围下，文化开放、业务创新、产品创新根本无从谈起。

（3）员工的自驱力不足、敬业度不高。信息不透明的背后是控制，控制会导致员工的自驱力不足、敬业度不高。这样很难发挥自身所长，盖洛普路径无法走通。

（4）群体决策的难度太大。群体决策的前提是参会者面前是同样的问题，自己和其他参会者的认知没有偏差。举个例子，如果某位管理者并不了解企业近三年来所在行业利润的波动情况，那么他如何为未来该行业的发展"支招儿"？

以上四个弊端看似不可怕，但在技术和产品飞速迭代、市场竞争激烈的今天，这四个弊端导致的人才流失就能让企业失去崛起的机会。

务虚讨论会是提升企业透明度，消除这四个弊端的好办法。典型的务虚讨论会的议题中包含着丰富的前置数据需求。比如说：

- 下一个五年的企业愿景是什么？（需要企业当前的全景数据）
- 三年后的企业应该是什么样子的？（需要当前企业的全景数据）
- 在经济全球化转向的前提下，企业应该怎么做？（需要企业的外部数据）
- 就销售职能来说，企业今年必须打赢的仗是什么？（需要销售职能的全景数据）

如果管理者和员工得不到相应的信息，那么他们对自身的定位、对未来的设想、对企业的思考就会出现错位，这样就难以进行深度讨论。务虚讨论会要达成最佳效果，就要让参会者有渠道持续获悉更多更深入的企业信息，让他们明白自己当前创造的价值（努力的成果）、担负的责任与所获得的利益之间的关系，以及未来需要做什么、怎么做才能为企业创造更大价值等。

这么做有如下两个难点。

第一个难点是管理者的认知改变——真的要把这些信息透露给下属吗？当信息可能具有一点点战略性或商业机密时，绝大多数企业的管理者都会秘而不宣[①]。

第二个难点是建立关键事件信息处理机制。有些事件的信息对企业来讲非常重要，可能是技术事件，可能是趋势分析，也可能是顾客的重大动向。各个层级都有可能拿到这样的信息，关键是这些信息会对谁有用？从传统意义上来看，这些信息默认只对管理者有用，而且只有高层管理者才能处理。所以，大部分关键事件信息都会被上报到高层管理者那里，等待他们去认定事件的重要性并进行处理。那么，是否有必要建立一种机制，让关键事件信息除了被上报到高层管理者那里，还能被更多的人及时了解呢？

一旦实现企业信息透明化，那么当企业陷入难局或面临重要选择时，务虚讨论就会释放出非常强大的能量。天津物产集团的例子就说明了这一点。

天津物产集团的前身是天津市物资局。20 世纪 90 年代，全国物资局系统

---

① 实际上，大多数关键信息是可以做到透明的，除非有非常清晰的理由证明这样做会损害企业利益（而不是某个管理者因此不舒服）。

大转型，从事业系统转为企业系统，在计划经济向市场经济转型的过程中，全国多数的物资局纷纷关张或被其他企业兼并。天津市物资局也开始了艰难的转型之旅。当时，天津市物资局亏损严重，历史包袱（包括退休人员多、在职人员老化、技能缺乏）非常沉重，后退一步就是关张倒闭。

为了生存下去，当时的天津市物资集团（天津市物资局转制后的名称）的领导将所有员工召集到一起，开了一次务虚讨论会，核心议题很简单——天津市物资局向何处去。在将企业经营现实情况如实告知所有员工，并历经大半年的深入反思、反复讨论后，领导和员工达成了共识——甩脱各种历史包袱，选定若干行业，重新出发！

在"天物人"勠力同心之下，天津市物资集团以远超其他企业的速度发展起来。2011年，天津市物资集团更名为天津物产集团，2012年，天津物产集团进入世界500强，是第一家挺进世界500强的天津公司。

将经营信息告诉员工有一个直接的好处——可以促进创新。几乎所有的创新都来自一线，当员工拿到充足的数据，同时管理者允许试错时，创新就会生发出来。

实现经营数据透明化要提前进行设计。管理者必须对经营数据进行加工和简化，否则会让看到数据的人一头雾水。管理者可以用不长的篇幅将企业经营中的重点数据清晰地展现出来。在经营数据充分透明之后，管理者可以筹划一次时间比较充裕的务虚讨论会，看看是否会有惊喜出现。

理念六：用务虚讨论会来推动"高绩效文化"的形成

企业文化看似虚无缥缈，但它时时刻刻影响着企业中每个人的行为。企业真正需要的文化是高绩效文化，因为只有在这种文化氛围中，企业才能更好地完成自己的使命。德鲁克认为，创造客户是企业存在的唯一理由，创新能力和营销能力是企业的两大基本职能，企业以此来持续满足客户对低价、优质产品和优质服务的需求。

企业的创新能力和营销能力的体现就是高绩效。

- 企业能否持续高效创新决定了企业的绩效质量。
- 企业能否持续高效营销决定了企业的绩效表现。

所有优秀企业的核心理念都有两个共同点——强调绩效有高度、强调文化有温度。比如 IBM 力争取胜、吉利汽车做中国的奔驰、GE 追求完美，都强调要做"最好的××"，这就是在强调绩效有高度；同时，优秀企业的核心理念都是有温度的，比如产业报国、享受使用汽车的乐趣、让人类十年内登上月球，这些理念都属于有温度的企业文化，而没有温度的企业文化将退化为绩效主义[①]。这两个共同点组合在一起就是高绩效文化。

企业内部如果缺乏高绩效文化，那么首要责任承担者就是企业的中高层管理者。因此，企业的中高层管理者应该就高绩效文化开务虚讨论会，核心议题为：

我们是否强烈渴望企业成功，是否会付出一切努力来追求绩效？

该议题又可以分为若干子议题：

- 我们在某件事上是否尽了最大努力，并获得了最佳结果？
- 我们中的某个人在他的工作上没有做到最好，我们应该惩罚他吗？
- A 事业部的目标应该怎么定，是否按最高标准定？
- 某个部门的表现在行业中排名如何，是否应该督促该部门做到更好？
- 我们中的每个人是不是足够努力？
- 我们是不是真的要去改变世界？

…………

议题非常重要，如果多数答案是否定的（哪怕在给出答案时只是内心出现过小小的犹豫），企业就不可能形成真正的高绩效文化。如果答案不统一（这是常态），则需要根据实际情况进行多次研讨，只有大多数的中高层管理者达成共识，高绩效文化的推行才会顺利。

普通中小企业推进高绩效文化的难点是文化障碍。高绩效文化与中国社会的传统文化不符，传统文化追求以和为贵、执两用中，而高绩效文化追求凡

---

① 绩效主义是指一切以冰冷的短期绩效为指向、追求眼前利益、不把下属当成有感情的人看待。20 世纪 90 年代中期，索尼开始实施以绩效考核为中心的"美国式绩效主义"，在"激情集团"消失的情况下扼杀了索尼曾经的"挑战精神"和"团队精神"，导致索尼在新时代溃败。

事做到极致；传统文化要求适可而止、难得糊涂，而高绩效文化追求问责到底。这就要求企业高层管理者起到带头作用，如果自己都抹不开面子去追求高绩效，如何要求下级做到？

此外，高绩效文化强调分权。在以知识工作者为主、竞争充分的大环境下，经营重心必须尽可能下沉，让一线人员承担更多的责任，从而更好地实现"人人都知道什么才是高绩效，每个人的责权利都与绩效挂钩"的基本目标。这需要核心管理层在组织模式和绩效管理模式上下功夫，仔细研究并与中高层管理者和骨干员工反复讨论。

打造高绩效文化可以从如下五个方面着手。

- 树立有温度的核心理念，强调既要有远大梦想，又能专注于创造高绩效价值观。
- 在组织架构中设计总控层，在实施分权后仍然有专门的机构去思考和推动企业的长期战略、总体战略及业务发展工作。
- 在组织架构中更多地应用横向型团队，打破部门壁垒和本位主义。
- 企业人力资源一盘棋，从总体发展的角度思考人员调配和成长问题。
- 建立高绩效的管理体系，包括目标体系、绩效沟通和绩效评估体系（而非单一的绩效考核）。

总之，打造高绩效文化要从管理者开始，可在企业内部通过持续召开务虚讨论会达成共识；高层管理者要抛开传统文化的束缚，以身垂范，推行高绩效文化，同时做好分权设计，让一线人员承担起更多的责任；绩效文化要有温度，应时刻谨防绩效政治化，变成简单机械的绩效主义；要系统思考绩效管理，建设高绩效管理体系，包括目标体系、绩效沟通和绩效评估体系；等等。

附件："三一会议法"务虚讨论会流程说明

"三一会议法"务虚讨论会流程说明

事件	负责人	过程说明	备注
确定召开会议	会议召集人	确定会议目的、召开时间、召开范围	

续表

事件	负责人	过程说明	备注
明确会议主题，选定会议主持人、会议记录人，召开准备会	会议召集人	会议召集人在确定会议主题后，与会议主持人、会议记录人开准备会（如果有准备会议的行政人员，也需要参加准备会），并确定会议议题、参会者、召开时间、会议议程、会议材料准备、会议手册准备、会议召开方式及其他注意事项。一般分工如下：会议召集人确定会议议题和召开时间，邀请参会者，对会议主持人和会议记录人提要求；会议主持人确定会议议程和召开方式；会议主持人和行政人共同准备会议材料、会议手册；行政人员进行会议前期准备，包括准备会议室、投影仪、白板等；会议记录人参会了解情况即可	行政人员需要搜集参会者在会前提交的材料
会议开场发言	会议主持人	介绍"三一会议法"相关情况，明确本次会议规则。具体规则包括但不限于：将手机关机或静音后统一交至某处；会议室中是"另外一个世界"（与现实世界中的规则不同），大家要听会议主持人的安排；讨论时就事论事，不得进行人身攻击；尊重他人，认真倾听；独立思考，畅所欲言；遵守发言时间要求；围绕议题发言；如有建议须举手发言；除了会议记录人和行政人员一律不得使用电脑。会议主持人如需进行个人介绍，可以在此环节进行。开场发言时间不超过3分钟	
引导发言	会议主持人/会议召集人	首先介绍会议的目的、时长和议程，接下来围绕议题进行引导，主要谈议题的背景、现状和未来发展等内容，以及希望达成的结果和应该注意的问题。时间一般不超过15分钟	会议主持人可以邀请会议召集人或其他人做引导发言
务虚讨论会结构化研讨方式（可选）	会议主持人	形式和内容灵活多变。除了可以在会议室沟通，还可以通过参加特色游戏、做实验、进行实地访谈、手绘图画等模式进行	
头脑风暴（可选）	会议主持人	邀请参会者进行头脑风暴，找出尽可能多的新想法。在进行头脑风暴的过程中，参会者不得互相评价，可以基于他人的想法提出新想法（搭便车）。会议主持人在过程中可以用假设和开放式问题激发参会者的创造力	
思路评估（可选）	会议主持人	将头脑风暴得出的想法进行分类；引导参会者形成可行方案评估标准，以此标准对得出的想法进行可行性评估。具体评估分数可以由参会者投票得出。一般而言，选出得票前三位的解决方案即可	

事件	负责人	过程说明	备注
制订行动计划（可选）	会议主持人	对选出的解决方案进行完善和细分，思考相关的挑战和困难——可以采用先分组讨论后汇总想法的方式，也可以采用其他的方式	
预定发言一（可选）	会议主持人	用"六项思考帽"、"四副眼镜"或"迪士尼法"的会议模式，让参会者从不同角度来看同一个问题。具体实施方式是先提前分组，约定每个参会者的不同角色，然后参会者根据角色要求进行发言。根据具体情况约定发言时间	
预定发言二（可选）	会议主持人	请一些资深员工（或外部专家）参会，提前约定好发言主题和发言时间	
轮流发言（可选）	会议主持人	按照某种顺序（如座位排序）轮流围绕主题进行发言，形式比较简单，一般限定发言次数和发言时间。具体情况由会议主持人现场判定	
自由发言（可选）	会议主持人	每个参会者自由发言，不限定发言次数，但每个参会者的发言时间不能太长，具体情况由会议主持人确定。此外，会议主持人需要确保参会者都有机会发言	
分组讨论（可选）	会议主持人	人数超过8人的需要分组讨论。根据具体人数分为2~4个组，以每组3~8人为佳。具体可以采用小组讨论、代表发言的方式，这样既可以节省会议时间、活跃会议气氛，又能让每个参会者得到发言的机会，有利于提高参会者的参与感、增加创新思路的产生	
梳理会议纪要	会议记录人	会议主持人邀请会议记录人上台。会议记录人将会议纪要投屏呈现，与参会者逐条核对，形成集体纪要。重点是达成的共识（单列）或形成的解决方案	
明确下一步行动	会议记录人	确定下一步工作的重要事项、事项的负责人、事项完成时间（包括节点和时间）、下一次会议的时间（可选），以及将集体纪要发给全体参会者的时间。本条和上一条"梳理会议纪要"累计时间不超过10分钟	
会议总结（可选）	会议召集人	对会议整体情况进行总结发言	可以不做会议总结或委托他人进行总结
宣布散会	会议主持人	再一次明确下次开会时间或后续重要工作（可选）	

Tips：将务虚讨论会结构化

　　人类的大脑喜欢有结构的事物，也容易理解一个有结构的故事。我们的人生观、世界观本质上都是一个个结构化的故事。进行结构化是人类的底层能力，结构化思维是大脑认知外部世界的利器。

　　同时，大脑的长期记忆是有选择性的。人类的长期记忆像一个个的抽屉，每个抽屉都有标签，不符合要求的信息进不了抽屉，这就是不同人眼里的《哈姆雷特》和《红楼梦》各不相同的原因所在。面对职场上的各类场景，应该尽可能采用结构化的方式去处理，这样做可以增加我们长期记忆中的标签种类，将更多的信息放入记忆抽屉——相同标签的抽屉越多，人与人之间就越能够互相理解和达成共识。

　　如何将务虚讨论会结构化？其三个底层逻辑如下。

底层逻辑一：目标逻辑——结构化问题

- 我们为什么要做这件事？
- 我们做这件事最可能达成的目标是什么？
- 为了达成该目标我们应该做哪些事（罗列出数十件事[①]）？

底层逻辑二：抽屉逻辑——结构化工具

- 采用合适的工具、方法将事件结构化[②]——设计不同的抽屉。
- 将罗列出的事件放入不同的抽屉中。

底层逻辑三：重点逻辑——结构化观点

- 在同类抽屉的基础上分析事件，逐渐形成整体认知。

---

① 可遵循 MECE 原则，无重复、无遗漏。

② 我们接触到的多数工具、方法都属于抽屉逻辑，比如波士顿矩阵、杜邦分析法等。

- 采取帕累托法则（二八法则）抓重点，挑选出最适合当前情境的一到三个观点（不超过三个）。

务虚讨论会面对的是企业中的复杂问题，它需要参会者具备更规范的结构化思维，即需要参会者头脑更加清晰、思考更加敏锐、表达更加精练，以得到更好的会议成果。在务虚讨论会的情境下，结构化问题激发讨论、结构化工具引导思考、结构化观点形成认知，同时，结构化互动导致"化学反应"的发生，直觉和理性自然而然地结合在一起，形成对未来的清晰的思考和共识。

结构化思维与系统化思维类似，只是二者强调的重点不同，都属于企业经营过程中非常重要的思维模式。

以上三个底层逻辑指出了务虚讨论会的设计思路。设计思路基本可以由五个模块构成。第一，会议主持人（或邀请其他人）进行引导发言，清晰地告知参会者议题的背景和内容；第二，采用头脑风暴法罗列出应该做的若干事项；第三，请相关专家针对某结构化工具进行引导发言，介绍使用方法和内涵；第四，采用该结构化工具将事项进行归类；第五，在分类的基础上进行认真分析，讨论其中的要点，并形成对事项的观点，注意观点不在多而在精。现实中可以有多种变体，但万变不离其宗。

周一清单

- 思考一下你所在的企业或部门是否存在生死攸关的问题？
- 把经营数据整理一下，发给所有员工。这样坚持两个季度，看有什么变化发生。
- 问问自己：是否强烈渴望企业成功，是否会付出一切努力来追求绩效？
- 拉上你的团队讨论上面的议题（可以是子议题）。
- 带上你的 TMT，外出开一次为期两天的务虚讨论会。

第七章

如何开总结分享会

　　交一份学费让多个人一起上学。上完学，再通过反复分析，将最优化的解决方案固化下来，形成规范的流程清单，以达到将经验沉淀为流程的目的。

在格鲁夫的《给经理人的第一课》中有一类会议叫作运营总结会。对此，格鲁夫认为：

"让因组织关系而没有机会开一对一会议或部门会议的人，也能有机会彼此学习及分享经验。这对新晋或资深的经理人都有好处。"[1]

估计很多人没看懂这句话，在多数人的观念中，总结会是和前一个阶段的工作密切相关的，一般而言，只有前一个阶段的工作告一段落才需要总结。总结往往和绩效考评或能力评定挂钩，和其他部门的人有什么关系？又和彼此学习、分享经验有什么关系？

格鲁夫书中的运营总结会不是指多数人观念中的总结会，其主张在做完一件事情之后，无论是成功还是失败，团队都应该坐下来总结经验和教训，而且要把相关人员全部叫过来一起听，共同汲取经验，一起学习和分享。实际上，这是现在企业中流行的"内部复盘会"，和绩效考评没有关系，而是强调学习和分享。复盘是棋类术语，即对局者在下完一盘棋后，双方把对弈过程再摆一遍，就其中的问题手和关键手进行交流的过程。通过复盘，棋手可以对过程中每一手棋的优劣形成新认知，并沉淀下来，以指导未来的行为，最终达到迭代优化、促使个人和团队得到成长的目的。

企业在运营的过程中共享经验和教训是非常有价值的。比如，某个项目组向另外两个项目组分享了某个项目失败的教训，且三个项目组都有所收获，这就相当于三个学生只交了一个学生的学费。这样，企业的经营成本会直接降低。

然而，在很多企业里面，以上会议有意无意地被安排成汇报会模式，也就是请领导参加，并在开会过程中"表演"给领导看。还有一些部门会关起门来开会，侧重于小团队的工作回顾。运营总结会如果变成下情上达的汇报会，是对企业文化的一种伤害；如果变成闭门会议，则是对企业资源的浪费。

为避免产生歧义，这里将这类会议换个名称——总结分享会。需要说明的是，总结分享会在"三一会议法"中是一个比较特别的会议，就字面意思来看，总结和分享分别指向两个不同的维度：总结是针对过去进行回顾和分析，期望对未来有所启发，它是对内的工作；分享是指将经验或教训与外部的个人和团

---

[1] 摘自中信出版社 2013 年出版的《给经理人的第一课》，安迪·格鲁夫著。

队分享，是对外的工作。将总结和分享合在一起召开一个会议，其目的是将小团队的经验和教训在更大的范围内进行回顾和分析，有促进文化开放、增强组织凝聚力、降低运营成本的作用。从表面上看，它不符合"会议目的单一"的底层逻辑，但这两重目的巧妙地结合在一起，并不会损害参会者的认知有效性。

总结分享会是提升企业组织能力的利器，通过对企业内部的复盘和最佳实践/惨痛教训的分享，参会者的视野得以扩大，能力得以迅速提升。

本章将从如何开总结分享会的角度，谈谈关于总结分享会的前期准备、中期进程和后期跟进事宜。此外，本章也会阐述与之相关的五个重要理念等内容。

总结分享会的前期准备：明确主题和提案人

总结分享会并不是任务导向型会议，而是过程导向型会议（并不是突发事件导致的，类似于例会），应该定期、持续召开。总结分享会的召集人需要以系统思维进行规划，即提前思考从哪几个角度明确会议主题，并提前甄选提案人。

总结分享会的主题大致分为四类：

- 真正先进的业界最佳实践，或者惨痛的失败案例；
- 某些不见得非常典型，但能引起强烈反响的项目和事件；
- 争议性人物或争议性事件；
- 对企业影响比较大的问题。

要想开好会，会议召集人就需要围绕这四类主题提前甄选提案人。选定的提案人负责围绕主题撰写提案内容并进行分享。总结分享会的提案人不在"三一会议法"的三个角色之中，但是，在总结分享会中，提案人是毫无疑问的主角之一。提案人需要将项目工作（部门工作）经验中的精华、重要的教训、事件的过程、自身的思考等内容经过认真思考后撰写出来，并准备可以提前下发的会议材料。会议召集人在选择提案人时需要注意，如果是多个提案人，那么他们的水平不能差距过大。

美国畅销书作家卡思卡特写了一本书——《电车难题》①。该书围绕一起美国电车"英雄"被控杀人案展开，由控方、辩方、教授、心理学家、地区主教、电台工作人员、法官、陪审团等分别发表意见，而且都谈得很精彩。这与总结分享会的组织方法有异曲同工之妙。

在总结分享会开始之前，会议召集人、会议主持人、提案人、会议记录人需要开准备会，讨论提案分享内容和其他事宜。会议主持人作为专家②，需要仔细阅读提案人的分享材料并提出修改意见，同时明确每个提案的发言时长。

需要说明的是，在会议开始前，总结分享会的相关材料（包括提案的背景材料）应该已被发到参会者的手中，而参会者应该仔细阅读并思考，如有问题可以准备好在会上的提问内容和发言内容。

总结分享会的中期进程：会议主持人是主角

在会议的中期进程中，总结分享会与专题讨论会对以下三个角色的行为要求不同。

1．会议召集人

- 专题讨论会——会议召集人对会议结果负责，可以做引导发言和总结发言。
- 总结分享会——会议召集人对会议结果负责，最好不发言。

2．会议主持人

- 专题讨论会——会议主持人对会议进程负责。他不一定是专家，其工作

① 北京大学出版社 2014 年出版的《电车难题》，托马斯·卡思卡特著。
② 总结分享会的主持人应该是一个专家，必须有能力理解并点评提案人的发言，并将自己对主题或发言的深层认知告诉参会者、引导参会者发问，即要将讨论内容引导得更加深入。

是把握会议节奏，激发参会者参与讨论的热情，把控会议的进程。

- 总结分享会——会议主持人对会议进程负责。会议主持人最好是在专业领域得到内部认可的专家。他的工作不仅包括把握会议的节奏，激发参会者参与讨论的热情，把控会议的进程，还包括在每一个提案提出后进行点评和提问，并引导参会者提问和思考。会议开始时的引导发言和会议结束时的总结发言都可以由会议主持人完成。可以说，总结分享会的主持人是会议中期进程的主角。

会议主持人：刚才小陈的分享做得很棒，我听了也大受启发，在项目成本控制方面，他们采取了……。总之，其中的若干个要点都值得推广，后续我们会把其中最有意思的部分以文字形式分享给大家。不过据我了解，项目的时间控制似乎不太好，超期了一个月，这一点请小陈再讲一讲原因，以及应该怎么做！

3. 提案人

- 专题讨论会——没有提案人这个角色。
- 总结分享会——重要角色之一，负责提案撰写和发言分享。

具体来说，总结分享会的中期进程可以分为以下五步。

第一步，发放会议通知和会议材料，要求参会者提前阅读会议材料。

第二步，会议主持人进行开场发言+引导发言。

第三步，提案人发言。在发言中提案人不能只关注自己要讲的内容，同时也要关注参会者的反应，并与参会者互动。

第四步，会议主持人或专家进行点评。

第五步，Q&A环节。参会者针对提案人的发言或会议主持人/专家的点评提出问题，会议主持人根据情况安排作答。该环节一般时间不会太长，由会议主持人根据现场情况确定。

其中，第三步、第四步和第五步可以循环进行。

总结分享会的后期跟进：会议记录人是主角

总结分享会不需要集体纪要，但会议记录人在总结分享会后有一项特殊工作要做。

"三一会议法"要求，每一次总结分享会后都需要留存案例文字，而不是简单的会议纪要。也就是说，会议记录人在会后要将分享的案例内容用文字呈现出来，为会议成果的推广助力，为企业的未来发展蓄力。

分享案例的要点可以包括很多内容，诸如工作流程的关键点、工作节点的关键点、注意事项、特殊处理等。根据每个项目/事件的情况，总结分享会案例的留存文字可长可短。一般而言，案例包含下图中的内容会更加易读。

×××××分享案例应该包含的内容

案例背景
该分享案例的具体情况，总结分享会召开的情况介绍

针对对象
该案例对哪个部门、哪个职位有直接作用。参考用途为……

面对的问题详述
详细描述具体的困难和问题所在

解决方案详述
详细说明解决问题时所用的方案

实践中的亮点详述
详细描述实践中的亮点所在及背后的原因

失败经验详述
详细描述过程中的典型问题及未来的应对方案

总结分享会中的要点和亮点
会议主持人点评和参会者提问的要点和亮点

案例分享模板

理念一：参会者越多越好

众所周知，参会者越多，成本就越高。此外，参会者越多，议题反而越有可能讨论不清楚，从而致使会议效率下降，这也是亚马逊创始人贝佐斯两个比萨原则[①]的来源。

但是，总结分享会的原则与此不同，它要求参会者越多越好。参会者越多，总结分享会的影响力就越大，有利于将好的内容传播出去[②]，从而让组织更加强大，企业开放包容的文化也逐渐落地。这也是谷歌 TGIF 全员会议的基本逻辑。

每星期五下午的 2 点，位于硅谷的谷歌总部山景城的一个大型会议室中总会传来欢声笑语。这是谷歌每周的 TGIF 全员会议，不在现场的员工也可以通过视频参加会议。

TGIF 是 "Thank God It's Friday"（感谢上帝，今天是周五）的缩写。在这个会议上，高层管理者们会分享公司的最新动态、产品和策略，有时也会邀请行业专家和思想领袖来分享见解和经验，员工也可以在会上提出问题和建议。该会议每周一次，并且极少不开，已经成为谷歌文化的重要组成部分。

TGIF 全员会议在谷歌成立之初就出现了，员工经常在周五下午打破部门界限，分享工作的最新进展和计划。由于常年持续，该会议为谷歌员工提供了一个与公司高层管理者和同事交流的机会，加强了内部的沟通和团队合作。该会议也彰显了谷歌"透明"和"开放"的文化特色。

专题讨论会、决策讨论会和务虚讨论会需要参会者贡献智慧，每个参会者都需要发言。但总结分享会不同，参会者可以发言（提问和参与讨论），也可以不发言。参会者越多，效益越高。

---

① 两个比萨原则的意思是内部团队要足够小，团队订餐不要超过两个比萨，背后原因是两个比萨能喂饱的团队（少于 8 人）才是规模合适的团队，这个规模的团队在开会讨论问题时的效率最高。

② 虽然参会人数多，由于不需要参会者发言，因此并不会降低参会者的认知有效性。

理念二：深挖主题的内涵

如何深挖总结分享会主题的内涵，拉满学习力，取决于以下五点。

1．有吸引力、有代表性的主题

例如，挑选出真正先进的业界（或企业内）最佳实践或大家都比较感兴趣的失败案例，这样自然会吸引一批参会者。主题也可以是某些不见得非常超前，却能引起很大反响的事件，这样也会对参会者产生较大的吸引力。此外，主题可以与争议性人物或争议性事件相关。总结分享会本质上是一种集体学习的方式，只要能达到集体学习的目的，那么会议召集人也可以确定与直接业务无关的主题。当然，主题最好与企业当前战略及阶段性发展目标相一致。

2．专家级的主持人

一般而言，总结分享会会涉及项目总结、阶段总结、战略复盘、事件复盘、案例复盘等内容，与专业知识体系脉络紧密相关，这就需要会议主持人有很深厚的专业功底，同时还需要有控场能力。

3．优秀的提案人

在召集总结分享会之前，会议召集人和会议主持人最好提前开准备会，选择优秀的提案人，并明确每个提案的发言内容和时长。在选择提案人时需要注意，如果是多个提案人，那么水平不要相差太大，且多个提案人所讲述的内容最好是同一方向的。

4．有竞争机制

如果是多个项目同时分享，可以请参会者在会后打分，并给予分数最高者一定的奖励；如果是单个项目分享，可以由会议主持人确定规则后，请参会者在会后打分，得分在分数线以上就有奖励，得分在分数线以下就没有奖励。此外，建议会议主持人和参会者在会中和会后对提案人进行建设性的反馈，这样有助于提案人进行改进和提升。

5．良好的会议氛围

在开放、包容的文化氛围中，总结分享会的效果会更好，提案人分享、主持人点评、参会者参与等方面也会有更好的表现，这样有助于主题的深挖。此外，总结分享会也有推动组织内部的信息共享和文化开放的作用。

理念三：PDF 环——同一件事用三种不同的方法来做

一个耳熟能详的说法是"每天进步一点点"，实际上要做到这点是非常难的，因为基于习惯，人们总是愿意投入时间和精力去重复做一件事情，而不管这件事情是正确的还是错误的。改进，听起来容易做起来难。从这个角度看，复盘会是一件很神奇的事情，它能够将"改进"变得轻而易举，能够让企业实打实地提升绩效。

万达董事长王健林很重视复盘。他要求，每个地区的万达广场（商业地产项目）在开业三个月内必须进行复盘，让每个地区的经验教训都能够在整个万达集团的内部流转。可以说，复盘会给万达带来了不小的商业价值。

不光万达这样，华为、联想、TCL、万通等企业都在使用召开复盘会的方法来提升绩效，国外的诸多优秀企业和组织也在用类似的方法对工作进行复盘。联想创始人柳传志极为重视复盘，他说："复盘至关重要，通过复盘总结经验教训，尤其对于失败的事情，要认真地、不给自己留任何情面地把这件事情想清楚，这样就可以谋定而后动了。"在复盘中成长，几乎是联想最重要的管理方法之一。

联想内部有一个 PDF 环的说法。PDF 环即 Preview、Do、Fupan。

- Preview——沙盘推演，即在做一件事情之前将大框架及关键细节都考虑到，并寻找应对各种可能情况的方法，最终明确取得胜利的路径。
- Do——具体实施，即按照设想的去执行。
- Fupan——复盘，即在做完一件事情之后，总结出思维框架、关键点执行情况、特殊事件等方面的得失，并进行分享与分析。

对于同一件事情，我们在演练时、实际工作中和复盘会上各做一次，等于对同一件事情用三种不同的方法来做，这样的工作方法必然会使团队的工作能力越来越强。当沙盘推演的情况与具体实施的情况越来越一致时，工作计划的成功率势必越来越高，相当于军事上的精准打击，这就是柳传志说的"从蒙着打到瞄着打"。

做好复盘有如下要点、注意点和工具。

主题鲜明

在进行复盘策划的时候一定要明白，要想成功地召开复盘会，就要了解"为什么成功，我们究竟做对了哪些事"，或者"为什么失败，我们究竟做错了哪些事"。记住：复盘绝对不是进行浮皮潦草的总结，不是针对某个错误的批斗，也不是大倒苦水的吐槽大会，更不是邀功请赏的庆功环节。复盘的核心目的是学习和成长，如果有任何其他目的掺杂进来，会议的成效就会受影响。

客观还原事实

将思考过程和执行情况进行客观还原，而非臆想或美化，这是需要注意的。简单来讲，就是一定要尊重事实。

与计划相对照

沙盘推演的结果是工作计划。唯有将工作计划和具体实施情况进行对照才能发现做得好的部分，或者找到其中的问题。

使用工具萃取经验

管理学上有一个 KISS 原则（懒人原则），即 "Keep it Simple and Stupid"，将复杂的事情变简单。复盘也有一个 KISS 方法，即 Keep、Improve、Stop、Start[①]，将过程中总结出来的内容分为四个部分（需要保持的，需要提升的，需要停止的，需要开始的），所有参会者都可以从中受益。无论是 KISS 原则还是 KISS 方法，都对复盘会有很大益处。

议程结构化

一个企业的复盘内容可以多种多样，但议程结构应该是类似的。议程由会议主持人掌控，通过询问"工作成果中的最突出点是由哪些组成的？是什么原因造成的？""成功的主观原因有哪些？客观原因有哪些？""失败的主观原因有哪些？客观原因有哪些？""最关键的成功（失败）因素是偶然的还是必然的？偶然因素是什么？必然因素是什么？"等模式固定的问题将议程结构化。

上级领导（不是部门领导）尽量不要参加

复盘不同于汇报，如果上级领导参加，讲的人就会有意无意地希望表现出好的一面，文过饰非，不利于好的效果的达成。上级领导即使参加，最好也不要发表意见，否则容易演变成批斗会或庆功会。

管理者一定要明白，运用 PDF 环的必要工作是进行流程固化，即通过反复分析，将最优的解决问题的方法固化下来，形成规范的流程，以达到将经验沉淀为流程的目的。

普罗诺弗斯特把防止插入中心静脉导管引发感染的步骤写在一张纸上。具体步骤：（1）用消毒皂洗手；（2）用氯己定消毒液对病人的皮肤进行消毒；

[①] 这种方法的出处难以查询到，类似于结构式工具的应用方法，是一种简单的要素集合，只要好用、易用就能流传开来，可以被看成一种集体智慧的涌现。

（3）给病人的整个身体盖上无菌手术单；（4）戴上医用帽、医用口罩、无菌手套并穿上手术服；（5）待导管插入后在插入点贴上消毒纱布。

…………

普罗诺弗斯特和他的同事在随后的一年中一直对清单进行跟踪。试验结果令人惊奇：插入中心静脉导管10天引发感染的比例从11%下降到了0。之后的15个月内，只出现了两起感染事件。相关统计显示，在约翰·霍普金斯医院，清单的实施共防止了43起感染事件和8起死亡事故的发生，并为医院节省了200万美元的成本。[①]

如此简单的固化流程（最简单、最容易实施的流程概念是清单）就可以取得如此不可思议的成果！

总结一下，通过 PDF 环，用三种方法做同一件事情，并进行工作拆解、经验萃取、有效学习和流程固化，对企业来讲有诸多好处，包括提升工作计划的成功率、总结经验教训、形成更优流程、降低学习成本、促进文化开放、提升组织黏度等。可以想象，不断优化能够让企业取得越来越高的绩效。

理念四：分享最佳实践

所谓最佳实践，是指在某领域或某行业中被认定为先进、有效、可靠，在某方面明显优于现有做法并经过验证的工作方法。可以说，如果对最佳实践进行推广，必然能有效提高企业相关工作的效能。但是，有的企业的某个部门明明有好的技术方法、项目管理手段或客户服务方式等，却很难将其推广到其他部门。这究竟是怎么回事呢？

在科层制组织模式下（绝大部分企业都是科层制组织模式），部门和部门之间、项目和项目之间都有着无形的壁垒，这使得部门和部门、项目和项目之间难以互动——明明有许多可复用的优秀工作方法，却无法将其横向迁移到其他部门/项目的活动过程中去。

---

① 摘自浙江人民出版社 2012 年出版的《清单革命》，阿图·葛文德著。

谷歌的 TGIF 全员会议就是为打破企业内部壁垒而存在的，该会议可算得上业界最佳实践。硅谷企业爱彼迎（Airbnb）向谷歌学习，搞了一个类似的"周三会议"。

Airbnb 的周三会议是每周的例行会议，也被称为"全员会"。这个会议通常由高层管理者主持，所有员工都可以参加或观看直播。周三会议的主要目的是让全体员工了解企业的最新进展、业务成果和企业文化。除了传达企业的最新信息，周三会议还鼓励员工分享自己的经验、见解和故事。每次会议都会让员工进行分享和提问，以加强内部员工的交流和互动。Airbnb 的周三会议没有决策环节，这是因为周三会议的目的主要是加强内部员工的交流和互动，以及增强对企业文化的认同感，而非对具体事项进行决策。

Airbnb 的周三会议有效地打破了部门壁垒，促进了内部员工的沟通和互动，提高了员工的工作效率和企业的凝聚力。也许，该会议并不聚焦于最佳实践分享，但它为最佳实践分享打好了基础。

在最佳实践分享方面，GE 做得最好。1991 年，GE 的 CEO 韦尔奇启动了一个名为"最佳实践"的计划，目的是在公司内部分享和推广成功的业务和组织实践。具体做法如下。

（1）搜集和选出最佳实践。

GE 设立了一个最佳实践中心，负责从公司所有的业务单元中征集最佳实践，选出其中最棒的部分，在全球范围内与员工、客户和供应商分享。这些最佳实践涉及生产、销售、财务和管理等各个领域。

（2）将最佳实践制度化。

最佳实践中心还通过不断学习、测试和改进，将搜集到的最佳实践制度化，以更好地在各个领域运用。

（3）推广最佳实践。

GE 通过内部培训、总结分享会和发布公司内部文件等方式，将最佳实践传播给全体员工。此外，GE 定期举办最佳实践展览，邀请所有业务部门分享他们的成功故事。来自世界各地的员工带着 PPT 和图表来讲述他们改善业务的故事。在分享和将最佳实践制度化方面，每个业务部门都会接受评估，表现最好的部门会得到表彰。

（4）奖励创新。

GE 鼓励员工提出新的创意，并为在实践中将创意落地的团队提供奖励。具体包括现金奖励、晋升和参加 GE 内外部活动等。

（5）监督和持续改进。

GE 设立了专门的最佳实践监督机构，负责跟踪和评估实施最佳实践的效果，并为需要改进的地方提供指导和支持。此外，韦尔奇鼓励员工持续改进和优化实践，以确保其持续成功和有效性，逐渐缩小最佳实践和最差实践之间的差距。

1995 年，GE 运输公司发现了一个取之不尽、用之不竭的人才源泉，这就是美国庞大的初级军官（JMO）群体。这些人绝大多数都是美国军事学院的毕业生，且多数都在艰苦的地区服过兵役，不但有领导经验，而且有极强的适应能力。

GE 运输公司的这个最佳实践被很快传开，GE 总部在经过细致考察后认可了这一点。接下来的每年，GE 总部都要求招聘 200 名退役的初级军官入职。至今（书中时间）GE 已经拥有 1400 多名退役的初级军官，这些人才为 GE 做出了巨大贡献。[1]

最佳实践不见得都是大事，有可能是非常小的事。例如，现在去吃火锅，服务员都会提供一个小塑料袋套在手机上，免得油点弄脏手机，这个最佳实践最早是由海底捞服务员包丹提出的。除此之外，海底捞服务员胡明珠在门口等座区安装了插座，让骑电动车的顾客在等候期间充电；擦鞋员张春风在擦鞋处准备了 502 胶，以便修女顾客的凉鞋；服务员吴用刚在洗漱处准备了一次性牙刷，以便顾客在用餐后去除口气[2]。这些内部涌动的创意是最佳实践的来源。最佳实践和内部的分享文化是海底捞成功的原因之一。

---

① 参考中信出版社 2005 年出版的《赢》，作者是杰克·韦尔奇、苏茜·韦尔奇。

② 参考中信出版社 2011 年出版的《海底捞你学不会》，作者黄铁鹰。

理念五：分享负面经验

美国的特种部队海豹突击队是全球最好的团队之一，他们同样开总结分享会。他们管总结分享会叫 AAR 会议（行动后评估会议）。AAR 会议是海豹突击队的一种重要的反思学习机制，用于回顾和评估每次行动的表现。

AAR 会议开得好与一个有趣的特点直接相关：

海豹突击队要求，在开 AAR 会议的时候，领导要懂得说四字箴言——我搞砸了。越是级别高的领导，越要勇于说出自己的弱点。其他队员在这种氛围下开诚布公，分享自己的想法。

有了"示弱文化"的加持，在 AAR 会议的最后阶段，团队成员会吸取失败的教训，并在下一次行动或演习中努力避免类似的错误。通过不断地公开评估自己的失败之处，从中找出可改进的地方，不断提高自身能力，海豹突击队成为世界上最好的特种部队之一。

分享失败案例很难，但它对企业文化有着正面且积极的影响，这对科技创新企业来讲非常重要，有助于打造开放、透明、诚信的企业文化。在领导"示弱"后，下属自然会以示弱的态度公开讨论自己在行动中的过失。

AAR 会议模式在全球企业界得到广泛应用，但很多企业只得其形不得其神——只有理解和掌握了"示弱"文化的精髓，才能在企业内部做好负面经验分享。

谷歌的一项大规模的研究[①]表明，表现最好、最具创新精神的团队有一个特点叫"安全感高"。安全感高的团队成员在公开场合能够自如地示弱：

- 客观谈论项目风险或自己造成的错误；
- 大胆提问，勇于承认自己的无知和弱点。

多数人不愿意分享失败案例，哪怕失败案例很典型，也只是在很小的范围

---

① 2012 年，谷歌启动了一项代号为"亚里士多德项目"的计划，目的是研究组织中整体大于局部之和的奥秘——是什么让团队得以发挥高效能？

内流转。之所以不愿意公开谈论，主要是因为他们担心谈论这些事情会给自己的职业发展带来负面影响，根源在于团队成员的安全感低。

提高下属的安全感需要领导坚持做两件事。

第一件事，领导在公开场合示弱。作为企业的管理者，领导公开承认自己的错误并不会让人觉得他软弱和无能。恰恰相反，下属非常了解领导的弱点，也完全可以接受领导的绝大部分错误，领导袒露弱点和错误的行为让他们感到更加自然和放松，从而更加信任领导、愿意进行创新和冒险。

华为总裁任正非在华为内部多次被问责和罚款。有一次任正非去日本出差，按照规定洗衣费应该自负，但不小心和其他费用混在一起报销了，结果被审计出来。华为不但不为尊者讳，而且将其公之于众。任正非退回费用，并为此写了一份书面检讨。

第二件事，坚持组织每周一次或双周一次的一对一会议，与团队成员进行深入对话，建立互信，真诚交流，在信任的基础上建立起敢于示弱的文化。

附件："三一会议法"总结分享会流程说明

"三一会议法"总结分享会流程说明

事件	负责人	过程说明	备注
确定召开会议	会议召集人	确定会议目的、召开时间、召开范围	
明确会议主题，选定会议主持人、会议记录人，召开准备会	会议召集人	会议召集人在确定会议主题后，与会议主持人、会议记录人开准备会（如果有准备会议的行政人员，也需要参加准备会），并确定会议议题、参会者、召开时间、会议议程、会议材料、会议手册、会议召开方式及其他注意事项。一般分工如下：会议召集人确定会议议题和召开时间，邀请参会者，对会议主持人和会议记录人提要求；会议主持人确定会议议程和召开方式；会议主持人和行政人员共同准备会议材料、会议手册；行政人员进行会议前期准备，包括准备会议室、投影仪、白板等；会议记录人参会了解情况即可	会议召集人和行政人员可以在更大范围内发送邀请

续表

事件	负责人	过程说明	备注
甄选提案人，与之交流	会议主持人	会议主持人、提案人、会议记录人开准备会，确定会议材料。会议主持人需要与提案人进行深入交流，指导提案撰写。会议记录人也需要了解相关情况，为后续撰写案例做准备	要求参会者提前阅读会议材料
会议开场发言	会议主持人	介绍"三一会议法"相关情况，明确本次会议规则。具体规则包括但不限于：将手机关机或静音后统一交至某处；会议室中是"另外一个世界"（与现实世界中的规则不同），大家要听会议主持人的安排；讨论时就事论事，不得进行人身攻击；尊重他人，认真倾听；独立思考，畅所欲言；遵守发言时间要求；围绕议题发言；如有建议，须举手发言；除了会议记录人和行政人员，一律不得使用电脑。会议主持人如需进行个人介绍，可以在此环节进行。开场发言时间不超过 3 分钟	
引导发言	会议主持人会议召集人	首先介绍会议的目的、时长和议程，接下来围绕议题进行引导，主要谈议题的背景、现状和未来发展等内容，以及希望达成的结果和应该注意的问题。时间一般不超过 15 分钟	会议主持人可以邀请会议召集人或其他人做引导发言
主题发言	提案人	按照之前预定的主题发言，不要超时	
点评环节	会议主持人	会议主持人要具备一定的专业性，可以从专业角度对提案人所讲内容进行点评（也可以请其他人进行点评）。此外，可以提出相关扩展问题，请提案人回答	
提问环节	会议主持人	参会者可以针对提案人或点评人所讲内容进行提问，并请提案人或点评人回答	
说明：若有多个提案人，则循环以上环节			
梳理会议纪要	会议记录人	会议主持人邀请会议记录人上台。会议记录人将会议纪要投屏呈现，与参会者逐条核对，形成集体纪要。该环节不超过 10 分钟	
承诺撰写分享案例	会议记录人	会议记录人承诺在会后撰写分享案例，并于约定的某个时间发给所有参会者	
会议总结（可选）	会议召集人	对会议整体情况进行总结	可以不做总结或委托他人进行总结
发放调查表，宣布散会	会议主持人	发放调查表，请参会者或参会者代表对提案人打分。如果是单个项目分享，可以设定分数线	对分享质量高的提案人给予奖励

Tips：在合适的时间传递积极信息

在某工作取得阶段性成果或项目顺利交付之后，直属领导也好，更高层的领导也好，都会对工作组或项目组进行嘉奖。除了发放一些奖金，多数领导还会拍着工作组或项目组成员的肩膀说"干得不错""再接再厉"等鼓励的话。

仅仅如此是不够的。一项工作按时完成，或者超额完成，究竟是什么原因？是团队管理者的计划做得好、目标设置得比较合理，还是某几个成员发挥出色，抑或是纯粹运气不错，赶上了某项利好政策？此外，在工作的过程中，哪些地方需要注意？哪些问题可以改进？对于这些，也许只有个别人（包括直属领导、项目经理和亲历者本人）心中有数，绝大多数人并不知道。

只有这些方面的内容被及时分享和学习，员工才能一点点成长，企业才会一点点进步。

总结分享会正是因此而设的。

除了总结分享会，在合适的时间传递积极信息也是管理者应该注意的事情。例如，在工作取得阶段性成果的时候，管理者应该请所有的工作组成员一起祝贺，并给大家发信息（如"工作取得的成就有赖于每一位成员的辛劳，让我们共同努力"），同时附上所有人的合影。

该做法看着带有形式主义的色彩，但这种形式有正向激励的效果——每个人都需要有成就感，成就感源于工作的阶段性成果。在日常管理中，管理者应该多分享一点所能看到的成就，如"我们的存货周转天数比去年同期少了一天，这是团队共同努力的结果"。

这是优秀管理者带给下属最好的礼物。想想下属在面对内部绩效考核的时候会说些什么，或者下属在求职时被问到"你取得过什么成就"时会如何侃侃而谈。

周一清单

- 在企业或部门内部启动一个"最佳实践"计划，目的是在企业内部分享和推广成功的业务和组织实践。
- 坚持开一年的总结分享会，每季度一次。
- 主持一次总结分享会（自己最熟悉的领域），在会议中分享自己的一次失败经历。

第八章

如何开一对一会议

一对一会议是具有特殊性的一对一交流，之所以是会议，是因为两人交流的时间不短于 1 小时。一对一会议是拆解"黑箱"的利器，是你和世界加深联系的重要通道。

人与人之间是怎样互相影响的？

你和这个世界是如何加深联系的？

关于这两个问题，读者可以在合适的时间、地点仔细思索一下。文学作品和影视作品不乏戏剧性的场面，似乎一个惊艳回眸、一句轻声问候、一声当头棒喝，就能让人或久久回味，或沉溺其中，或幡然悔悟。现实中则不然，对人生有深刻感悟的人都有自己的"心灵导师"，两人经常就某些话题进行长时间的深入交流，交流的结果是某人对某些重大问题的认知发生了改变，从而影响其对人生道路的选择（沉浸式阅读也属于两人之间的对话）。

你和这个世界的联系主要来自与外界的交流，无论交流的内容是什么，都会对你产生影响。交流模式按照影响的大小（以"心湖"中泛起的涟漪的大小而论），从大到小依次排列如下。

- 网络购物：某个销售商用文字、图片或服务打动了你，你选购了他的商品。
- 邂逅面谈：街角偶遇熟人，驻足攀谈少许时间，而后各自离去。
- 例会沟通：在例会上通报近况及遇到的问题。
- 亲戚寒暄：许久不见，嘘寒问暖，倍感亲切。
- 会议讨论：就某一问题在会上与人发生争执，面红耳赤，不欢而散。

以下三种交流模式的影响程度高于上述几项。

- 沉浸式阅读（一对一交流）：与作者对话，好似漫步于林间或徜徉于山巅。
- 恋人呢喃（一对一交流）：两情缱绻，如胶似漆。
- 一对一会议：与某人就某一明确主题进行长时间的深入沟通。

企业中对人影响最大的交流模式就是一对一会议，交流的深入程度与他们在交谈中是否专注、投入，是否理性，以及是否直接相关。在此基础上，如果双方非常信任、彼此能够打开心扉，那么效果会非常好。

本章将从如何开一对一会议的角度，谈谈关于一对一会议的前期准备、中期进程和后期跟进事宜。此外，本章会从四个重要理念入手对会议模式进行分析。

一对一会议的前期准备：下属主导会议

一对一会议是"三一会议法"强有力的补充。

一对一会议只有两个角色——领导和下属，也可以理解为伙伴 A 和伙伴 B。一对一会议机制运行得最好的是英特尔公司：下属主动与领导约时间，并且大多数会议准备都由下属完成，包括前次会议回顾、本次会议议题、会议纲要、会议材料等；下属主导一对一会议，对本次一对一会议要讨论什么、不讨论什么、先讨论什么、后讨论什么都做好计划。当然，领导也需要提前思考讨论的问题。总之，一对一会议有着独特的召开模式，它是以下属为主的会议而非以领导为主的会议。从这一点看，一对一会议和大多数管理者心中的会议模式不相符。

下属需要准备哪些议题呢？除了"绩效目标"之类的固定议题，其他议题都需要下属自己准备（领导可以提建议）。只要是工作范围内的话题都可以作为议题，比如职业发展、培训需求、项目关键节点、具体工作难题等。甚至非工作范畴的话题，比如家庭困难、身体问题等，如果它对工作结果会产生影响，也可以将其作为议题。

在实操过程中，以下三点需要领导和下属注意。

（1）一对一会议很重要，不到万不得已不要更改预订时间或取消会议。

（2）为一对一会议准备一个经双方确认的议题，多数时间应围绕这个议题进行沟通（也可以是多个议题。一般来说，议题越少，讨论效果越好）。

（3）在多数情况下，下属不但应该是议题的提出者，还应该是解决方案的提出者。

开会地点的选择很有意思。一定不要选择领导的办公室，可以选择下属的办公室，也可以选择公共会议室，还可以选择公司外面的咖啡馆。

在开会期间，手机应静音，其他电子产品也应禁用。如果有急事需要中断会议，则必须征求对方的同意，并约定好下次开会的时间。

一对一会议的中期进程：教练式管理

你的下属在一对一会议中对你说："我遇到一个问题，领导可得帮我出出主意，看看应该怎么办。"你琢磨了一下就告诉他应该这么做，一、二、三、四……说了一遍。下属按照你说的去做，果然一次成功。他很高兴，你也很高兴。之后，你将这件事作为你培养人的成功案例到处讲，说自己在培养人方面下了很大功夫。

这样培养人真的对吗？

如果下属按照你说的方法去做了却没做好，怎么办？这时你是不是要替下属思考如何操作才能成功？你就此成为"救火队长"，在"冒烟着火"的职场到处奔走——帮助下属灭火。

一对一会议应该这样开吗？当然不是。实际上，一对一会议应该是教练式管理①活动的最佳媒介，就像上一节中谈到的，"下属不但应该是议题的提出者，还应该是解决方案的提出者"。

（一对一会议中）

下属说："我遇到一个问题，领导可得帮我出出主意，看看应该怎么办。"

你说："你把这个问题详细给我描述一下。"

…………（下属描述问题）

你问："还需不需要补充？"

…………（下属继续描述问题）

你问："你确定不需要补充了吗？"

下属思考了一会儿，说："没有了。"

你问："你认为解决这个问题的关键点是什么？"

下属思考了一会儿，说："我认为解决这个问题的关键点是……"

---

① 教练式管理是将体育教练对运动员的管理方式运用到企业管理领域的理念。其基本前提是进行良好的沟通和避免微观管理（代替员工思考和决策）。教练式管理强调双方是一种伙伴关系。

你问："搞定这个关键点是不是就真的能解决这个问题？"

下属说："应该可以解决。"

你问："到底行不行？仔细想一想。"

下属思考之后说："搞定这个关键点真的可以解决问题。"

这时你问："你觉得怎么做才能搞定这个关键点呢？"

⋯⋯⋯⋯（下属描述解决方案）

这时候你又问："你确定这个解决方案可行吗？"

下属仔细思考之后回答："应该可行！"

你接着问："那你的计划是什么？"

⋯⋯⋯⋯（下属描述工作计划）

你问："那么你需要我协助吗？"

下属说："应该不需要，如果需要的话我来找你。"

你问："你准备什么时候开始？"

下属说："我一会儿回去就开始！"

你最后问一句："我如何知道你完成得怎样了？"

下属说："每隔两天我来向你汇报一次。"

⋯⋯⋯⋯

这种教练式管理看似很轻松，但在实际操作中，领导要非常有耐心，同时要有一颗成就他人的心。对于有的事情，领导很熟悉，花 20 分钟就能解决，但为了让下属成长，不得不用 1 小时引导下属去寻找答案。[①]

除了上面这种教练式管理，在一对一会议的召开过程中，领导还要用文字记录几个关键点。

关键点一：当下属就某件事情（如某货品的交期、销售金额、回款时间等）做出承诺的时候，领导应该做书面记录。

关键点二：当领导对下属提出建议，并被下属认可的时候，双方最好都记录下来。

---

① 这样做一点儿也不轻松，有时甚至是相当痛苦的。但我们在用正确的方法坚持下来后就会发现一切都是值得的。

关键点三：在双方沟通过程中出现的火花和亮点，以及双方经过深入思考和沟通之后发现工作中的一些不确定因素，也应该被记录下来。这些不见得需要立即去做，大多属于重要而不紧急的工作。

作为下属的绩效评价人，领导应该准备一个小本子——被考评人绩效表现备忘录。关键点一和关键点二可以作为备忘录上的主要内容（在适当的时候记录完成情况），作为双方沟通的证明。

此外，在一对一会议时间内，领导可以跟下属谈一些与具体工作无关的话题。这些话题最好是平时没有机会谈的。比如，在生活上遇到了哪些困难？工作上有哪些困扰？对现在的工资、奖金有什么意见？对行业未来的发展是不是产生了怀疑？未来的职业理想是什么？这会很好地增强双方的信任感。如果气氛合适，下属会主动谈谈心里话。他可能会说准备在半年之后离职，虽然这会令你感到意外，但同时会让你有更多的时间进行工作安排。

在一对一会议的中期进程中，领导要多听少说，说的时候多采用开放式的问题，比如"你对……感觉如何""你怎么看……""对此我能做些什么"之类的问题。一个好的经验是听的比说的多两倍。

由于某些特殊原因和技术进步，在线会议越来越普遍。一对一会议当然也可以在线进行，但是和面对面方式相比，在线方式大大降低了会议效果。在收集信息和传递信息上，由于两个人并不是面对面的，因此难以收集由表情、微动作等表达出的丰富信息，加之网络延时、声音传递失真等问题，有时会造成双方的误解。如果要开在线一对一会议，双方需要有充分的准备及互动，这样才能达到目的。此外，开在线一对一会议还需要双方交换会议记录，以确保双方的理解不存在歧义。一对一会议最好不要采用线上方式。

一对一会议的后期跟进："建立存货"并着手持续推动

由于只有两个人开会，因此会后跟进相对简单，主要有如下三点。

- 领导和下属都应该做会议记录。这相当于双方互相承诺：领导给下属承诺提供相关帮助，下属也向领导承诺工作进度或相关事项。这样双方都可以依此监督对方。

- 双方都要保证会议内容的安全性（确保私密内容不外泄），这对于参加一对一会议的人而言是非常重要的。

- 推动解决重要而不紧急的工作（前文关键点三），即德鲁克所说的"建立存货"的概念。对于所记录的双方在沟通中出现的有意思（重要而不紧急）的工作，会后双方应该对此继续商讨，并且持续推动。

与亲密关系中惯常的一对一交流气氛不同，一对一会议属于比较正式的沟通，适合谈一些更加严肃、更加复杂、更加长远的问题。

理念一：一对一会议的概念、召开模式和频次

一对一会议是具有特殊性，且需按照一定规定进行的一对一交流。

目前可查到的对一对一会议进行详细论述的是格鲁夫的《给经理人的第一课》。格鲁夫对一对一会议的论述让企业中经验丰富的经理人摸不着头脑。因为大部分经理人认为这种一对一的形式不应该叫会议，而应该叫一对一交流。例如，日常工作中自己和领导、自己和下属经常在一起就某件事情沟通一下。而且，上班时间大家几乎都在一起，还开什么一对一会议？

这里需要说明一下一对一会议究竟是什么。

1．一对一会议的概念

一对一会议是指两个人面对面地互动交流。不同的是，之所以是会议，是因为两人交流的时间最短也需要 1 小时（1~1.5 小时是最佳时长），而且不是闲聊。

某企业中层管理者说："我经常和下属一对一开会呀！"当问他每次开多长时间的时候，他说一般是 15 分钟左右。而一对一会议的概念告诉我们，如果想真正解决问题，至少要 1 小时。该中层管理者对此很不理解。他觉得根

据他和下属经常在一起开会的经验，那些需要一对一安排的事，用 15 分钟就能谈得很清楚了。而且，交谈的时间长了他都不知说什么好了，两个人大眼瞪小眼会很尴尬。

实际上，你和下属讨论一个重要事项，用十几分钟就说完了，而且你觉得已经把这个事项的缘由、必要性及后面怎么做都说清楚了，并确信下属一定完全明白了。这时如果你询问下属一些相关问题，在多数情况下，你会发现：下属对你交代的事项只是有了一个大概的了解，他还有一些没有说出口的疑惑。

对于下属而言，如果双方只有 15 分钟的交谈时间，那么下属只会说一些表层的想法或问一些简单的问题。只有双方把谈话时间延长，谈话的节奏才会慢下来。这样，在双方没什么话说的时候，下属才会调整心态，开始谈一些心里话或问一些深层的问题（如果会议召开时间在 1 小时以上，而且下属可以准备议题，他就一定会提前准备）。不用过分担心冷场，有时候冷场说明沟通氛围正在转换，这与人类的生理特点、心理特点都有关系。

在会议进行过程中，最好不要有其他工作打扰——双方可以找一个单独的空间，并将手机调至静音。另外，一对一会议的时间最好也不要太长。如果超过 1.5 小时，人的注意力就会不集中，思考能力也会下降，会议效率随之降低。

2．一对一会议有着独特的召开模式

一对一会议是下属的会议而不是领导的会议，一定要让下属来负责会议的整个议程，包括谈什么、怎么谈，也就是说要让下属来掌控全场，同时，可以让下属安排会议地点、召开时间，准备会议材料等。这种独特的召开模式非常重要，很多领导有掌控欲，习惯自己做主导者——自己引导话题、控制气氛。但在一对一会议中，领导必须少说多听，让下属"拥有"会议，这样才有可能取得更好的效果——下属会进行更加深入的思考，也会更加主动地把他的想法和在工作中遇到的问题告诉领导。

3. 一对一会议的召开频次

现在许多企业采用扁平化的组织模式，管理幅度很大，一个领导的直接下属能有十几人，甚至更多。

这和我们从管理学书籍上学到的理论不太一样。管理学的经典教科书告诉我们，管理 6～8 个下属是比较合适的，因为管理者的认知有限，管理下属的数量如果超过某一个限度，管理的效率就会大大降低。可见管理幅度不宜太大。

扁平化的组织模式又是怎么一回事呢？

扁平化的组织模式的理论来自管理学大师德鲁克。德鲁克认为"怎么去管下属""对下属负有怎样的管理职责"真正决定了管理幅度的大小。如果领导的首要任务不是"培养人"，而是完成某个项目，或者下属的职业化程度非常高，不需要领导培养，在这样的情况下，企业就可以采用扁平化的组织模式进行管理——一个人管 20 人，甚至管 100 多人都没问题。采用扁平化的组织模式的优势在于组织的层级减少，组织的反应速度加快；劣势在于领导和下属之间的联系频次降低、联系时间减少、"培养人"的难度增加。这也是今天的科技企业对"人才密度"概念更加关注的原因。

GE 是一个很好的例子。GE 的前总裁韦尔奇是德鲁克的粉丝，他是大型企业中第一个采用扁平化的组织模式的企业家。为了提高敏捷反应的速度，韦尔奇把 GE 原来五层的管理层级削减到三层（原来的五层分别是总公司、区域部、事业集团、分部、工厂），即把其中的区域部和分部层级砍掉。这样一来，在外部环境变化加快的情况之下，GE 对市场的反应速度和对用户需求的反应速度得到大幅提升。这是 GE 成为美国利润率非常高的大型企业的原因之一。

所谓"培养人"，是指领导教导、成就自己的下属，也就是说，提升下属各方面的能力，让下属成长起来。为此，领导需要在下属身上投入很多的时间。我们可以计算一下，如果花在单个下属身上的时间用于日常沟通再加上每周一次的一对一会议，那么一个领导带 6～8 人其实已经到极限了。

一对一会议的召开频次与下属的成熟度密切相关（成熟度即某下属对手

头的具体任务是否了解，以及有多少经验）。如果下属经验丰富，那么每月召开一次即可，但如果下属经验匮乏，则需要每周召开一次。同一个下属在不同岗位上有着不同的成熟度，运用之妙存乎一心。

一对一会议安排

人员	领导和下属，两个人
环境	安全、安静的场所，手机静音
频次	每周一次或两周一次，持续进行
时长	每次 1～1.5 小时，不短于 1 小时
准备	视议题情况而定
议题	议题有多样性，除"绩效目标"等固定议题外，其他议题由下属确定。议题不限于工作任务，还包括职业发展、能力提升等其他个人话题
方式	面对面交流，自由发言。领导尽可能少说多听，采用教练式管理技术
工具	小本子：被考评人绩效表现备忘录
跟进	跟踪下属绩效表现，适时提出意见和建议

理念二：一对一会议是拆解"黑箱"的利器

职场中有很多"黑箱"。什么是"黑箱"呢？字面意思是黑色的箱子，职场中"黑箱"的输入端和输出端可以被人看到，但中间的过程是人看不到的。

"黑箱"

1."黑箱"就在我们身边

在职场中，多数管理者都有"黑箱思维"。所谓"黑箱思维"，就是管理者不去深究身边的事情，走到哪儿算哪儿，一件事错了就任其错着，也不管它错在哪

儿，对某事项（包括业务的实际进程、下属的工作状态、自身授权的有效性等）
的认识始终处于模糊状态。以某企业的投资人为例，该投资人输入一笔资金，用
于投资土地、厂房、生产设备，以及招聘普通工人、班组长、车间主任、技术员
等人员，"黑箱"的另一头输出的是产品（可接受的成本和质量）。其中，产品的
技术工艺、生产制造过程、质量控制过程对投资人来说都是"黑箱"。

基层管理者身边同样也有各类"黑箱"。即使有多年经验的生产主管，有
的生产过程对于他们来说也仍然是"黑箱"。比如，对当前生产流程有没有进
行严格的考量，业界有没有更佳的做法？每一个生产步骤的合理性是否得到
充分验证，是否还有可以提升的空间？操作者的工作状态如何，能否很好地
完成工作任务，如何有效激励他们？对于这些问题，如果生产主管不去深究
每项工作、每个错误的实际情况，那么这些问题现在是"黑箱"，将来也仍然
是"黑箱"。

人类的大脑对于复杂事物避之不及，大脑处理问题的习惯是把一切复杂
过程当作一个"黑箱"，只要明白"输入"和"输出"就可以了。这是因为对
于人类来讲，大脑是耗能大户，而人类的本能是节省能量，所以为了节省能量，
人类会在思维上犯懒，这与人类的生存本能息息相关。

2．一对一会议是拆解事件过程"黑箱"的利器

一对一会议可以帮助管理者拆解身边的各类活动过程（包括生产活动、销
售活动、研发活动、财务活动，以及各类管理活动），让过程"黑箱"大白于
天下。一对一会议在拆解事件过程"黑箱"方面的作用具体体现在以下四点：

- 有助于事件真实信息的传递；
- 对目标责任机制的贯彻落实有直接帮助；
- 有助于及时发现工作中的问题和风险因素；
- 增加某个流程、某项工作做得更好的可能性。

凡是和规划、计划、预测相关的管理活动都应该有一对一会议的身影。通
过一对一会议，管理者能得到充足的信息，也能传递充足的信息，从而让下属
的目标和管理者的目标紧密结合。在这个过程中，管理者能够很好地扮演一个

教练的角色，让下属在进行自我管理、自我驱动的同时，感受到来自管理者的支持和帮助，这就是影响力的传递。同时，在把任务交给下属后，定期开一对一会议会让管理者对任务的现状和前景有充分的了解。针对已有的季度指标，比如说销售额、产量、回款周期等，下属能否按期完成、有什么困难、需要什么帮助，管理者和下属都可以通过一对一会议进行充分交流，并形成解决方案。此外，管理者和下属通过一对一会议还可以共同探讨和摸索工作改进的可能，提升工作质量。

3．一对一会议是拆解人员管理"黑箱"的利器

一对一会议从形式和内容上都可以满足这种更高层次的需求，让团队更加具有凝聚力。具体体现在以下五点：

- 更容易与对话人建立互信；
- 使双方沟通得更深入，进而讨论更高层次的问题；
- 有助于建立稳定的交流途径，及时接收反馈信息并给予对方反馈；
- 有助于双方在共享信息的基础上建立互信，形成互相认可的工作方式，从而大幅度提高授权的有效性；
- 满足下属在团队中被关注、被认可、被尊重的需求（马斯洛五层心理需求模型的第三层和第四层）。

在职场中，一对一会议为互相信任和富有成效的工作关系奠定了良好的基础。

理念三：一对一会议的底层逻辑是伙伴关系

作为管理者，不知道你有没有想过，在办公室中一起工作的同事和你是什么关系？

有的管理者很自然地把企业中的人分为三类：第一类是上级的同事（决定自己前途的人），第二类是平级的同事（外部资源），第三类是下级的同事。这

些管理者对上级的同事做到仰视、尊重、服从；对平级的同事，可以做到依为臂助，也可以做到漠不关心；对下级的同事，则表现得高高在上，如果是直接下属，更是呼来喝去、随意指派。

带着这种认知的管理者（仔细想想，这种认知是否深埋在你的心底？）难以拥有真正高绩效的团队。因为这样的管理者难以和任何一位同事建立起基于绩效的深层关系，所有让他感觉良好的反馈都只是镜花水月。

这涉及一对一会议的深层机制——平等。

从表面来看，一对一会议的机制并不复杂，而且有一些立竿见影的效果。奇怪的是，能够长期坚持召开一对一会议的企业所占比例相当低。即使很多管理者通过试行，感受到一对一会议机制对于工作推进的作用，也仍然难以坚持实施。有些管理者试行一段时间后觉得效果日益衰减，也有些管理者觉得和自己的工作习惯格格不入，还有些管理者则觉得一对一会议和企业文化不匹配，用起来很不舒服。

凡是能成功应用一对一会议机制的企业（部门）都有着平等的文化特质。英特尔公司长期推行一对一会议，前英特尔公司副总裁兼中国大区总裁陈伟锭在接受媒体采访时说，他每天至少收到四个一对一会议的请求，40%的工作时间都用在和员工召开一对一会议上了。

为什么一对一会议在英特尔公司用得这么好？这要从英特尔公司的创始人、首任CEO诺伊斯奠定英特尔平等的企业文化说起。诺伊斯打通了英特尔公司办公室的隔墙，开创了科技公司开放式办公的先河。格鲁夫1987年继任英特尔公司CEO之后，把平等文化推向极致（格鲁夫认为平等是企业为求生存而做的努力，而不是一种管理革新）。格鲁夫自己没有独立办公室，和大家一起在开放办公区办公，他取消了原有高层管理者的特殊车位等特殊待遇，让英特尔沐浴在平等的阳光之下。笔者服务过一家科技企业，该企业的老板和格鲁夫做法相同（开放式办公区，没有独立办公室），并在企业内大力推行平等文化。在他的企业中，一对一会议机制推行起来同样毫无阻力，企业的活力和整体的组织能力与同类企业相比明显高出一个层次。

将平等关系略微延伸就是伙伴关系。你和身边的同事之间究竟是雇佣关系、上下级关系还是共创未来的伙伴关系？这种关系正是一对一会议的底层逻辑，它决定了一对一会议能否在企业/部门中大行其道。

"伙伴"这个词的前身是"火伴"，出自古代的军制，以十人为一火，同火者为火伴——大家一起埋锅造饭，共同奋勇杀敌，共享荣耀和收益，也分享苦涩和泪水。"伙伴"与"合伙人"是同义词，在英文中的主流翻译都是 Partner。

一对一会议促进了企业中伙伴关系的形成，两者互为因果，这一点非常重要。因此，即使企业推行一对一会议机制异常吃力，也不要轻言放弃。

理念四："三个一小时"绩效管理模式

几乎没有人喜欢绩效评估这件事情。多数企业的绩效评估都做得不够好，职场中的许多人对自己得到的绩效评估结果不满意，认为既不公平也不合理，和自己的表现不相称。以下是一些常见的被评估人的感受：

- 领导并不了解我的工作内容；
- 领导只看到了我最近的表现；
- 评估报告的内容一点儿也不清晰；
- 评估报告没有体现让我怎么去改进我的工作；
- …………

做好绩效评估并不难，前提是管理者要明确对下属的期望，并用好一对一会议这个媒介。

为什么管理者要明确对下属的期望呢？因为这是绩效评估中最大的问题！请问：

- 你清楚自己对下属的期望吗？
- 下属清楚你对他的期望吗？

很多管理者认为这是两个不言自明的问题。这些管理者认为他们长时间跟下属在一起，对于"期望"的信息分享是非常充分的。

那么，实际情况如何呢？我们接着从五个维度提出问题：

- 你对下属绩效的真正看法是什么？你怎么看下属的工作能力、工作方法、工作思路及工作产出？下属是不是知道你的真正看法？

- 下属是不是清楚地知道你所面临的压力和挑战？关于这一点，你是不是详细地和下属谈过？

- 下属有哪些工作本应该去做，却由于种种原因一直没去做？对此，你是不是知道？下属是不是知道？

- 下属在哪些方面有较大的提升才有机会晋升和提高薪酬？对此，你是不是了解？下属是不是了解？

- 哪些方面做得好能够让下属的绩效有比较大的提升？你有没有给下属提过建议？

在从这五个维度提出问题之后，大多数的管理者开始蒙圈，因为他们并不清楚自己对下属的期望是什么。一对一会议的重要性又一次显现出来（通过深入沟通，管理者对下属的期望会逐渐清晰，下属对管理者的期望值也会逐渐清晰），使做好绩效评估成为可能。要知道，有效的绩效评估不在于高深的理论，不在于先进的评估框架，甚至不在于专业的评估流程，而在于定期让以上五个维度的问题浮出水面。

那么这种定期沟通的频次应该怎么设定呢？以下是一个案例。

我认识几位高效能的企业高层管理者，他们要求下属每年给上司写两封信（每半年写一封）。在信中，每位写信者首先说明他认为上司和自己的工作目标分别是什么，并提出自己应该完成哪些工作；然后，写信者列出需要做哪些事情才能达成目标，以及他认为在自己的工作中有哪些主要的障碍，同时列出上司和公司做的哪些事情会对他形成助力，哪些又会成为阻力；最后，写信者简单说明明年需要做哪些工作，以达成目标。如果上司接受信中的内容，那么这封信就变成写信者进行管理工作的章程。

有一家企业已经推行这种制度长达 10 年之久，然而几乎每封信列出的目标和绩效标准都令上司极其困惑。每当上司问下属："这是什么？"他得到的回答都是"你不记得几个月前和我一起乘电梯下楼时说的话了吗"。[①]

实际上，这种半年一次的深入沟通并不实用。上例中，上司和下属沟通

---

① 摘自机械工业出版社 2006 年出版的《管理的实践》，彼得·德鲁克著。

的频次过低，导致双方的沟通完全没有头绪，上司和下属均无法管理自己的期望值。在这种情况下，一对一会议必须召开得更加频繁。以下是一个构想出来的场景，但与现实较为贴合，它说明了在绩效管理情境中一对一会议的巨大作用。

场景一：邹经理克服种种困难，带领团队超期两周完成了大项目K。虽然超期了，但很好地满足了客户的要求，客户很满意，邹经理也很满意。但在部门的年度汇报会上，邹经理和直属上级李总吵了一架，原因是李总认为无论遇到什么困难，该项目今年都应该按期完成，绝对不应该超期。虽然两个人之前为此通过电话沟通过，但双方一直不了解对方的想法。

场景二：公司有召开一对一会议的要求，因此邹经理每月都会有两次和李总进行深入沟通的机会。邹经理把项目的人手紧张的问题和客户的要求（对品质有高要求，但对完成时间不太在意）原原本本地告诉了李总，也了解了李总面临的巨大压力——公司的几个大项目都要延期，如果项目K也延期，那么李总很难跟董事会交代。在综合权衡的情况下，公司调配了5个人支援项目K，提前一周完成了项目。年底，邹经理得到了公司的表彰和奖励。

在为企业服务的过程中，结合对一对一会议的认知，笔者为企业设计了"三个一小时"绩效管理模式，多数企业都可以结合实际情况采用这一绩效管理模式。

"三个一小时"绩效管理模式规定了被评估人（下属）和评估人（直属上级）进行一对一会议的沟通内容、时间和形式，具体来讲分为三部分。

第一个一小时是绩效考核期的目标制定

比如，在季度初，评估人和被评估人就本季度重点工作进行深入沟通。双方要坐在一起正式沟通一小时以上，会议主题是这个季度被评估人的工作目标。在制定目标前，评估人要明确自己对被评估人的期望，并在一对一会议中与被评估人深入讨论其季度工作重点（如果讨论一次不够就再来一次），最终双方确认该季度的绩效评估内容。

第二个一小时是绩效辅导

在绩效评估周期中，被评估人和评估人于每周或每个固定周期应正式沟通一小时以上（周期根据被评估人的工作成熟度确定），会议主题是被评估人绩效目标的达成。第二个一小时与绩效辅导（培养人）有关，如果评估人希望给被评估人赋能，就要不间断地去沟通、教导和成就被评估人。其中很重要的管理活动就是双方在每个固定周期就被评估人的绩效目标完成情况开一次一对一会议。具体沟通内容可以参考教练式管理中经典的 GROW 模型。

- G（Goal-setting，目标设置），上司跟下属一起回顾本季度双方制定的工作目标，引申出本月工作目标、本周工作目标等。

- R（Reality-check，现实核查），上司了解下属目前的工作现状和现实问题，和下属进行深入交流，了解下属的看法、感受，以及问题的原因和解决方案等。

- O（Options，选择），双方就下属提出的解决方案进行深入沟通，上司协助和鼓励下属选择最优方案。在这个过程中，上司不要去打击和批评下属，而要鼓励下属进行独立思考和表达。

- W（Will，行动），上司可以跟下属一起制订行动计划（以下属制订为主），并确定每一项行动希望达成的目标及衡量标准——做到什么程度是优秀的，做到什么程度是不行的，同时表达出对下属的支持。[1]

第三个一小时是对下属绩效考核期的表现进行反馈

在绩效评估结果出来后，被评估人和评估人应坐下来正式沟通一小时以上，会议主题是对绩效评估结果进行反馈。评估人对被评估人进行结果通报，包括面对面评价、指出问题并提出期望。这是相当艰难的工作（反馈绩效评估结果有些反人性，所有人都不喜欢当面去评价别人，尤其是做出负面评价）。但即便如此，这个反馈也必须去做，因为这是企业对管理者的基本要

---

[1] 参考机械工业出版社 2013 年出版的《高绩效教练》，作者是约翰·惠特默。

求。这项工作不但能提高员工的绩效，而且能提高员工的满意度、提升团队的黏合度[①]。

以上是通过一对一会议进行绩效评估的"三个一小时"绩效管理模式。该模式在企业中的实际运行效果不错，能够对企业发展和团队成长产生潜移默化的正向作用。

Tips：绩效辅导的七个原则+一分钟称赞+一分钟批评

在绩效辅导（"三个一小时"绩效管理模式的第二个一小时）中，作为辅导者，管理者需要学会以下七个原则。

（1）"放眼未来"原则：坚信每个人都愿意改进。因此，沟通时要避免翻旧账（可以不带情绪地谈以前的绩效），避免情绪化，要着眼于未来，与对方平等沟通。

（2）"公正和坦诚"原则：讲述自己对问题和事件的真实想法，鼓励对方讲述真实想法。无论是赞赏还是评判，都要做到公正、坦诚。

（3）"聆听"原则：多听少说。管理者专注于聆听信息，接收对方的真实信息。

（4）"汉堡包"原则：先进行表扬，然后提出改进建议，最后说出期望。管理者不要只看到问题，甚至鸡蛋里挑骨头，而忽略对方身上值得肯定的地方。

（5）"客观具体"原则：使用"绩效表现备忘录"，就具体工作进行反馈，客观而具体地沟通考勤、任务达成情况、投诉、库存水平、工作报告等内容。

（6）"共同确认"原则：管理者将对方做出的对推进工作的口头承诺记录在"绩效表现备忘录"中，作为下次辅导的依据。

（7）"相对保密"原则：对谈及的私密内容或重要内容保密。

除了以上原则，在绩效辅导中，管理者还要学会采用"一分钟称赞"和"一

---

① 有企业员工曾亲口告诉我，多年来她的直属上级从来没有评价过她的绩效，无论是面对面评价还是书面评价。她根本不知道自己到底做得怎么样——这简直是职场中最可怕的事情。

分钟批评"[1]来对员工进行反馈。

一分钟称赞

（1）从一开始就让员工知道自己干得怎么样。

（2）及时称赞员工。

（3）明确地告诉员工什么事情做得对。

（4）告诉员工你对他的工作感到很满意，他的工作对企业和其他在这里工作的人都有帮助。

（5）停下来，沉默一会，让员工感受你的心情多么愉快。

（6）鼓励员工多做这样的事。

（7）与员工握手或用某种方式与他接触，使他清楚地知道你支持他在企业中取得成功。

一分钟批评

（1）事先就告诉员工，而且是用毫不含糊的字眼告诉他。这会使他知道自己工作得怎样。

（2）及时给予指责。

（3）准确地告诉员工他做错了什么。

（4）用毫不含糊的字眼告诉员工你此刻的心情。

（5）沉默几秒钟，让员工感受到你糟糕的心情。

（6）同员工握手或用某种方式进行接触，使他懂得你是诚挚地站在他这边的。

（7）让员工想起你有多么器重他。

（8）再次表明你所不满的是员工的工作失误，而不是他本人。

（9）指责完毕，就完事了。

---

[1] 参考南海出版公司 2004 年出版的《一分钟经理人》，肯·布兰佳、斯宾塞·约翰逊著。

周一清单

- 安排自己和最重要的三个下属各开一次 90 分钟的一对一会议。
- 让下属去准备召开时间、会议地点、会议主题等，并让下属掌控会议而非自己掌控。试着这么做几次。
- 一对一会议不仅可以在企业中运用，还可以在家庭中运用，建议你试一试。

第九章

如何开反思反馈会

在很多团队中，缺乏信任、反馈和互相理解是非常大的问题。反思反馈会提供了一个解决问题的契机。

每个人都应该从他人处获得更多的信任！

你和你的同事天天见面，那么你知道他的家乡是哪里吗，知道他的父母身体怎么样吗，知道他在家里排行第几吗，知道他有几个孩子吗，知道童年的他经历过什么挑战吗，知道他的爱好是什么吗，知道他的第一份工作是什么吗……这些简单的信息可以增加团队成员之间的信任，团队协作会更加容易[①]。

下图是著名的乔哈里窗，该模型能够直观地说明深度沟通的效用，即扩大开放区域的范围（向盲目区域和隐藏区域扩展），有利于每个人能够发现自己、反思自己和了解他人。这是反思反馈会的底层逻辑。

乔哈里窗

乔哈里窗理论认为，真正有效的沟通只能在开放区域进行。在开放区域内，双方可以进行深入交流，更易于互相信任、达成共识。阿里巴巴主张团队成员之间"赤诚相见"，打开心防，互相倾听，互相交流，互相理解。在这个过程中，双方逐步深入地了解对方。当你深入地了解一个人，包括他的所思所想、优点和缺点，甚至了解他的童年和成长经历之后，你就能够理解乃至信任对方。阿里巴巴有一句土话"因为信任，所以简单"，优秀团队就在此基础上形成了。

2007 年 11 月，阿里巴巴在中国香港上市。此时阿里巴巴的 B2B 业务

---

① 美国管理学者扎克是神经管理学的提出者，他认为，被信任的程度越高，人脑中产生的催产素就越多（抽血验证），团队中的协作就会越容易。

非常火爆，但由于当时的 CEO 卫哲并非老阿里人，在团队协作方面有诸多不顺，显现出很多问题。

2008 年年初，马云组织阿里巴巴 B2B 业务核心干部开了一次"裸心会"。会上卫哲先发言，主要内容是自我批评，回顾自己入职以来的各种错误和自身的问题。接下来，在马云和曾鸣（阿里巴巴原首席战略官）的鼓励下，管理层开始陆续发言。有的人认为卫哲的想法太多，还没搞完第一个，第二个、第三个就来了；有的人认为卫哲不关注人的成长，眼睛只盯着财报，使大家干得不起劲；还有的人认为卫哲不重视产品、不重视客户，只关心利润……会议开了两个多小时，在这样的氛围下，大家说出了自己的真心话，心结逐渐解开。会后，阿里巴巴 B2B 业务的组织氛围发生了变化，卫哲开始更好地融入团队之中，原有的问题逐渐得到解决。[1]

出于本能，人类更愿意将成绩归于自己，将错误归于他人或自身以外的因素。久而久之，管理者无法得到外部真实的反馈，无法多角度认识自己，从而难以与他人协作共赢。此外，在很多团队中，缺乏信任、缺乏反馈和缺乏互相理解是非常大的问题，时间一长，团队就会出现千奇百怪的负面行为，比如会上一言不发、会下怪话连篇，不愿担责，个人利益高于集体利益，工作中各自为战。

企业需要定期召开能让员工得到外部真实反馈、加强内部信任和理解的会议。在"三一会议法"中，这种会议被称为反思反馈会，即通过自己反思（人的自我认知拓展）、他人反馈（了解他人的真实想法），使企业和员工得以成长。反思反馈会可以分为三类，这三类会议的对象和情境各不相同。

- 针对领导和骨干：类似于民主生活会和阿里巴巴的"裸心会"。
- 针对团队协作：多采用"鱼缸会议"模式。
- 针对团队建设：多用于不太熟悉的团队成员之间加深了解。

针对团队建设的会议不是本书重点，本章只对前两类会议的模式进行简要介绍。本章从针对领导和骨干的"裸心会"和针对团队协作的"鱼缸会议"

---

[1] 参考知乎庆汇年文章《裸心会：人人都用得上的团建工具》

怎么开的角度，谈谈会议的前期准备、中期进程和后期跟进事宜。同时会谈两个重要理念等内容。

"裸心会"的前期准备

开"裸心会"的目的是通过领导和骨干的批评和自我批评来增强团队互信。为了便于理解，我们可以将之拆分为两个目的，目的之一是让领导和骨干听到外部真实的反馈，从而更好地认识自己，改进原有的行为模式、与他人进行深度协作；目的之二是领导和骨干通过敞开心扉、说出自己的真实想法，在开放的氛围中与团队成员增强互信。

在心理学的基本概念中，信任是一种付出，潜藏着相当大的风险。如果团队成员之间有很大的矛盾、互相之间动辄批评指责或者等级观念根深蒂固，那么直接开"裸心会"并不是一个好的选择——"裸心会"可能被看作针对某些参会者的批判会。

增强互信最好循序渐进，不要指望开一个会议就能解决根本问题。"裸心会"的参会者最好是对企业、对团队认同度较高的员工。

"裸心会"的前期准备一般可以有如下两个类别的活动。

（1）通过运动"打开"身体（使身体舒展放松）。比如，团队成员一起参加登山、划船、球赛等。这样会身心相通。

（2）营造互信氛围。比如，在团队成员到达宿营地的第一晚，可以组织一次烛光晚会：在夜色中大家围坐在一起，周边有红酒和小吃等，放一些舒缓的音乐（营造轻松的氛围），每个人讲讲自己不为人知的一面，谈谈独特的经历（童年经历、最难忘的一次工作经历、第一次和客户签单或者自己曾经受过的委屈等）。这样的氛围让大家逐渐放下戒备，有利于增强彼此的信任。

除了这两个类别的活动，"裸心会"的前期准备还包括挑战智力、挑战团队默契、挑战身体灵巧性等活动。这些活动的目的都是"打开"参会者的身体和心扉。

此外，还有一项准备工作也很重要。如果想通过开一次针对具体问题的"裸心会"来解决重要的团队问题，就需要会议召集人与被反馈人和重要参会者参加一对一会议，进行深度沟通，确认召开"裸心会"的目的和必要性。这项工作必须在前期准备阶段完成。

为了保证每个人都有充分表达的机会，"裸心会"的参会人数绝对不能多。有些企业的"裸心会"有很多人参加，看着热闹也有成果，其实由于多数参会者并未真正参与进去，因此会议的实际效果并不好。"裸心会"的适宜人数是8人以内，这是让所有参会者都不会被忽视的会议规模。就"裸心会"而言，分组的效果并不好，应尽可能让所有参会者在一起充分发言。即使不好安排，"裸心会"的参会人数也不宜超过16人。

"裸心会"的参会者是企业领导和骨干，参会者最好彼此之间协作较多，比较熟悉，在此情况下召开的"裸心会"的效果最佳。不建议进入企业时间不长的人参会。在一般情况下，"裸心会"每年召开一次即可。

受时间和环境所限，"裸心会"在多数情况下不能让所有的参会者都成为被反馈人，因此就有了对"批评和自我批评"对象进行选择的问题——应该从参会者中职位最高的人开始，逐级进行。

"鱼缸会议"的前期准备

"鱼缸会议"的目的是通过"自我批评+外部反馈"加强内部协作。参会者多是中层或基层的部门/团队成员。

一般会议方式如下：

位于会议室中央的个人或部门/团队在进行自我批评之后，其他参会者发表意见，对这个个人或部门/团队进行诊断和反馈。在此过程中，被诊断和反馈的个人或部门/团队无须辩解，只聆听即可。此时，位于"C位"的个人或部门/团队就像鱼缸中供人观赏的金鱼，因此这种会议被称为"鱼缸会议"（如下图，左侧为个人反馈，右侧为部门/团队反馈）。

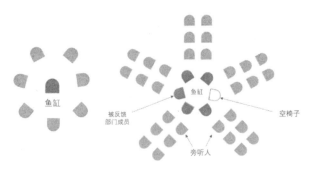

"鱼缸会议"的座位设置图

企业日常工作中，部门之间互相不理解的情况时常出现。例如，生产部门不理解销售部门为什么总是跟客户承诺提前交货，销售部门不理解财务部门为什么报销那么费劲，研发部门不理解行政部门为什么买个东西要那么长时间……反之也是如此，销售部门不理解生产部门的产品为什么总是有瑕疵，财务部门不理解为什么销售员总是填错简单的表格，行政部门不理解为什么研发部门总是有那么多怨言。"鱼缸会议"为"鱼儿"（个人或部门/团队）提供了非常好的机会，去了解同事的真实反馈。

"鱼缸会议"的前期准备主要包括三个方面的工作。

1．明确规则

由于"鱼缸会议"的规则比较独特且较为复杂，因此需要提前将规则告知参会者并强调要遵守规则。

2．做好心理建设

由于不允许"鱼儿"收到反馈后进行辩解，尤其是在听到严厉的指责或刺耳的意见后，因此要做好"鱼儿"的心理建设。人类有根深蒂固的习惯性防卫心理，如果没有做好心理建设，现场往往会出现混乱情况。

3．选择参会者

对于参会人选，如果是个人反馈，那么最好从部门内部选（彼此熟识，会议效果会更好），人数以 5～8 人为佳；如果是部门反馈，那么选择较多，比如可以从不同职称、不同职级的同事中选，相关领域的资深人士更好，也可以选外部专家。

除此之外，要做好"鱼缸会议"的前期准备还可以参照"裸心会"搞各种活动，比如体力活动、智力活动，以及考验团队默契、身体灵巧性的活动，以促使参会者"打开"身体和心扉。

"裸心会"的中期进程

"裸心会"应该怎么开呢？

正式的"裸心会"的会议主持人（可以与会议召集人合二为一）的角色相当重要，虽然在前期准备时已经营造了很好的会议氛围，并且参会者非常投入，但由于"裸心会"需要其他参会者走进被反馈人的内心深处，因此会议主持人应时刻保持警觉，让被反馈人有安全感，而且必须始终控场，并用合适的措辞和语气进行沟通与引导。

"裸心会"的中期进程没有一定之规，大致可以按照如下步骤进行。

第一步，通过引导发言谈主题和议程

- 会议主持人做引导发言，明确本次"裸心会"的主题。
- 如果本次"裸心会"的目的性很强，则需要谈出关键问题点。
- 明确下一步的具体议程。

第二步，批评和自我批评

- 被反馈人围绕问题点进行自我批评。
- 参会者轮流发言，围绕问题点对被反馈人进行反馈。注意，此时被反馈人不得进行申辩和反驳。也就是说，在批评和自我批评的过程中，被反

馈人除自我批评这个环节外，不得发言。

为了使反馈更加深入，参会者可以通过结构化思维工具[1]给被反馈人打分。例如，作为"优秀管理者"需要具备六项特质，包括使命感、责任心、敬业度、领导力、学习力和韧性，参会者可以基于这六项特质给被反馈人打分。会议主持人可以根据打分情况现场提问，比如说，"×××，你在领导力方面给×××只打了2分，为什么？最好有例证作为支撑！"

为了更好地使用结构化思维工具，会议可以采用预定发言模式，请一些资深员工（或外部专家）参会，由他们讲解结构化思维工具的使用方法。这样做有助于拓展讨论的深度。

第三步，人员轮换

- 按照会议安排，轮换被反馈人。
- 重复批评和自我批评的过程。

第四步，被反馈人发言

- 被反馈人进行发言，主要谈参会感受，不要就反馈内容进行申辩（如果有明显误解，可以简要说明），尤其不允许进行反驳。
- 明确时限，一般不超过3分钟。

第五步，展示集体纪要和进行总结

- 会议记录人上台，展示集体纪要。
- 会议主持人进行简单总结，如有必要，明确整改时间和要求。

这里有几点需要会议主持人注意。

首先，还是要强调在批评和自我批评这个环节中有必要时刻控场，尤其是

---

[1] 结构化思维是指运用逻辑思维分解问题，多维度对问题点进行深入、理性思考。常见的结构化思维工具包括5问法、鱼骨图法等。

控制好相关人员的情绪。具体如下。

- 在被反馈人进行自我批评时，会议主持人要围绕主题进行适度引导和挖掘。
- 在发言者情绪激动时，会议主持人要适时进行引导，并用中肯、不带情绪的语气重复发言者的话语。
- 在发言者表达不清晰时，会议主持人要适时插话，协助其整理语言。

其次，会议主持人要适度提醒参会者在别人发言时不要插话，也不要评价别人的发言，而要耐心倾听他人的想法。

最后，会议主持人要确保发言不偏离主题。"裸心会"具有特殊性，既对事又对人，其内容相对宽泛，即使事先框定了主题也很容易偏离，因此会议主持人要注意随时将发言者拉回主题。

"鱼缸会议"的中期进程

"鱼缸会议"的中期进程分为针对个人反馈和针对部门/团队反馈两类，两类略有不同。

1. 针对个人反馈的"鱼缸会议"

（1）针对个人反馈的"鱼缸会议"有五个角色——会议召集人、会议主持人、当事人（鱼）、反馈人（水）、会议记录人。

- 会议召集人：一般是上级领导，负责确定会议的主题。
- 会议主持人：主要职责是执行会议规则（可以由会议召集人兼任）。
- 当事人（鱼）：会议中进行自我批评和接受反馈的人。
- 反馈人（水）：负责在会议中对当事人进行反馈。如果确定鱼水互换是固定环节，那么反馈人也是当事人。
- 会议记录人：负责记录反馈人提出的意见和建议，并将反馈内容进行结构化分类整理。

（2）针对个人反馈的"鱼缸会议"的基本规则如下。

- 围坐规则：反馈人围成一圈（或半圈）坐下，圆圈的中心是当事人（鱼），建议反馈人不超过8人。

针对个人反馈的"鱼缸会议"的座位设置图

- "鱼"的自我批评规则：分享自己在团队协作时的沟通特点，谈一谈希望他人如何与自己沟通，真诚地对自己进行自我批评。发言时间为3~8分钟。

- "鱼"不辩解规则：除自我批评外，在他人对自己提出批评和建议的时候，无论他人说了什么都不能发言，待他人说完后说声"谢谢"即可。

- "水"的提问式发言规则："水"的反馈尽可能采用"提问+事例"的方式，如"我觉得你平时发脾气太多，能否控制一下自己的情绪？比如说某次……"，这样的发言能够引发"鱼"更深入的思考。

- 轮换规则：鱼水互换。每个人轮流坐在圆圈中心，接受他人给出的建设性反馈。

- 改进规则：根据会议记录人的集体纪要（对反馈内容进行结构化分类整理后由"鱼"和"水"共同确认），被反馈人针对反馈制订三条改进计划，如有时间可在团队中分享。

针对个人反馈的"鱼缸会议"多半是部门/团队内部沟通场景，即部门/团队同事是"水"，部门/团队中的某个人员是"鱼"，以个人问题为主题进行沟通。定时轮换（根据人数多少，单人反馈发言一般1~3分钟，对一个人的反馈总时长一般不超过20分钟）。

2．针对部门/团队反馈的"鱼缸会议"

（1）针对部门/团队反馈的"鱼缸会议"有六个角色——会议召集人、会议主持人、当事部门/团队（鱼）、反馈人（水）、会议记录人、旁听人。

- 会议召集人：一般是上级领导，负责确定会议的主题。
- 会议主持人：主要职责是执行会议规则（可以由会议召集人兼任）。
- 当事部门/团队（鱼）：会议中进行自我批评和接受反馈的部门/团队。
- 反馈人（水）：负责在会议中对当事部门/团队进行反馈。
- 会议记录人：负责记录反馈人提出的意见和建议，并将反馈内容进行结构化分类整理。
- 旁听人：外圈围坐的人，不发言，只旁听。

（2）针对部门/团队反馈的"鱼缸会议"的基本规则如下。

- 围坐规则：分两圈坐下。被反馈部门/团队人员围成一圈，坐于内圈，旁听人坐于外圈。内圈留一把空椅子，坐到这把空椅子上的人的身份即变换为反馈人。

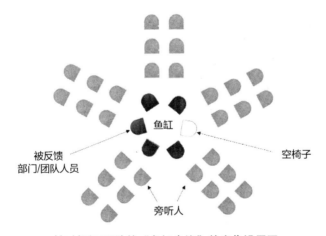

针对部门/团队的"鱼缸会议"的座位设置图

- "鱼"的自我批评规则：坐在内圈的部门/团队领导分享团队协作时的沟通特点，谈一谈希望其他部门/团队人员如何与自己的部门/团队人员沟通，真诚地进行自我批评；可以多人发言，发言时间不超过 10 分钟。
- "鱼"不辩解规则：除了自我批评，在他人对部门/团队提出批评和建议的时候，无论他人说了什么都不能发言，待他人说完后说声"谢谢"即可。

- "水"的发言规则："水"的发言尽可能采用"提问+事例"的方式，如"你们部门能不能提高一下用户意识？比如说某次……"，这样的发言能够引发"鱼"进行更深入的思考。不同部门/团队的参会者轮流坐于内圈的空椅子上，对"鱼"进行反馈。发言总时长由会议召集人/会议主持人事先确定好。
- 轮换规则：鱼水互换。每个部门/团队人员轮流坐在内圈，接受他人给出的建设性反馈（根据会议时间确定是否轮换）。
- "鱼"发表感想：简要谈参会感受，不能就反馈内容进行申辩或反驳（如果有明显误解可以简要说明）。
- 改进规则：根据会议记录人的集体纪要（对反馈内容进行结构化分类整理后由"鱼"和"水"共同确认），每个部门/团队针对反馈制订三条改进计划，如有时间可在会议中分享。

3."鱼缸会议"中的几点说明

（1）不让"鱼"辩解是为了让其从反馈中获益。在反馈初期，许多"鱼"因自信心受挫，对批评意见有抵触感，想出言辩解或反驳，如果不让他们发言，那么他们就会迈过习惯性防卫机制启动的过程，打开自己的保护层，去听取他人的意见。绝大部分人都能够逐渐接受"直击内心"的过程，并从中获益。

（2）在"鱼缸会议"的中期进程中，有一个优秀的会议主持人相当重要，他需要在会议开始后的几分钟内营造出一种自由表达的气氛，让参会者踊跃发言。同时，会议主持人应该具备控场能力，一方面要让场面尽可能活跃，另一方面要制止会议召开过程中的不当行为，比如引导讨论、制止侮辱性的语言、制止评论他人的发言、制止"鱼"除自我批评和"谢谢"外的话语、制止私下交谈，以及控制时间和指挥轮换等。同时，会议主持人还要时刻关注被反馈人的心理状态，适时用语言和行动引导大家的发言和情绪表达。

（3）会议记录人需要对反馈资料进行结构化分类整理，在会议结束前，将梳理完毕的结构化记录挂在会场墙上或投影在屏幕上，经过"鱼"和"水"的共同确认形成集体纪要，并督促被反馈人或被反馈部门/团队尽快拟订改进计划。注意，会议记录人所做记录中不要加入个人判断，无论反馈如何荒诞不经，也要做到完整记录和呈现。

"鱼缸会议"对于解除顽固的团体迷思的影响有非常大的作用。当一个团队过分注重整体的时候，团体迷思就会出现——为了维护团队内的和谐和一致性，团队内不允许出现不同意见，即使看到了冰山，也会直接撞上去。"鱼缸会议"的当面质疑使团队成员有可能从团体迷思中跳脱出来，去思考其他的可能性。

反思反馈会的后期跟进：改进计划

在"裸心会"和"鱼缸会议"结束前，会议记录人将会议纪要投影到大屏幕上或用白板展示给参会者。会议纪要并不是每个人所说的内容，而是经过结构化分类整理后的针对某位被反馈人所提的意见和建议。会议纪要在经过参会者确认后成为集体纪要。

"裸心会"一般不需要被反馈人列出后续的改进计划。"鱼缸会议"一般需要被反馈人，无论是个人还是部门/团队，根据反馈当场制订改进计划，如果还有时间，可增加计划的分享环节。这是"鱼缸会议"具体的产出成果。

虽然"裸心会"和"鱼缸会议"的参会者和具体情境不同，但基本规则和底层逻辑相同，因此两者的会议进程和规则可以互为参考。

理念一：会议召集人和会议主持人对结果和过程负责

在"三一会议法"的逻辑中，反思反馈会的主持人很重要，需要掌控会议氛围、调整被反馈人的状态、引导发言、纠正跑题等。会议主持人需要有足够的威望和能力，因此，在反思反馈会中，会议召集人和会议主持人可以合二为一，对结果和过程负责。

具体而言，在"裸心会"中，由于话题敏感，会议主持人需要时刻掌握态势，用合适的措辞和语气引导参会者讨论。会议主持人最好就是会议召集人，否则一旦遇上情绪失控、激烈争辩等情况，会议就很有可能失控。有的"裸心会"由于前期准备不当和现场主持不当发生过恶性事故，被反馈人在会议结束后愤然辞职。

在"鱼缸会议"中，由于责任相对较小、氛围没有那么沉重，会议主持人可以由企业骨干员工担任，不一定和会议召集人合二为一。此外，"鱼缸会议"的主持人也可以由外部专家担任。

理念二：好团队和差团队是有很大区别的

有一个问题让很多人深感困惑：为什么有的团队协作会顺畅无比，而有的团队成员凑到一起却总觉得很累？

好团队和差团队的区别到底是什么？有人认为，二者的区别在于"人才密度"的问题，也就是说，差团队中优秀人才太少，造成团队绩效不好、氛围不好。

为此，英国学者贝尔宾进行了长达九年半的实验，目的是研究一群什么样的人在一起是最高效的。贝尔宾创造了一个术语"阿波罗团队"，用来形容由优秀人才（聪明人）组成的团队。经过多次实验，贝尔宾认为，阿波罗团队总是花大量时间进行没结果的辩论，是一个差劲的团队，"（在比赛活动中）阿波罗团队一般总是最后一名"。贝尔宾说："阿波罗团队里可能有大量具备'金点子'的人，但这个团队并不是成员们进行展示和发挥才华的最佳场所。因此，阿波罗团队绝不是创造性的团队。"[1]

希腊先哲亚里士多德认为，整体先于部分而存在，先有目的然后才有目的实现。没有整体，我们就不能理解部分。系统论的创立者、美国生物学家贝塔

---

[1] 摘自机械工业出版社 2017 年出版的《管理团队：成败启示录》，R. 梅雷迪思·贝尔宾著。

朗菲将之总结为"整体大于它的各部分之和"。这个结论对于企业这种人群聚集的经济体意义重大——如果企业中的人凑在一起并不能增值，那么企业就失去了存在的意义。

换句话说，企业必须打造出能够有效协作、有效增值的团队！

2012 年，谷歌开启了"亚里士多德项目"，目的就是调查如何在谷歌打造一个有效团队。项目总计调查了 180 个团队，制定了衡量团队协作和绩效的定性、定量评估标准。项目对企业团队中的管理者和员工进行深度访谈，探寻为什么有些团队磕磕绊绊，有些团队却顺顺当当。

最初，"亚里士多德项目"找不到规律，尽管项目召集了最好的统计学家、组织心理学家、社会学家和工程师，收集了海量的数据，但是没有任何迹象表明特定的人格类型组合、技能或背景导致团队与众不同。可见此事难度之大。

比如，谷歌有几个顶尖的团队由一帮原本就是朋友的人组成，而有的团队的成员几乎彼此不认识，走出会议室就是陌生人；有的团队的管理者很强势，而有的团队倾向于等级不那么森严的架构；还有两个团队可能有基本相同的特性，成员也基本重叠，但是团队效率却截然不同。"在谷歌，我们擅长寻找规律，"Dubey 说，"但是这里没有什么明显的规律。"[1]

最终，"亚里士多德项目"还是找到了规律！项目组得出的结论之一与贝尔宾的实验结论不谋而合。项目组发现，在建立高效团队的过程中，打造团队比选择团队成员更加重要。比起团队是不是由最聪明、最优秀的人组成，团队成员如何相处、如何组织工作及如何看待个人对团队的贡献更加重要。在好团队中，成员们相互倾听，洞悉彼此的感受和需求，安全感高——成员密切协作、共同为团队做出贡献。

很明显，如果这是好团队的标准，那么团队成员具备高情商、愿意与他人交流是不言而喻的[2]。虽然很多人都喜欢《生活大爆炸》[3]中谢尔顿（剧中角色）

---

[1] 译自 *What Google learned from its quest to build the perfect team*，作者是查尔斯·杜希格。

[2] 谷歌的研究人员称之为"平均社会敏感度"，衡量社会敏感度的最简单方式之一是展示人的眼睛给受试者看，然后让受试者描述照片上的人在想什么或感受怎样。较成功的团队，其成员在察言观色测试中的得分普遍比平均水平高。

[3] 美国情景喜剧 *The Big Bang Theory*。

的种种搞笑表现，不过，智商高达187、情商却低得惊人的谢尔顿一定不是好团队的理想成员。

项目组还发现，"群体规范"非常重要。

群体规范，有点像企业潜规则，是一种不成文的规则。比如，一个团队的群体规范是不要有冲突，大家和和气气做事，而另一个团队则鼓励激烈辩论；一个团队尊重权威人士和资深人士，而另一个团队却遵守平等法则（所有人都同样受到尊重）；一个团队每次会前都会拿出七八分钟的时间吃零食、闲聊，而另一个团队则一上来就直奔主题……这些规范是不言而喻的，被公开承认。当团队成员进行集体活动的时候，群体规范就会显现出来，并主导团队成员的行为。

研究表明，团队中有群体规范有利于团队表现出团队成员话语权一致，即在开会的时候不用特别强调，所有团队成员都会发言，而且每个团队成员发言的次数基本一致。

研究人员称之为"对话式话题轮换的平均分配"。也就是说，每个团队成员在团队中都被充分尊重，并愿意畅所欲言。这的确是在普通团队中难以看到的。

兰西奥尼在其著作《团队协作的五大障碍》中清楚阐明了团队协作的五大障碍是缺乏信任、害怕冲突、欠缺投入、逃避责任和无视结果。具体来讲，第一个是团队成员之间不能互相理解、缺乏信任；第二个是团队成员过于希望保持和谐，尽量避免彼此之间的争论和冲突；第三个是团队成员不能投入到热烈、公开的辩论之中，从而难以达成真正的共识或做出决策，执行效果必然大打折扣；第四个是团队成员对低绩效和平庸习以为常，不愿去追求高的目标；第五个是团队成员无视团队的绩效，将个人利益或小团体利益置于集体利益之上。[1]

如果仔细思考"团队协作的五大障碍"和"团队成员话语权一致"，我们就会发现，"团队成员话语权一致"规范可以有效地扫除"团队协作的五大障碍"。

---

[1] 参考中信出版社2010年出版的《团队协作的五大障碍》，帕特里克·兰西奥尼著。

- 充分信任——团队成员有安全感，敢于充分表达。这点最重要，充分信任是人际交往的基础，有了信任、有了安全感才会有一切。

- 无惧冲突——不为了避免争论而不敢说出自己的意见（讨论时独立思考、充分表达）。

- 充分投入——团队成员达成共识，共同执行决策和承诺（每个团队成员都会全力支持群体决策）。

- 勇担责任——前文说过，如果是群体决策，那么每个团队成员会更加愿意承担责任。

- 团队为先——准确地说是以团队目标为先，每个团队成员都为之奋斗，而不是强调小团队或个人的目标。

在《团队协作的五大障碍》这本书中，兰西奥尼给出了 15 道题和 1 个量表，用以测试团队协作障碍。其内容非常精当，特摘录如下。

1. 团队成员在讨论问题时非常热烈，且不会相互提防。

2. 团队成员会指出团队其他成员的不足或工作上的低效行为。

3. 团队成员了解团队其他成员负责的工作，以及他们为团队的利益做出的贡献。

4. 当团队成员发现自己言行不当或可能对团队不利时，该团队成员会马上真诚地道歉。

5. 为了团队的利益，团队成员愿意在自己的部门或个人专业领域做出牺牲（如预算、职权范围、人员编制）。

6. 团队成员坦然承认自己的弱点和错误。

7. 团队会议不枯燥乏味，而是引人入胜。

8. 团队成员能满怀信心地结束会议，即使最初存在分歧，大家也会全力以赴地执行最终决议。

9. 团队士气会因为未能达成团队目标而大受影响。

10. 在团队会议上，最重要和最困难的问题会被拿到桌面上解决。

11. 团队成员非常担心自己会让团队其他成员失望。

12. 团队成员了解彼此的生活，并能够自然地讨论这些内容。

13. 团队成员每次讨论完都能形成明确而具体的决议和行动方案。

14. 团队成员不惧相互质疑工作计划和工作方式。

15. 团队成员不急于寻求别人对自己做出的贡献的肯定，但能够很快说出他人的成就。

下面对以上每道题的答案进行打分。

经常=3分；

有时=2分；

很少=1分。

第一大障碍：缺乏信任——第4、6、12题；

第二大障碍：害怕冲突——第1、7、10题；

第三大障碍：欠缺投入——第3、8、13题；

第四大障碍：逃避责任——第2、11、14题；

第五大障碍：无视结果——第5、9、15题。

得分结果：

8~9分，表明你的团队可能不存在该协作障碍；

6~7分，表明你的团队可能存在该协作障碍；

3~5分，表明你的团队需要着重关注该协作障碍。

这里总结一下好团队和差团队的区别是什么。其一，好团队的成员不见得都是精英，但必须具备一定的情商，能够做到彼此倾听、深入沟通；其二，在充分信任的前提下，团队成员之间的话语权基本平等，团队的每个成员都愿意充分表达、为团队贡献力量；其三，好团队做兰西奥尼的测试，其得分加总应该在40分以上。

无论是"裸心会"还是"鱼缸会议"，目的都是系统地推进组织信任，让团队成员听到外部的真实反馈，使团队成员之间的联系更加紧密、团队协作更加顺畅、团队内部力量更加凝聚。同时，每个团队成员、每个部门/团队能够通过自我反思和他人反馈得以成长。

　　反思反馈会本质上是对话会议，能够有效破解团队中的一些弊端，为高效协作打好基础。需要注意的是，由于反思反馈会直击人际沟通的核心，影响巨大，因此开反思反馈会需要精心策划和组织。同时，反思反馈会能够很有效地改善企业文化氛围和团队工作状态，值得一试。

附件："三一会议法"反思反馈会流程说明

"三一会议法"反思反馈会流程说明

事件	负责人	过程说明	备注
确定召开会议	会议召集人	确定会议目的、召开时间、召开范围	
明确会议主题、召开准备会	会议召集人	如果要开"裸心会"，那么会议召集人需要在会前与被反馈人和重要参会者召开会议，而且最好是一对一会议，与被反馈人和重要参会者进行深度沟通，确认召开"裸心会"的目的和必要性。在明确召开会议并确认会议主题后，会议召集人与会议主持人、记录人开准备会（如果有准备会议的行政人员，也需要参加准备会），并确定会议议题、参会者、召开时间、会议议程、会议材料准备、会议手册准备、会议召开方式及其他注意事项	会议召集人和行政人员可以在更大范围内发送邀请
会议开场发言	会议主持人	介绍"三一会议法"相关情况，明确本场会议规则。具体规则包括但不限于：将手机关机或静音后统一交至某处；会议室中是"另外一个世界"（与现实世界中的规则不同），大家要听会议主持人的安排；讨论时就事论事，不得进行人身攻击；尊重他人，认真倾听，独立思考，畅所欲言；遵守发言时间要求；围绕议题发言；如有建议，须举手发言；除会议记录人和行政人员外，一律不得使用电脑。会议主持人如需进行个人介绍，可以在此环节进行。开场发言时间不超过3分钟	
引导发言	会议主持人/会议召集人	首先介绍会议的目的、时长和议程，然后围绕议题进行引导，主要谈议题的背景、现状和未来发展等内容，以及希望达成的结果及应该注意的问题。时间一般不超过15分钟	会议主持人可以邀请会议召集人或其他人做引导发言

续表

事件	负责人	过程说明	备注
自我批评	被反馈人	按照之前预定的主题发言，不要超时	
讲解结构化思维工具（可选）	外部专家/资深员工	讲解结构化思维工具的使用方法。例如，优秀管理者的六项特质及打分的具体标准	
反馈/批评	反馈人	进行反馈/批评，或者给被反馈人打分	会议主持人应时刻保持警觉，始终牢记保护被反馈人心理上的安全感，始终控场。在此过程中，被反馈人不得发言
发言环节	被反馈人	不就反馈人的反馈内容进行申辩、澄清（如果有明显误解可以简要说明），不允许反驳，只谈自身感受	
说明：多组被反馈人则循环以上环节			
梳理会议纪要	会议记录人	会议主持人邀请会议记录人上台。会议记录人将会议纪要投屏呈现，与参会者逐条核对，形成集体纪要。该环节不超过10分钟	
制订改进计划（可选）	被反馈人	针对反馈制订改进计划，如有时间可在会议中分享	
进行会议总结（可选）	会议主持人/会议召集人	对整体会议情况进行总结发言并宣布散会，同时明确下次会议召开时间或后续重要工作	可以不进行总结或委托他人进行总结

注：会议主持人可以与会议召集人合二为一。

Tips：分享自己的人生故事

在反思反馈会的准备阶段，会议主持人要营造互信的氛围，使参会者逐渐放下戒备、敞开心扉。对此，与他人分享自己的人生故事是一个很重要的方法。

在开反思反馈会之前，参会者可以根据具体场地的情况围坐在一起，讲讲自己的故事，互相倾听、互相交流。每个参会者都可以深入地了解他人，也可以从他人过去独特的经历中寻找力量。

常用的分享自己的人生故事的方式有主题分享、生命年轮和生命过山车——三者依次深入。

- 主题分享类似于"最难忘的某某事",如"最难忘的一次出差""最难忘的一次受委屈"等。
- 生命年轮则复杂一些。每个参会者需要根据自己的年龄,每七年画一个格子,在格子里写下这七年发生的最重要的一件事;未来七年留一个空白格子,在格子里写出对未来重要事件的期许。写完之后,参会者进行分享。
- 生命过山车会更加深入。每个参会者在白纸上画一个坐标轴(横轴表示时间,纵轴表示正负能量值),标出生命中每一件对自己影响重大的事件(无论能量值是正还是负),用线串联起来,之后分享给大家。

按照乔哈里窗理论,这样做的好处是将隐藏区域缩小了很多,将开放区域相应扩大,让团队实现真正的有效沟通。人们喜爱一个人不是因为这个人多么强大或多么有趣,而是因为这个人很真实。显然,分享自己的人生故事可以使团队成员之间增进了解、增加信任。

Tips:防止过度维护自己的观点

传统的管理教科书中说,我们要从事实出发而不是从观点(假设)出发,先搜集材料、分析事实,然后在材料和事实的基础上提出解决方案。这个逻辑看起来很正确,但在实际工作中行不通,因为没有人能完全从事实出发。此外,我们永远不可能获得所有应该掌握的事实。

有经验的管理者都知道,一个人对一件事情的思考不是从搜集材料开始的,而是在接收到一点基础材料后就开始有观点(假设),然后在观点(假设)的基础上搜集材料并得出自己的答案。我们只能从自己的观点(假设)出发去思考问题,所以在会议上,真正讨论的不是最终的答案,而是每个人的观点(假设)!

在主题讨论会/决策讨论会上，有时候会出现激烈争论的情况，即双方互相攻击，有时会升级到双方互相进行人身攻击，甚至到动手的地步。还有一类现象非常普遍——有的人在会议中见某一方的意见占了上风，或者领导表明观点之后，他才随声附和，发表自己的意见。

为什么会这样呢？因为谁都不想当"出头鸟"。

当一个人形成某个观点之后，他就会捍卫这个观点。

在一个关于决策的实验中，参与者被要求选择一份保险，要么选择一份价值高但涨价风险较大的保险，要么选择一份价值低但稳定的保险。研究人员告诉其中一些参与者，已经为这些参与者选定了哪种保险，而让另一些参与者自己选择。结果发现，已被告知自己选择了哪种保险的参与者更倾向于坚持原来的选择，而另一些参与者则更容易改变选择。这表明，人们的决策受到他们之前的选择和承诺的影响，而这可能导致人们做出不理性的决策。①

这个案例强调了人类思维的局限性，人的理性是有限的，我们并没有想象中那么客观。

成年人在职场上很难做到畅所欲言，不愿意把自己真正的所思所想当着会上那么多人说，最好的、最安全的选择就是不说话，或者跟着主流走、跟着权威走。否则，如果发表的与众不同的观点得不到采纳和认可，就会让自己显得非常愚蠢。

这与各种主题讨论会、反思反馈会等希望形成的氛围（对真实想法的讨论）、希望达到的目的大相径庭。

从个人修养的角度来讲，管理者不要过度维护自己的观点，要允许自己犯错，并大方承认自己的弱点。有的管理者刻意维护自己的观点和自己的形象，生怕别人小看了自己。实际上，每个人都有自身的局限性，作为管理者要承认这种局限性。而且，承认自己的局限性还是一种很棒的策略（示弱），真正的强者都会这么做。

---

① 摘自中信出版社 2020 年出版的《思维是平的》，尼克·查特著，有删改。

周一清单

- 做一下兰西奥尼的量表，带着团队开一次会，讨论好团队和差团队的区别。
- 召集一次"裸心会"（或起一个其他名字），观察这次会议对团队协作的影响。
- 在部门/团队内部组织一次"鱼缸会议"，观察这次会议对部门/团队工作状态的影响。

第十章

案例：关于销售计划的四个会议

我们将几种常见的会议模式组合在一起，如果能用好这个组合，就可以解决企业中的多数问题。

为了让读者更好地理解如何在企业中采用前面提到的几个会议模式，本章用一个常见的销售计划制订场景将企业中常见的四个会议模式呈现出来。

案例背景：

某医疗保健公司的主营业务是向医院、实验室、急救中心和公安部门销售新型的医疗保健产品（以防护手套为主），其用户包括医生、护士、实验室从业人员、警察、消防员等。

该公司的用户链接需要靠销售团队完成。总经理周总直管四个大区，每个大区有30名左右的销售人员。前几年，市场需求旺盛，各个大区每年基本上都能超额完成任务，销售人员能拿到丰厚的奖金，人员流失情况不严重。从去年开始，经济环境不佳及竞争对手降价促销导致该公司的整体业绩下滑，市场占有率不升反降。去年，销售团队第一次未能完成当年的业绩指标，四个大区中只有一个完成了年度指标，很多销售人员不但没拿到奖金，就连工资也只拿到了80%。眼看又到了做新一年的销售计划的时候了，周总有点犯愁。

总经理犯愁的原因在于之前的销售目标虽然定得比较高（在上一年的基础上增长30%左右），但前几年行业增长势头猛，多数销售人员对于完成销售目标很有信心，并且大多数销售人员都完成了任务。去年，经济环境不佳、竞争情况加剧导致销售团队出现不能完成任务的情况，因此今年做计划时，下面报上来的预测销售指标不增反降。如果高层管理者再坚持高增长指标，那么双方很难达成共识（一般企业的年度业绩指标都是销售部门先报，之后经过几轮博弈，高层管理者和销售部门达成一个相对满意的共识）。

究竟如何解决这样的问题呢？

前些年执行的销售管理模式是只设立一个指标，经过层层分解，该指标与每个销售人员的工资和奖金紧密挂钩。销售人员只要完成指标，就可以拿到全薪加年终奖，超出部分还有额外的奖金；如果完不成，那么年终奖泡汤，而且指标完成率过低的话，还会扣发工资（工资只发80%）。

今年在要求大区上报销售计划的时候，由于去年未完成任务，因此很多销售人员非常保守——总体指标离企业高层管理者的预期差了很多。

周总经过思考，希望销售人员能够发扬奋斗精神，不要太保守。他和几个大区经理开了一次会，列举了几个今年的利好消息，要求各大区经理带领销售人员再开一次专题讨论会。会议主题为"发扬千辛万苦、千方百计精神，重新制定20××年销售指标"。

专题讨论会如期举行，但由于目标博弈冲突[①]的内在问题没有解决好，大部分销售人员并未如周总所想的那样大幅度提高预测销售指标。会议失败的原因是会议主题选择不恰当，"发扬千辛万苦、千方百计精神，重新制定20××年销售指标"是一个"伪问题"，只有改变销售管理模式，彻底解决目标博弈冲突，该问题才能得以解决，会议才能取得预期效果。

周总经过反复思索，又与大区经理和几个资深销售人员进行了深入沟通，决定调整销售管理模式，由原来的一个指标改变为两个指标：一个安全销售指标和一个冲刺销售指标。安全销售指标与工资、奖金挂钩，冲刺销售指标与超额奖金挂钩。销售人员即使未完成冲刺销售指标也不会受到任何惩罚，只要最终业绩在安全销售指标之上，就可以拿到全额工资和年终奖。如果完成了冲刺销售指标，则可以拿到丰厚的超额奖金。

在此基础上，周总要求各大区重新召开销售计划专题讨论会，会议主题更改为"新模式下的全年安全销售指标和冲刺销售指标制定"。

他要求各大区会前把研究做细（研究相关政策、用户动态和竞争对手动态），对业绩预测细化到每个月，同时把相关材料发到每个参会者的手里；要求大区经理不主持会议，且尽可能少发言，可以请外部顾问作为四场会议的主持人并制定会议议程，同时在会前与外部顾问就希望达到的效果进行深入沟通。

在更符合现实情况的会议主题下，会议主持人将参会者分为四个组（每个大区的销售人员都在30人左右），并对议程进行精巧的设置。参会者详尽深入地讨论了市场情况和每个销售人员的自身状况，明确了大区整体的安全销售指标和冲刺销售指标，并将其分解到个人。不仅如此，参会者还将销售指标细化到了每个月，明确了每个月应进行对照检查——针对完成情况设定了绿区、白

[①] 目标博弈冲突，是指企业管理者和具体实施者在企业发展目标上具有系统性冲突——过高的目标会导致销售人员收入下降，而过低的目标会对企业发展造成损害。

区、红区（超额完成、基本完成、差距较大），同时明确了三种情况的应对方案。

专题讨论会开得比较好，四个大区的冲刺销售指标加总甚至达到了上一年销售指标的 137%。接下来的销售指标决策讨论会比较轻松——决策讨论会的目的是经过讨论审核，确定是同意销售指标还是打回重新制定销售指标。

总经理周总牵头，和公司四个高管（包括人力资源总监和财务总监）采取默读法仔细阅读了报上来的相关材料（包括新的销售管理制度、四个大区报上来的销售指标、专题讨论会的会议纪要等）。在财务总监询问了几个问题并得到圆满回答后，大家达成了一致意见，完成销售指标制定。

接下来是签署业绩合同的环节。虽然决策讨论会已经确认了相关指标，但总经理和大区经理还有很多工作需要沟通。因为大区经理的业绩合同不仅包括销售指标这个单一 KPI，还包括回款指标和人员发展指标[1]等。

周总按照一对一会议的要求，围绕着大区经理的绩效考核设置与四个大区经理分别进行了一对一沟通。在这个一小时的时间里，双方就如何保证实现 KPI 和 GS 进行了深入沟通，讨论了如何根据每个月指标完成情况调整销售人员的工作安排及滚动进行销售预测。双方约定未来每两周开一次一对一会议，以加强沟通。

滚动销售预测表

预测制定时间	3 月	4 月	5 月	6 月	7 月	8 月	9 月	10 月	11 月	12 月	次年1 月	次年2 月
3 月	a1	a2	a3	a4								
4 月	*b1	b2	b3	b4	b5							
5 月		*c1	c2	c3	c4	c5						
6 月			*d1	d2	d3	d4	d5					
7 月				*e1	e2	e3	e4	e5				
8 月					*f1	f2	f3	f4	f5			
9 月						*g1	g2	g3	g4	g5		
10 月							*h1	h2	h3	h4	h5	

---

[1] 与 KPI 相对的还有一个指标叫 GS（Goal Setting，目标设定），主要用于不易量化的指标。

续表

预测制定时间	3月	4月	5月	6月	7月	8月	9月	10月	11月	12月	次年1月	次年2月
11月								*i1	i2	i3	i4	i5
12月									*j1	j2	j3	j4
次年1月										*k1	k2	k3
次年2月											*l1	l2

注：*表示实际销售数量。

很快，一个季度过去了。季度末，周总召开了销售工作汇报会，要求各大区经理提前准备汇报材料，向公司汇报指标完成情况并接受公司高层管理者的质询。汇报会是标准的下情上达会，相对比较简单，重点是汇报材料的准备和现场问题的回答是否到位。

考虑到现在的 PPT 做得越来越花哨，有形式盖过内容的趋势。周总要求各大区经理在准备材料时采取 Word 形式，用三页写清楚本季度的工作并上报。如果三页写不下，就尽可能采用附件形式。此外，周总对参加汇报会的高层管理者也有要求：要求每个人必须发言，在阅读材料的基础上提前准备好相关问题，并给质询和讨论留出充足的时间。

四个大区都完成了季度安全销售指标，而且有两个大区完成了季度冲刺销售指标，尽管如此，有一个完成季度冲刺销售指标的大区由于季度回款指标完成得太差，在汇报会上受到挑战。与之相比，另一个地理位置与之相近的大区虽然未完成季度冲刺销售指标（差一点），但季度回款指标完成得非常好。

至此，关于销售计划的四个会议：专题讨论会、决策讨论会、一对一会议和下情上达会（汇报会）都介绍完了。这四个会议各有各的规则和要求——专题讨论会要求最高，只有会议主题设定、会前策划和会中执行都到位了才能取得最佳结果；决策讨论会对决策效率要求很高；一对一会议——只有严守时间要求和规则才能达到效果；下情上达会则对汇报人的会议材料准备和质询人现场问题的准备有较高要求。

第十一章

会议召集人

　　会议召集人是为会议结果负责的人，如果会议召开得不好，那么会议召集人是第一责任人。

在企业中，究竟是什么创造了价值?

1996 年,《华为公司基本法》出台，其中的第十六条讲道:"我们认为，劳动、知识、企业家和资本创造了公司的全部价值。"《华为公司基本法》不但明确回答了企业的价值创造问题，还对价值创造要素进行了排序。

其中，排在前列的是劳动和知识，即企业最主要的价值通过有知识的劳动者（知识工作者）实现，之后是企业家的价值，最后才是资本的价值。这样的理念居然在 20 世纪 90 年代出现了。从这个角度看，华为公司取得的巨大成功绝非幸致。

在 21 世纪的今天，多数企业实践中默认的价值来源仍然是先资本后劳动，因此价值分配的顺序依然是先股东后员工、股东多而员工少。具体来讲，体现在内部文化上，管理者（股东）颐指气使、一言九鼎，员工低眉顺眼、唯唯诺诺；体现在内部会议上，管理者（股东）像拥有主角光环一般口若悬河，挥斥方遒，水平低一些的管理者（股东）离题万里却没人敢纠正……管理者如果无法正确认知企业发展中的价值来源，不知如何在内部管理中激励员工创造价值，那么他在很多会议中的表现都将存在角色错位。

"三一会议法"中，会议主持人很重要，而会议召集人看起来似乎并没有那么重要。实际情况绝非如此! 在有些场景中，会议召集人才是最重要的，毕竟他要为会议的最终结果负责。

会议中的权力有可怕的杀伤力

会议中，如果管理者用权不当，就会产生可怕的杀伤力。以下用某公司生产部邹经理和他的下属开会的例子来说明这一点。

邹（生产部经理）: ×总前天告诉我，今年形势不好，公司整体利润下滑严重，要求咱们部门在未来三个月内减少 15% 的费用，而且要写进季度工作计划中。这也是没办法的事情，必须得做，所以和大家商量商量怎么办。

刘: 各项费用已经很低了，还能从哪些方面去抠呢?

李：经理，你是怎么想的？

邹：我的想法是一方面得跟上面表表态，原来定的部门每月聚餐就取消了；另一方面，原来说好涨工资的几个人先不涨了，往后延一延。还有，采购上是最容易降成本的，我们就从物料上再抠一抠，比如那个 M 产品配件不用 B 厂的，太贵了，改用 K 厂的吧……就这些，小刘，你觉得呢？

刘（机械地点点头）：经理，我觉得应该行。

邹：小赵，你觉得呢？

赵（小心翼翼地）：聚餐花不了多少钱吧？而且事先已经通知大家了，取消不好吧？

邹（眉头紧皱）：我当然知道，不过这是一种姿态！公司紧缩的时候我们还去聚餐，好说不好听！

邱：K 厂的那个配件还没经过批量验证呢，如果用了 K 厂的配件，废品率提高了怎么办？

邹（眉头皱得更紧了）：如果不用 K 厂的配件，除了大家全体降薪，我也没什么好办法了！

任：这个办法我觉得不行，我认为……

邹（打断任的发言）：就这样吧，大家各自去准备，该发通知的发通知，该和厂家联系的和厂家联系。散会！

例子中的情境不知道和读者所在企业是否有几分相似之处，如果会议都这么召开，那么对员工的积极性、主动性的杀伤力肯定是可怕的，企业的内部管理情况也一定比较糟糕。

会议召集人要做到"会而备"

关于会议，有一句经常被提到的话：会而议，议而决，决而行，行而彻。然而在此之前，对于会议召集人而言，最重要的是"会而备"。

"会而备"分为如下六部分。

明确会议议题

这是最重要的一部分：究竟开会要讨论什么？如果议题是个"伪问题"，不但会浪费时间和成本，而且会打击参会者的热情、耗费不必要的心力。因此，在召开会议前会议召集人需要开准备会或与相关人员进行深入沟通，确定会议议题。

明确会议类型和参会者

这是指先确定会议类型是企业常见的七类会议中的哪一类，然后据此确定参会者。如果会议目的是问题讨论或做决策，那么不发言的人可以不参加。

再次确定会议不可拆分

企业的会议目的有时设置得比较复杂，如果一场会议有两个以上的目的，就可以将其拆分为两场会议。哪怕是单一目的的会议，有的也可以将其拆分为多个议题。因此建议将多目的或多议题的会议拆分开，将一个会变成多个会（从参会人数、参会者是否陪绑、开会时长和会议效率四个角度看，拆分后的会议应该更合理，否则不应该拆分）。

明确会议主持人和会议记录人

这个部分经常被忽略，在企业常见的七类会议中，下情上达会、专题讨论会、决策讨论会、务虚讨论会、总结分享会、反思反馈会的主持人和记录人都有不同的设定，需要会议召集人提前确定。对于重要会议，会议召集人还要与会议主持人和会议记录人开准备会，讨论议题设置、议程安排、会后跟进及其他事宜。

审核会议议程和其他安排

会议议程（应围绕核心议题展开）一般可以由会议主持人设计。其他安排包括会议地点安排、用餐安排、相关活动安排等（可以形成一个会议手册，执行力强的企业的会议手册都非常细致）。会议召集人负责审核这部分内容。

明确会前资料准备

这些资料包括议题的背景资料、相关提案等。不建议将会议 PPT 材料打印下发，而应准备高质量的、有细节的材料。

与此相反，很多企业的管理者习惯采用以下两种开会模式。

- 第一种是突然袭击式会议。管理者突然一拍脑袋，觉得应该开个会讨论讨论，于是将秘书叫进办公室开始安排，不管下属在忙什么，立即召集到会议室开会。下属拿着本子进入会议室坐下之后开始向周围的同事打听开什么会。这样的会议往往效率不高，有时开了挺长时间却得不出任何有效结论。

- 第二种是管理者训话式会议。这样的会议有会议主题，并且也提前下发了通知，却没有会议议程，整场会议都是管理者高谈阔论，下属一个个正襟危坐——虽然在本子上不断地记着什么，但其实心不在焉、神游天外。在一些企业的会议上常常见到，管理者发言动辄一两个小时，参会的下属或麻木不仁，或苦不堪言。

凡事预则立，不预则废。要想开好一场会议，得到好的结果，那么设定会议目的、提前策划、提前准备非常有必要。

用好会议主持人，减少干预

重新模拟一下前文的那个案例，某公司生产部经理和他的核心下属开会，不同的是，本次会议多了一个会议主持人。

会议主持人（刘）：按照约定，今天我是会议主持人。我先说两句，今天的会议只有 30 分钟，用头脑风暴的发言方式进行讨论。今天我特意请来小吴担任会议记录人，会议结束前 5 分钟我们会再过一遍会议纪要，以确保没有问题。好，请邹经理对今天的会议主题做一个引导发言。

邹（生产部经理）：谢谢小刘！×总前天告诉我，今年形势不好，公司整体利润下滑严重，要求咱们部门在未来三个月内减少15%的费用，而且要写进季度工作计划中。我们必须得在下周一上班前拿出一个方案，为此，我们要召开主题为"下季度需要减少15%的费用，我们应该怎么做"的会议。……今天的会议是头脑风暴准备会，以收集大家的意见，周四下午2:00我们开正式的专题讨论会。

会议主持人：好！邹经理的会议主题表达得清晰吗？大家有什么意见？

邱：是产品降本15%，还是整个部门的费用支出减少15%？或者其他意思，有点搞不明白。

邹：怪我！是我说得不清楚，应该是除了主体构件，其他成本支出减少15%，包括配件成本和部门费用。

任：那么，这个减少费用是在保证产量的前提下吗？

邹：是的，准确来说是"在保证产量的前提下，配件成本和部门费用减少15%"。

会议主持人：在会议主题明确的情况下，大家用头脑风暴的方式开始讨论，在其他人发言的过程中不要插话、不要评价别人的提议，发言时间不要太长、不要跑题。请大家开始提建议。

任：第三条生产线总是停工，如果减少停工次数，就能增加产能，这样周末不加班，加班费应该能省不少。

会议主持人：具体怎么做呢？

李（抢着说）：检修频率从每周一检变成每三天一检，提前准备好备用件就行了！

会议主持人：请不要打断，小任接着说。

任：就是小李说的方法！

会议主持人：好，下一个。

李：这个方法不仅可以用在第三条生产线上，还可以用在其他两条生产线上。

会议主持人：好的，下一个。

邱：原定下个月有五个新员工入职，是否可以暂缓入职？

会议主持人：好，继续。

任：M 产品配件可以用 K 厂的，价钱低了 30% 呢！K 厂的东西的确没经过批量验证，但我觉得可以为此多做一个疲劳测试，看是否能够减少未来出问题的可能。

赵：……

30 分钟下来，参会者提出十二条建议，并根据建议的有效性和可行性将这些建议进行排序，最终选定了五条建议。参会的下属一人领了一条建议回去做研究，承诺周三晚上将相关材料发到工作群中，周四下午 2:00 原班人马进行正式讨论。这样一来，邹经理只是提前进行了会议策划，让会议主持人主导会议，就使工作变得有序了很多，即使部门费用下调这样的主题也没有打击大家的积极性。

私人定制的喝彩是领导在会议中的"大杀器"

伙伴之间需要欣赏和喝彩，在企业中打造"喝彩文化"有助于创新的生发和人效的进一步提升。这对于企业来讲非常重要。

企业领导往往是某个领域（技术、生产、销售等）的高手，有些领导习惯于微观管理，也就是事必躬亲，一竿子捅到底。无论是技术路线和框架，还是具体路径和实现方式，都有一个声音在员工身边喋喋不休，代价是员工失去了自主性，企业很难有自下而上的持续创新。

要想扭转局面，就要改变微观管理模式。放手、放权，并在内部培养"喝彩文化"——发自内心地表达对下属的欣赏和认同。恰到好处的喝彩能够极大地激发人与人之间的认同感，激发工作热情和团队合作效能。这背后有神经管理学的依据支撑——喝彩能直接促进神经递质多巴胺和催产素的释放，让下属建立归属感，钟情于工作，并且更加善于工作。

喝彩要讲究技巧，出乎意料但又在情理之中的喝彩效果最好。

例如，某个有技术专长的项目组成员喜欢越野车模型。在重要工作完成后开总结分享会的时候，会议召集人（公司项目总监）突然讲了一个关于这位项目组成员做出突出贡献的故事，并带头为这位项目组成员鼓掌喝彩，同时他送上限量版的越野车模型和不菲的奖金。

私人定制的喝彩需要领导花心思准备，不过与下属的感受和获得的人效相比，这是一项效率非常高的管理活动。私人定制的喝彩将"我们做到了"（绩效）和"我们得到认可了"（成就）之间紧密相连，加强了团队中的伙伴关系。

"为失败而喝彩"同样是一种很棒的文化。在创新型企业中，由于不断摸索前行，员工总会出现各种失误。这时，领导对待失误的态度成为关键。一种态度是批评，批评势必导致士气低下，以及贡献和探索的意愿不足；另一种态度是淡化处理，这样做也许不会激化矛盾，但会让当事人产生被忽视或"不过如此"的沮丧感，不利于下一步改进。

如果专门挑出一些犯了错的员工，专门为他们搞一场私人定制的"喝彩表彰会"——祝贺你们搞砸了！这会让当事人觉得受到关注和鼓励，并愿意继续创新和冒险。创新需要持续不断且迅速迭代的实验、测试和假设，失败率和错误率相当高，因此，企业中要有包容失败的文化，企业领导要有为失败而喝彩的气度。

"喝彩表彰会"提供了一个讨论最佳实践的平台。无论是为成功喝彩还是为失败喝彩，下属都会去关注成功或失败的深层原因究竟是什么，有没有更好的做法，如何进行改进等内容。这种深入思考和讨论的效果远远高于单向的培训或自上而下的指导。

按照传统管理方法，"胡萝卜+大棒"是行之有效的方法。但今天的企业文化管理恰恰相反：要求去除"恐吓+简单利诱"的因素，用领导行为代替简单的管理行为——领导的作用在于开发员工的潜力，而不是去威胁和恐吓。威胁和恐吓也许在短期内有效，但一定会把优秀的员工赶跑，留下来的员工往往是因为缺乏其他选择而不得不留下来，这样的团队质量必然下降。

"主动示弱"是领导在会议中的另一个"大杀器"

假如你是企业一把手，你犯了一个错误，但这个错误不是特别大或特别明显，那么，你会怎么处理？在小范围内，一般领导会含混地认个错，说这事自己办得不够漂亮。当然，也有不少领导会因为面子问题或觉得别人不知道而一言不发。

其实，犯错了反而是一个好机会！

每个人都喜欢看清他人，当一个人公开承认自己犯错的时候，他人的第一反应就是这个人值得信任，并愿意向他分享自己的感受和过往。

如果一位领导有能力并得到了大家的认可，当他把工作中的失误直言不讳地讲给参会者听的时候，就会营造会议中坦诚开放的氛围，这非常有利于建立信任和共享信息。领导承认自己的错误不会让人觉得他"软弱"或"无能"。恰恰相反，参会者非常了解领导的弱点，因此并不觉得领导犯的这个错误有什么大不了，而领导承认错误的行为会让参会者觉得更加自然和放松，从而更愿意信任领导，也更愿意继续创新和冒险。

可见，主动示弱，坦诚对待自己的错误，并把犯错这件事在会议中告诉职场伙伴，你会收益良多。

会议召集人应尽可能召集单一目的会议

会议管理的一个底层逻辑是会议目的越简单，会议效率就越高。

现实情况是，企业中的很多会议是多目的会议——听起来是一个讨论会，但实际上有向领导汇报的目的、有寻求解决方案的目的、有做决策的目的……往往一个会议要达成很多目的。对会议召集人的第一要求就是拆分会议——将多目的会议拆分为单一目的的会议。

为什么要拆分呢？

常见的目的复合会议是将专题讨论会和汇报会复合在一起。举个例子，某个会议的主题是讨论某个问题，真正召开之后却变成了首先各部门发言、上级领导提意见，然后领导开始训话，训话完毕就开始自上而下地委派下一步工作，而原本要深入讨论的问题最终无法形成解决方案，会议效率随之降低。

出现这种情况的主要原因是会议召集不当。比如说，某讨论会由部门经理召集，他也请了领导参加，本意是请领导听一听，指导一下，结果不自觉地就将领导的需求和想法摆在了第一位，将原有会议目的放在了一边。本来是解决问题的会议，结果大部分时间在给领导汇报工作。这样，会议时间虽然延长了，但问题讨论得不清不楚。结果是领导不满意，参会者也觉得效率低下。

虽然存在即合理——下属有向领导汇报的需求，领导也有了解下属工作的需求，但解决问题的讨论会变成"向上汇报+工作指导"的会议是不合理的。改变这种不合理状况的方法唯有拆分会议。

在现实中，拆分会议、召集单一目的的会议并不容易做到。这需要会议召集人提前思考，特别是思考参会者的范围，比如专题讨论会，尽可能不要邀请高级别的领导参加（除非以专家身份参加）。

Tips：像策划婚礼一样策划会议

现在的婚礼越办越精，一家优秀的婚庆公司通过精心策划，能把婚礼前、婚礼中、婚礼后的一些事项统合起来，为客户提供良好的体验。

一场婚礼和一场会议有何区别？

两者都需要场地和费用（婚礼成本很高，会议成本也不低），也都需要主持人，还都需要考虑流程、细节和用户体验（婚礼要考虑来宾的体验，会议要考虑参会者的体验）。其实，除了见证新郎新娘的新婚之喜，会议和婚礼并无本质区别，只是职场中的很多人已经习惯了浮皮潦草的会议而非精心策划的会议。

会议召集人策划一场重要会议绝对不能草率，需要仔细斟酌、精心策划，比如确定议题，选好会议主持人和会议记录人，召开准备会。

Tips：拆分会议效率高

将一场会议拆分为两场会收获更高的会议效率。

有的企业将专题讨论会和决策讨论会连在一起开，一般议程上显示是讨论之后立即做决策。这样做，在多数情况下会使得会议效率并不高。对于重要的决策，最好安排两场会议。第一场会议是标准的专题讨论会，以形成解决方案为目的。在这个过程中，参会者可以开动脑筋，寻找各种各样的解决方案。比如，采用头脑风暴的会议模式，参会者从不同的角度提出各自的意见，形成多个各具特色的备选方案。第二场会议是标准的决策讨论会，以选择某一个解决方案为目的。在这个过程中，参会者可以完美避开专题讨论会中的情境，尽可能理性地选择解决方案。

全球第二大糖果公司吉百利和一批西方企业发现，将专题讨论会和决策讨论会分开能产生更高质量的决策。他们认为，将会议拆分能够防止参会者过早、过快地达成并不可靠的共识。

专题讨论会+决策讨论会只是复合会议的一种，还有下情上达会+专题讨论会、专题讨论会+务虚讨论会、下情上达会+总结分享会等。如果企业的会议效率不高，那么会议召集人应该想一想是否可以拆分会议。

Tips：会议召集人开讨论会时一言不发，坚持三个月[①]

很多企业存在"一言堂"现象——会上多数时间是领导在说话，员工早已习惯，要么鸦雀无声，要么随声附和，会议结论完全是领导的意见，会议结束后有人按照领导的意见盯紧执行。这种方式在企业规模很小的时候往往是正确的：一方面，单核决策和指挥的效率会更高；另一方面，领导的信息来源更

---

① 仅限于专题讨论会和务虚讨论会，其他类型的会议都可以讲话，只需要遵照会议规则发言即可。

广泛，视野更广，资源也更多，能看到一些下属看不到的东西、推动下属做不了的事情。

不过，企业想要成长，组织想要升级，不可能一直采用"一个英雄带着一群平庸者打天下"的模式，"一言堂"的破除是必然的。针对这个问题，"三一会议法"特别提出了一个宗旨"会议室内外是两个世界，需遵守不同的规则"，就是希望破除"一言堂"，提高企业会议效率，让更多的人参与会议，为企业贡献智慧和力量。

如果企业已经在"一言堂"的环境中浸润多时，那么贸然采用"三一会议法"进行改进，基本上推行不下去，因为企业有文化，个人有工作习惯，企业文化难以改变，个人习惯也难以在短时间内改变，这就致使"三一会议法"推行效果不佳。

这时，企业一把手和会议召集人要站出来，与固有的企业文化和顽固的工作习惯做斗争。那么，具体怎么做呢？

有一个好方法，会议召集人会前和会议主持人进行详细交流，要求会议主持人深刻领会会议主旨和希望达成的目的。之后在参加专题讨论会时，会议召集人既不发言，也不在会后做总结——全程一言不发。如果会议召集人有意见，那么会后单独一对一沟通即可。开会时能做到少说话的领导大多是优秀的领导，但完全不说话有点违背人性，何况要坚持三个月之久！

这样做的目的是用决绝的手段来改进极难改变的企业文化和工作习惯。有些领导很自然地想到这样做会不会耽误事。事实上，这样做一般不会耽误事，而且在组织升级的过程中利远大于弊，关键在于作为会议召集人的领导能否忍得住！

Tips：定点开会，定期休会

企业可以设定一个开会的独有惯例并长期坚持。比如说，每周三早晨的8:00—10:00 开会，雷打不动，参会者基本固定，议题、议程也都有其设定规则。定点开会有如下三个好处。

- 让参会者更好地进行日程设定，在安排其他事项的时候避开开会时间。
- 稳定团队期望值，这样对各类问题的解决都有好处。
- 定点开会是"任务导向会议"向"过程导向会议"转变的表现之一，也是企业管理水平提升的好现象。

与此类似，企业还可以设定定期休会机制。例如，每周都可以设定一天休会，在这一天中，无论什么情况都不得召开会议，让领导和员工在此期间有整块时间可以处理相应问题。

Tips：苹果公司会议中的直接负责人

国外有这样一项研究——

A 拿着一个大包来到公交站，因有事要离开一会儿。他有如下三个选择：

- 选择一，什么都不说，将包放在地上直接走开；
- 选择二，大声请求身边的人都帮忙看包；
- 选择三，请求公交站某个坐着的路人帮忙看包。

30 秒过后，一个人走过来拿起包向和 A 相反的方向走去，整个过程被周围约 100 人看见。研究结果显示，在选择一的情况下，有 34% 的人出面干预；在选择二的情况下，有 56% 的人出面干预；在选择三的情况下，有 88% 的人出面干预。

这说明某事一旦有了直接负责人，那么该负责人的责任感会大幅度提升。苹果公司创始人乔布斯深谙此道，他在会议管理方面的内核思想就是"责任思维"，即让每个人都知道自己的责任所在，让每件事都有负责人。在苹果公司的会议中，每个行动事项都有一个直接负责人。这个人负责监督和协调整个事项的进程，确保工作在预定时间内完成。从这个角度看，直接负责人类似于会议召集人——为会议的最终结果负责。

在会议中谈到某个行动事项时，直接负责人会自然站出来负起责任，确保该行动事项在会议中的讨论质量、达成共识（承诺）、确定下一步行动。他们还会负责会后工作的推动和开展，使会议效率得到大幅提升。

Tips：如何开部门例会

举个例子，某部门要在某天下午 4:00 开部门月度例会，A 经理确定了三个议题：

- 第一个议题是部门级重点工作的月度回顾；
- 第二个议题是讨论下个月的部门重点工作及各个岗位的重点工作；
- 第三个议题是由于有人生病，导致部门有两个运营岗位缺人，但现在部门只能招一个人，那么应该先招哪个岗位。

下午 4:00，A 经理准时进入会议室，有一个下属因打电话迟到了 10 分钟，为了保证集体行动，会议没有按时开始。该下属进入会议室后说因为给客户打了一个电话，所以迟到了。A 经理觉得气氛应该轻松一些，于是没有任何批评就开始了会议。为了显示民主，该部门规定部门会议轮流主持，这次轮到小 B 主持会议了。她上来说："会议开始，请 A 经理先讲两句。"A 经理本来只准备做一个开场发言，结果越说越有感觉，于是把上个月部门工作的完成情况和对下个月重点工作的考虑都说了一遍——一口气说了 40 分钟。接下来小 B 请大家针对 A 经理的话谈谈自己的看法，结果谁都不说话。于是小 B 就让大家轮流发言。等大家发言完毕，小 B 请 A 经理再总结一下。A 经理又总结了 20 分钟。这时，小 B 想起还有一个议题（第三个议题），于是赶紧请直接相关的两个人发了言，但没有得出什么结论。这时会议已经开了近两个小时了，大家都有点累了，于是小 B 在征求 A 经理的意见后宣布会议结束。

以上是常见的部门例会，谁都能看出来这个会议开得很失败。那么，什么样的部门例会才算成功的呢？怎样才能开好部门例会呢？

这两个问题有一定的难度。

因为部门例会是复合会议，在多数情况下，它可能包含上情下达会、下情上达会、专题讨论会、决策讨论会、总结分享会五类会议的目的。部门经理既希望将一些信息向下传达，也希望能了解下属的工作情况，还希望大家就一些难题讨论出解决方案（有的事情需要做出决策）。除此之外，一些好的做法也希望能在部门中分享、传播。

因此，在部门例会开始之前，部门经理需要判定这次例会的核心目的是什么，根据不同的核心目的采用不同的会议召开模式，具体如下。

- 核心目的是信息向下传达——按照上情下达会的模式开。
- 核心目的是下属汇报——按照下情上达会的模式开。
- 核心目的是达成共识/形成解决方案——按照专题讨论会的模式开。
- 核心目的是做决策——按照决策讨论会的模式开。
- 核心目的是进行工作分享/案例分享——按照总结分享会的模式开。

如果部门例会有两个核心目的，那么建议拆分会议，即用两个会议解决问题（两个短会的效率往往高过一个长会的效率）。

在多数情况下，部门例会是部门员工互相交流的平台，要让每个员工尽可能参与讨论。也就是说，在多数情况下，部门例会应该采用专题讨论会的模式。如果这样，部门经理显然不适合主持会议。格鲁夫对此有一个比喻，他把部门例会称为一家人在餐桌上对话，家长尽可能少说话。格鲁夫认为，在部门事务上让部门成员达成共识，拥有共同愿景，有助于部门成员在工作中拧成一股绳，加强所有部门成员的归属感，极大地提高工作效率。

在开决策讨论会时，部门经理可以作为会议主持人，适时引导参会者做出决策。其他目的的部门例会根据其会议规律执行即可。上情下达会比较简单，其最佳媒介是群通知或公文，现场会最好是短会。

部门例会的会议纪律值得强调。有一个简单的计算方法，如果部门总计 10 人，某人参加部门例会迟到 10 分钟等于从部门偷走了 100 分钟，因此，强调会议纪律是优秀部门经理必须做的事情。

而且，会议结束时一定要有结论。如果是专题讨论会，会议纪要一定要包含共识（承诺）/解决方案和下一步工作（包括事项、负责人、里程碑和完成时间），并在下一次例会上进行问责和更新，这才是一个完整的、高效的部门例会。

格鲁夫有一个具体的建议值得推广——每次部门例会都可以额外安排一些时间（如 10 分钟），让大家畅所欲言——讨论怎样才能让部门工作做得更好。

Tips："故事墙"站会工具

在和科技企业的管理者沟通时，他们经常会提到开"站会"。站会和传统企业的部门晨会相似，有相同的效果，也有一些自己的特色。站会一般在每天早晨一上班就召开，也有些技术开发团队不定时开站会，碰碰彼此的进度。站会的主要形式是若干人站成一圈，每个人轮流说一下自己昨天干了什么、今天准备干什么、有什么困难，15 分钟结束会议。

从表面上看，这样的会议简单高效，但会中每个成员絮絮叨叨地说着自己做的事情，其他成员则对此漠不关心，只等着轮到自己，15 分钟一到就立即解散，最后大家可能只记住了每天早晨一上班就要站着开个会，以及自己每天要说两句话。开站会的主要目的是加深团队的协作程度。但由于站会只是每个成员进行简单口述，因此结果是工作信息依然不够透明，时间调配和团队资源分配依然混乱。

有一个不错的站会工具叫"故事墙"——团队成员将各自的工作情况以文字形式（或图片形式）有序地展示在一面墙上，大家围绕它进行工作交流。采用这种模式可以让团队成员看到每个同事的工作进度，从而大幅度提升信息透明度，促进团队协作。

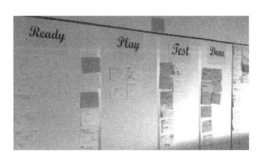

故事墙

在上图中，故事墙分 Ready（计划）、Play（开发）、Test（测试）、Done（完成）四栏，不同颜色的纸片代表不同的任务种类（黄色代表功能需求，蓝色代表技术任务，红色代表缺陷），纸片内容含任务、执行人、工作量和计划完成时间等信息。任务的优先级根据纸片自上而下的位置而定，位置在上的为高优先级的。①

腾讯公司摩登城市社交游戏团队在引入故事墙管理模式后，项目信息透明，团队成员每天都能够通过故事墙很清楚地了解项目进度，然后对当前工作情况进行判断，准确地找出"瓶颈"所在，并及时做出调整，极大地提升了工作效率。摩登城市社交游戏团队在应用故事墙工具四周后，团队效率提升了近三倍！

在开站会时，团队成员应该聚集到故事墙旁边，每个成员轮流发言——指着墙上的标签讲解自己昨天干了什么、今天打算干什么。这样简单直接、一目了然。到团队负责人或有全局意识的人发言的时候，他们就会根据故事墙上标签分布的不同，指出当前工作的"瓶颈"所在，推动相关岗位人员加快进度。站会结束后，故事墙还可以作为记录工作进展的看板工具，帮助团队成员更好地了解团队其他成员的工作情况。

西方很多优秀企业和组织长期采用故事墙模式进行管理。这些企业和组织将故事墙与其他工具集成，包括利用数字白板和协作软件等技术来增强故事墙的体验感，推动团队向同一方向努力，提升团队协同度。

Tips：召开散步式会议，激发创新性思维

所谓散步式会议，就是一边走一边讨论问题。据说乔布斯、扎克伯格、奥巴马都是这种会议形式的拥趸，领英公司甚至把散步式会议作为公司会议的主要形式。那么，散步式会议究竟是怎么回事？它真的比坐在会议室开会好吗？

---

① 摘自机械工业出版社 2014 年出版的《腾讯方法》，潘东燕、王晓明著，有删改。

西方人对此进行了对比测试实验研究。虽然散步式会议没法采用大样本下的单盲模式或双盲模式进行研究，但对比测试也能说明很多问题。斯坦福大学研究了散步与创造力之间的关联。一共有四个组参与实验，一组实验者被分配到室外散步，一组实验者被分配到室内跑步机上一边跑一边开会，还有两组实验者分别在室内和室外坐着开会。当开会的议题与创新和创造力相关的时候，几组的差别比较大。例如，一个议题为"替代性用途研究"，即为某物品找用途的议题，室外散步组明显比其他几组要好。可见，散步式会议真的能够激发创造性思维。

当然，散步式会议有很多限制，最主要的是人数限制，如果人数超过 4 人，讨论问题就会变得很麻烦，而且势必有人被忽视。如果人数为 2 ~ 3 人，散步式会议的确是合适的讨论会形式。

Tips：如何开远程音频会议

凡参加过远程音频会议的职场人，一般都会对以下现象进行吐槽：

- 难以全情投入，找不到沟通的节奏；
- 看不到真人，经常误解对方的意思；
- 人数稍多（多于 5 人）的会议，很容易浑水摸鱼；
- 互相打断的尴尬；
- 声音忽大忽小，还有延迟和噪声干扰；

…………

现实中，企业召开远程音频会议的次数越来越多，如何开好远程音频会议已经成为比较重要的事情。笔者对此有以下几点建议。

（1）目的清晰：不要在线上开决策讨论会等重要的讨论会，只开碰头会或解决一般问题的讨论会（如开一个初级头脑风暴会）。

（2）参会人数要少：不超过 5 人。

（3）时间要短：时间最好不超过 30 分钟。

（4）设定议程：如果必须人数多一些、时间长一些，那么，首先，需要做好议程设定，且越细致越好，包括设定每个环节的目的（是分享信息、制订计划还是解决问题），并让所有参会者了解；其次，需要设定每个时段的发言人员，将谁在什么时间讲什么内容写入议程（比线下会议更严格），尽量不出现询问"下面谁想说两句"的情况，也不要出现领导说起来没完没了的情况；最后，将确定好的议程发给所有参会者，让所有参会者务必提前细看议程、做好准备。

（5）使用工具：使用在线文档编辑器，让所有参会者参与其中。

（6）线上投票：不要试图在线上达成共识（这种共识有非常大的问题），但可以通过线上投票的方式进行意愿判定和方案选择。

第十二章

会议主持人

企业管理者需要制定制度、管理自己、感召他人,特别是让会议主持人拥有更大的施展空间,真正做到为会议进程负责。

在今天的企业环境中，会议主持人的作用被大大低估了。

试想一下，你对会议主持人的印象是什么？

只是在会议开始的时候，主持一个破冰环节，确保每个参会者都被介绍到了；或者是在会议召开的过程中串一下场，避免没人说话的尴尬；或者是按照议程要求，一条一条地往下念……这样看来，一个形象好、口才不错的职场新人也可以去客串一把会议主持人了。

"三一会议法"认为多数会议中职责最重的就是会议主持人。会议主持人是会议的推进者，要做的事情是创造一个独立王国。在这个独立王国中，会议主持人有着超然的地位，参与组织会议，负责主持和推进会议。其具体职责包括以下九点。

（1）与会议召集人配合，在明确会议目的的前提下，深入思考议题和议程的合理性，并确定议程和发言模式。

（2）确保会议准时开始，按照会议议程进行。期间严格把控会议各环节的时间，避免拖沓，按时结束会议。

（3）控制立场强硬的人、话多的人、声音大的人的发言时长。

（4）明确发言者可以强调自身观点但不允许对他人进行人身攻击。

（5）讨论出现偏题时，要及时引导回原本的议题，让参会者随时意识到"现在应该讨论什么"。

（6）营造讨论氛围，让所有参会者都发言。

（7）控制会议秩序，避免争吵或其他原因导致的会议失控。

（8）与会议记录人配合，对讨论的结果及时进行汇总，形成会议集体纪要。

（9）与会议召集人配合，做好会议总结，并对后续工作进行提示。

谈到这里仍然不够深入。因为虽然职场人对会议主持人的理论知识已经非常熟悉，但在实际的企业会议中，多数企业仍然未能执行，导致会议效率低下（知道和行动之间有一道鸿沟），所以我们需要进一步梳理会议主持人应该怎么做才能提高企业中的会议效率，以及如何让会议主持人成为企业发展的加分项。

会议主持人带给企业的是"一锅美味的汤"

一个旅人来到某个村庄,告诉村民,他能用一颗神奇的石头烧出一锅美味的汤。这句话很快吸引了很多村民围绕在他身边。他借来一口大铁锅开始煮水。水快开的时候,他从袋子里拿出一块石头放入锅中,说:"一会儿就可以喝到美味的汤了!"过了一会儿,他自言自语:"如果锅里面有点蘑菇和土豆就会更美味!"有村民听了就从家里拿来了一些土豆和蘑菇。之后根据他的引导,村民相继回家取来食材,木耳、豆腐、青菜、调料,甚至还有村民拿来了一块猪头肉。最终,村民们不但喝到美味的"石头汤",还体会到了集体互动的快乐。

如果组织得好,那么会议中的群体讨论和群体决策会优于单体的"闭门造车"和单体的"赢-输"决策,这是群体智慧的体现。会议主持人作为催化者和引导者,可以让群体智慧的力量展现出来(让每个参会者贡献出自己的经验和想法,分享自己的感受和期待)。会议主持人也许贡献的只是一块石头,但带给企业的却是"一锅美味的汤"。

以会议主持人为抓手改变企业会议的现状

怎样改变企业会议的现状?

企业会议的现状难以改变就是因为有一些关键认知没有被拆解开。要想拆解这些认知,就要具备"现实扭曲力场"[1],而"三一会议法"的设置基本上等同于此——一进会议室,就踏入了一个完全不同的世界,需要遵守不同的规则。这是对会议管理过程的关键思考和行动。以下是关于会议主持人的四个

---

[1] "现实扭曲力场",出自电影《星际迷航》,意思是外星人凭借强大的精神力量就能创造出新世界,后来泛指某人具备对他人的强大影响力。比如,乔布斯身上具备强大的"现实扭曲力场",能够改变他人的关键认知。

关键认知和相应的制度化约束。

关键认知一：会议主持人是什么样的角色

受各类综艺节目的影响，很多人认为会议主持人应该年轻、形象好、声音好，是可以随意指派、无须培养、无足轻重的角色。

不过，在100多年前，会议主持人被尊称为"主座"（尤其是政务会议，是在主席台就座的意思），负有控制会议进程、主导议题讨论的职责。在孙中山的《建国方略》中，会议主持人须经再三推选、反复投票才能确定，足见会议主持人的重要性。如果会议主持人在会议室中的地位不够高，就容易造成会议失控（包括时间失控、议题失控和议程失控），讨论无法深入进行，会议效率得不到保证。

制度化约束——会议主持人应该具备公信力/权力，企业应在职位体系中设立"会议主持人"岗位（要有相关的培训支撑），进行兼职培养（大型企业甚至可以设立专职岗位），并发放专门的津贴。此外，企业应强调一个宗旨——会议室内外是两个世界，需遵守不同的规则。对此，企业领导要带头遵守。

关键认知二：会议策划是会议成败的关键，会议主持人需要参与其中

很多会议都没有经过会前策划，而是由某个领导拍脑袋决定的，以至于会前缺乏足够的沟通，会议议题和议程制定得简单、仓促，部分参会者陪绑，可以提前阅读的资料却在会议中花大量时间用PPT展示……

对于讨论会来说，会议主持人必须深度参与会前策划。会议主持人一般在专业能力上逊色于会议召集人，但是，会议主持人可以从"提高会议效率"的角度切入会议策划过程，参与制定会议议程、确定会议发言模式等。此外，会议主持人在会议审批流程中起着关键作用。大中型企业的重要会议应有完整的线上流程（采用线上工具），其中议程部分只有经会议主持人填报才能进入下一环节。

制度化约束——会议主持人应该具备对重要会议议程的决定权。企业可以

在流程中规定，重要会议召开前需要走完整的线上流程，必须由会议主持人进行会议议程的填报——要以会议主持人为抓手来规范企业的重要会议策划。

关键认知三：在专题讨论会上减少领导发言

许多领导的表达欲相当强，这导致领导在企业会议中一说起来就停不下来，影响会议的进程。那么，如何在专题讨论会上减少领导发言就成为很现实的问题。要解决这个问题，就需要制度化约束的介入。

制度化约束——企业用制度约束领导（一把手或高管，会议最高职位者）在专题讨论会的讨论过程中不得发言，甚至某些专题讨论会可以不邀请领导参加。在讨论开始前或讨论结束后，会议主持人需根据议程安排决定是否邀请领导发言。即使领导加入小组讨论，也不得担任组长，其可以作为普通成员贡献观点，但要尽量少发言。

关键认知四：用集体纪要/简报模式提升执行力

很多企业的会议都有"决而不行"的问题存在，主要原因在于会议解决方案/共识不清晰、下一步的工作不明确，以及会议纪要下发滞后。除非有些事项被领导特别关注，否则经常是开完会了，会议效果似乎也还可以，但后续执行不给力。在多数情况下，会议主持人可以在会议结束前10分钟（根据会议时长、复杂程度确定，也可以是5分钟、3分钟）要求会议记录人将会议记录投屏，或者将会议记录的要点写在白板上，让所有参会者过目。其核心内容有如下两项：

- 形成的解决方案或达成的共识；
- 下一步的工作。

会议主持人应让参会者当场提问并确认解决方案/共识和下一步的工作，并在会议结束后将整理好的集体纪要立即发送给所有参会者。

这种集体纪要或简报模式不仅可以用于会议，还可以用于日常沟通，有利于工作的开展。

制度化约束——不同类型和不同阶段的企业都可以采用此种模式。该模式简单有效，关键在于坚持长期实施、笃行不怠。企业可以用制度规定会议主持人在重要讨论会中采用集体纪要/会议简报模式，并将之与企业内部的督导、督办、绩效管理制度相结合，作为提升企业会议效率的利器。

总之，以会议主持人为抓手，改变企业会议的现状是有可能的。需要说明的是，会议主持人来自企业的各个部门，可以不是部门负责人，但必须是企业骨干。

会议主持人应该掌握的九个主持方法

- 为什么有的会议时常陷入没人愿意说话的尴尬境地？
- 为什么有的会议气氛活跃，大家能够很快找到解决方案？
- 为什么有的会议的参会者情绪容易激动？
- 为什么有的会议气氛融洽，参会者能心平气和地探讨问题的解决之道？
…………

以上这些问题都和会议主持人有关。在"三一会议法"中，会议主持人拥有特别的地位，在会议室内"一言九鼎"，能有效组织所有参会者解决眼前的问题，提出可供选择的解决方案或达成共识。在会议中，会议主持人像设计师和掌舵人的混合体，可以说，会议主持人在很大程度上决定了讨论的走向，是会议进程顺利的大功臣。

这就对会议主持人的素质和能力提出了高要求——需要掌握必要的方法和工具，并在合适的情境下使用。以下罗列出九个常用的主持方法。

方法一：引导法——让参会者把意见说出来

维持良好的会议气氛并不容易，因为很多人喜欢对他人的话语评头论足，往往有些人只讲了一半就因被打断而讲不下去了，导致发言者对会议的参与度越来越低。此时，会议主持人要主动介入，让发言者讲出自己的意见。

会议主持人：小张，你认为问题出在哪里？

小张：我觉得用户体验不佳是最主要的问题，特别是用户在进入我们的网站后无法迅速找到他们需要的信息或产品……

小刘（打断）：你完全说错了，肯定不是这个问题！网站的响应速度才是大问题……

会议主持人：停！小刘，我们现在要做的是搜集大家对问题的意见，你的意见和小张的意见都很重要，而且你们说的我都觉得很有道理，让别人充分地表达意见，好吗？（在得到小刘首肯后）好的，小张，请你继续说。请小周把大家的意见都记下来。

小张：……

当每个人都充分地表达了自己的意见，且被记录下来后（可以通过投屏方式过一遍），会议室中的气氛会变得更加放松。

方法二：假设法——打开思路

考虑到某些现实情况，参会者难免在某些问题上缩手缩脚，讨论时无法完全放开。这时，会议主持人就要拿出大胆假设的工具协助参会者打开思路。

- 假设我们投入 1000 万元人民币去开发这个网站，那么，最好的结果、最坏的结果、最可能的结果分别是什么？
- 假设我们不投资开发网站，那么，最好的结果、最坏的结果、最可能的结果分别是什么？

当我们把顾虑和隐藏的想法摊在桌面上的时候，情况似乎一下子就明朗化了，这样更容易做出抉择。

方法三：开放法——以问句形式表述同样的问题

当会议主持人以平铺直叙的方式讲某个问题的时候，得到的往往是一两个简单的答案。但当会议主持人以问句形式表达的时候，参会者会提出更多可行的解决方案。

会议主持人：大家觉得我们现在的网站怎么样？请大家用"好"或"不好"给出评价。

小赵：不好！不喜欢！

小刘：不好！我觉得我们需要一个新网站。

这样提问得到的回答自然相对简单，属于导向有限的解决方案。如果需要打开思路，那么会议主持人可以以"什么样"为开头进行提问。

会议主持人：什么样的网站才是最适合我们公司的？
…………

方法四：套索法——逐渐收缩问题的范围

开放式的问题很好，但可能存在范围过大的问题，当过多不切实际的解决方案出现的时候，就有必要使用收缩问题范围的工具。具体而言，就是抓住其中某几个关键词，把它提取出来进行询问。

季经理：我认为 CSDN 社区那样的网站才适合我们公司。

会议主持人：为什么你会这么认为？它有什么地方吸引了你？

季经理：一进这个网站，我就感觉内容很丰富，也很专业。

会议主持人：你所说的"内容很丰富"是什么意思？能不能再具体一点？我们的网站和它有哪些差别？我们具体需要做些什么？"专业"又是什么意思呢？

对关键词进行进一步澄清，就是在对问题的范围进行进一步收缩，使问题越来越清晰，这样，解决方案也随之浮现。

方法五：追问法——关注信息的充足度和信息的可靠性

专题讨论会的结果和决策讨论会的结论的质量高低都有赖于信息的充足度和信息的可靠性。会议主持人应该时刻保持对会议信息的敏感度。

任何问题都有信息不足的情况，会议主持人需要在会上询问参会者是否已经掌握了充足的信息。如果信息的确不足，应中止会议，并要求参会者搜集充足的信息，之后再开一次会。此外，会议主持人需要对信息的来源和可靠性保持敏感，如果某参会者的信息是道听途说的，那么有必要请他核实。

会议主持人：小刘，你刚才提供的这条信息很重要。请问，你究竟是听谁在什么时间说的？他的观点有依据吗？

方法六：抽离法——换个视角看问题

群体讨论有时候会出现"始终在某一块泥泞地中挣扎"的情况，即对某个问题的一个细节反复纠缠。此时，会议主持人需要发挥应有的作用，让讨论各方换个视角看问题。

这里有两种处理方式。当参会者抓住一个细节反复讨论时，会议主持人不妨问问参会者背后的问题（更上一级的影响因素）是什么，以及有什么好办法。当参会者就某个抽象问题或某个概念相持不下时，会议主持人可以说"你们能不能举几个例子说明一下"，将问题导向具体的场景，也许这样会更容易达成共识。

方法七：制止法——维持会议秩序

在一个正常会议的进程中，会议主持人可能会多次使用该方法，比如制止会议中的跑题现象和长篇大论现象，严控会议进度，以及制止人身攻击等。举例如下。

- 会议主持人：张主任，先别打断小周的发言，等他讲完您再说。
- 会议主持人：李工，你的发言超过3分钟了，让别人也讲两句。
- 会议主持人：提醒一下，我们讨论的主题是"×××"，而不是"×××"，廖经理请回到主题上来。
- 会议主持人：……

方法八：求援法——咨询会议室外的专家

当导致讨论陷入僵局的原因是参会者信息或经验不足的时候，也许采用救援法，即咨询会议室外的专家，是一个不错的选择。会议主持人可以当场拨打专家的电话，如果无法当场解决，也可以单独约专家，重新召开一次会议。

- 会议主持人：我们邀请谁参加这个会议能使问题得到圆满解决呢？对于谁去邀请，什么时间能够确定？
- 会议主持人：好的，下一次会议的召开时间是××××，届时我们会邀请×××参加会议。

方法九：探索法——头脑风暴，探索新方案

之所以要一起开会，是因为"一人计短，二人计长"。在没有团体迷思干扰的情况下，多人讨论问题比一个人闭门造车要好得多。比如头脑风暴法，它可以让参会者挣脱眼前的桎梏，想出新的方案。会议主持人也不必刻意地采用头脑风暴法，通过制止批评和不当争论，不断用开放式问题启发新思路、探索新方案的方式，能得到和头脑风暴相似的结果。

会议主持人的四项行为准则

行为准则一：思考准则

一次会议的成功，会议主持人需要做大量的工作，比如进行会议议程、发言模式、讨论前的议题引导设计，以及进行桌椅摆放设计等。对此，会议主持人可以这样思考："我怎样才能把这些议题说得简洁明了""我应该如何调节会场气氛""如何摆放会议桌椅才便于进行讨论""是否每个参会者发言时屏幕都要有时钟跳动"……

这些工作是对一个职场人组织能力、协调能力、表达能力、专业能力的综合考验。要想把它们完成好，会议主持人必须善于思考、持续学习。

行为准则二：超然准则

现实生活中的每个人都难以做到"超然"，总会选边站。其原因在于每个人都处在现实力场之中，各种各样的事务纠葛、利益纠葛、感情纠葛萦绕左右。会议主持人做到"超然"的目的是实现公平，即不偏向任何一方。这是会议主持人必须坚持的行为准则。

对此，"三一会议法"的"一个宗旨"让会议主持人超然物外成为可能。

会议主持人要记住，即使自己有对议题表达看法的资格/欲望，也不能在会议中表达，否则必然会影响公平。做到超然的最好办法就是不发表自己对议题的看法（可以说基于客观现实的事实判断，但不要说相对主观的价值判断），而是把关注点放在提高会议中的讨论质量上。

行为准则三：礼节准则

会议主持人必须在会议开始前申明会议的礼节准则，明确阐述会议主持人是一个裁判角色，必须得到尊重。其中有几个要求需要会议主持人在一开始就告知参会者。

- 尊重主持人：在会议室中应听从主持人的安排。
- 发言礼节：参会者在得到主持人允许后方可发言（与发言模式有关，此处指自由发言模式下。头脑风暴发言模式、轮流发言模式和预定发言模式不在此列）。先举手者优先，未发言者优先于已发言者。此外，主持人应尽量让意见相左的双方轮流得到发言机会，以保持平衡。
- 讨论礼节——对事不对人：讨论应该就事论事，不得对他人进行人身攻击，包括质疑他人的动机、习惯或偏好。如果有人对他人进行人身攻击，主持人应立即禁止。
- 争辩礼节：讨论时尽量面向主持人。在《罗伯特议事规则》中，要求参会者如果不同意其他参会者的意见，那么在反驳时要面对主持人，参会者之间不能直接争辩，这是预防争论升级的好办法。不过，在实际操作中这点不符合大多数人的习惯，难以做到。因此，讨论时双方可以面对面争辩,但主持人将把控双方的争辩过程,一旦有争论升级的可能就立即终止讨论。

- 倾听礼节:在某参会者发言时,只要其发言符合相关规则,其他参会者和主持人都不应该打断其发言,而应该认真倾听。

行为准则四:规则准则

只要会议开始,会议室就应该是一个独立王国,可以有不同于会议室之外的规则。会议主持人是规则的拥护者,应对各种不守规则的行为予以制止和惩罚。例如,会议主持人应该要求公司领导准时参会、遵守发言规则和礼节准则。会议主持人自己也是如此,必须按照规则去主持会议,比如按照规定程序开会、散会和休会,按照规则让参会者发言,不应该偏袒某一方或为了自身利益而表现出某种倾向。

会议主持人和企业文化

企业文化从来不是虚无缥缈的东西,它是土壤和基础。一种行之有效的会议机制必然在相应的企业文化体系下发展;同时,一种行之有效的会议机制也能够影响企业文化。

企业中每天会发生很多事,每个场景都可以为企业文化的生成和发展提供环境,尤其是数量庞大的下情上达会、专题讨论会、决策讨论会、总结分享会场景。因此,通过会议主持人持续改变企业的会议机制,就能影响企业文化。

重视会议主持人、重塑企业会议机制对企业文化的影响面相当广泛,比如:

- 增加乔哈里窗中开放区域的面积,辅之以各种良性的会议机制,这样,企业文化会从猜忌转向信任。
- 决定一件事的过程从偏于暗箱操作转向在会议中公开进行深入讨论,这样,企业文化自然就从封闭转向开放。
- 在会上制止职位高的人的不当发言和跑题现象,这样,企业文化自然就从"一言堂"转向"众言堂"，员工的积极性自然会被调动起来。

* 在会上关注"应该怎么做"而不是"原来是怎么做的"，鼓励不同意见的提出，这样，企业文化自然就从关注"政治斗争"转向了关注绩效。

* 在总结分享会和专题讨论会中推动信息的流动，这样，企业文化自然就从"壁垒森严"转向"共同协作"。

我们可以看到，良好会议机制的长期推行，有助于企业打造信任、开放、平等、关注绩效和协作的良性企业文化。本章不展开描述会议主持人和会议机制对开放文化、平等文化、绩效文化、协作文化等的影响，只谈借助会议主持人和会议机制在企业中打造信任氛围的三种行为机制。

1．企业领导在会议中要以身作则

大权在握的企业领导经常会认为制度是对员工的要求，殊不知，如果自己不能遵守这些要求，那么优秀的企业文化就无从谈起。"以身作则"看起来简单，执行起来却很难。

企业可以制定相关制度，明确在开会时领导迟到一样要被罚款，在讨论时领导不能发表主观言论，领导发言要控制时间且不能跑题……如果领导能以身作则，并且会议主持人能很好地执行这些制度，那么会对企业文化产生潜移默化的影响。

2．会议主持人在会议中拥有更大的施展空间

会议主持人来自企业的各个部门，是企业骨干，但在传统组织架构下，会议主持人限于部门之中，缺乏更大的施展空间。"三一会议法"特别规定，会议室是一个特殊的空间，有着独立的规则，以使会议主持人拥有更大的施展空间，真正做到为会议进程负责。

优秀企业在做大做强的过程中会经历一个从单维度组织向多维度组织转变的过程。多维度组织是指一个员工在一个组织中分别担任不同职务。例如，某员工既是技术部的部门副经理，也是公司某个项目的项目经理，还是公司内部学院的特聘老师、公司级技术会议的主持人、公司某个技术攻关委员会的负

责人。像这样，维度越多，每个维度的职责越重、空间越大，企业对员工的信任程度越高，企业组织也越成熟。

3．高效的会议组织让企业内的信息流动起来

如果中高层管理者认为信息是权力的来源，他们就会尽力封锁和掌控信息（很多企业领导没有形成明确认知，只是下意识地这么做）。这样一来，企业的组织架构必然像金字塔一般——企业内部层级分明，官大一级压死人。在这样的氛围中，业务创新、产品创新和组织创新无从谈起。

在改变以上认知的基础上，高效的会议组织能够让企业内的信息流动起来，尤其是总结分享会和专题讨论会，能够从侧面打破权威（领导）的信息垄断，成为部门、个人和任务之间的信息纽带，让最佳实践信息、市场信息、技术信息和客户信息在企业内部流动起来。这样，企业内部的互信氛围得到大大增强，组织创新能力得以大幅度提升。

总之，将会议主持人作为改变企业会议现状的抓手是没有问题的，但前提是管理者改变自身认知，用制度化约束改变企业的会议模式，提升会议主持人的地位，增强会议主持人对会议的影响力。同时，良好的会议机制必然会改变企业文化，使企业的面貌发生翻天覆地的变化。

Tips：会议主持人如何破冰

刚刚踏入会议室时，即使大家都互相熟识，气氛也不会太活跃。如果希望参会者迅速进入状态就需要安排热身、破冰环节。注意，这里的破冰不同于培训或团建前的破冰，也不同于陌生人互相做自我介绍，其目的是让参会者迅速进入思维活跃、注意力集中的状态，为下一步的互相激发、互相信任做好准备。

常见的方法是热身游戏，通过简单的游戏，使参会者放松下来，逐渐融入会场环境。最简单的游戏是所有参会者先排成一排或几排，把手搭到前面参会

者的肩膀上，然后喊着"1——2——3"并给对方按摩肩部，一分钟后互换。该游戏虽然简单，但由于有肢体接触，因此非常有助于破冰。

还有一种破冰的方法是调动参会者的好奇心，让他们的注意力快速集中起来。一个简单的方法是分享自己的故事或听来的趣闻，可以以"我昨天遇到这么一件事情"或"分享给大家一个天大的好消息"开头，要求简短、有趣。

不同的会议需要不同的氛围，而营造氛围的方法也各不相同。上面的方法更加适合专题讨论会和决策讨论会。总结分享会的氛围可以更加活跃一些。比如，可以用"爱的鼓励"来进行破冰：这是一种鼓掌的方法，即有节奏地鼓掌，拍出"12、123、1234、12"，连续三次，熟悉之后也可以拍桌面、跺脚等。该方法能够让人的情绪不自觉地高涨起来。

在媒体和各类书籍上，破冰的活动和技巧有很多，读者如有兴趣可以自行查找。需要注意的是，这个环节不要时间太长（一般不超过3分钟），待参会者进入状态，应该立即开始会议。

Tips：会前进行有趣的互相采访活动

即使会议召集人把会议议题设置得非常好，也不能保证全部参会者都认同。

会前的互相采访是解决这个问题的好方法，尤其是重要会议，可以让参会者在会前试一试这个活动。互相采访不是破冰的小游戏，而是一个稍微长一些的活动，有助于加深参会者对会议议题的认知、做好心理建设及提升参与感，从而提高会议质量。

具体做法：在会前将两人或三人分为一组，彼此互相采访，采访的问题有两个：

- 本次会议对公司的好处有哪些？
- 本次会议对你个人（部门）的好处有哪些？

由于同事之间比较熟悉，因此会议主持人需要提醒参会者可以把以上问题变换一下问法，让活动有采访的味道。问题可以是这样的：

- 如果采用新的管理规范，你那部分成本真的能降低吗？能降低多少？
- 这次广告投放对公司业绩提升有什么影响？对你们部门呢？
- 你怎么看降本增效？你预计这次会议能取得什么成果？
- 对于这次战略规划，你最有感触的部分是什么？

…………

采访的时间一般为 2 ~ 5 分钟，完成后采访者和被采访者对调角色。

互相采访完成后，参会者分别将问题和答案写在准备好的白纸上，并将其张贴在会议室周边。之后，参会者轮流通报各自的采访问题。时间最好不要超过 25 分钟。在后续会议中，不要将白纸取下。会议结束后，参会者可以对照白纸上的内容，看自己会前、会后的认知是否相同。

互相采访的活动有趣且有效，不过此活动不是一个普适的活动，在开展活动前需要斟酌和策划。

Tips：亚马逊公司会议主持人的三种工具

日本亚马逊公司的创始成员佐藤将之认为，会议主持人可以用三种工具来管理讨论环节，这也是亚马逊会议的特色。

"转述技巧"工具

"转述技巧"工具可用于激发一些认真倾听却拙于言辞的参会者参与会议讨论的意愿。举个例子，当某参会者说不清楚自己的观点的时候，会议主持人可以站出来说："我感觉你的观点和×××的观点类似，你想表达的是……"这样在让其他参会者更好地理解该参会者观点的同时能调动会场气氛，激励发言者。

"搁置区"工具

在会议中，如果在讨论过程中出现跑题现象，但跑偏议题也很重要，并且与原议题的相关度较高，那么主持人可以在会议室的白板上画出一个区域，写上该跑偏议题，并表示"该观点很重要，但不是今天要讨论的问题，为了对原议题进行深入探讨，我们先将该观点放入搁置区，后续有时间可以再进行探讨"。

"抽离视角"工具

在对某议题进行激烈讨论时，不时有人突然起身，不是走出会场，而是换一个位置站着或坐着，然后说出不同的看法。这就是物理位置的变化引起了视角的变化！[①]

Tips：处理会议迟到的问题

参加会议迟到并不是一个小问题。

设想一下，某企业领导一再强调企业内部人人平等，但该领导开会经常迟到，到了会场说一声"抱歉"后继续开会（哪怕所有人都在等着他）。很明显，在这样的企业里，平等并不存在，权威压倒一切。真正的平等是领导迟到也会受到和别人一样的惩罚。

如果经常有人参加会议迟到，就说明企业纪律松弛。

早些年，笔者在一家企业任销售总监，面对松弛的纪律曾经出过一个奇招——让每个开会迟到者举着 100 元的人民币进会议室，将收到的钱作为销售团队的福利金。措施新奇，罚款也比较重（20 多年前的 100 元），短期内取得了很好的效果。

对于参加会议迟到问题，企业需要区别处理。如果企业的管理措施基本到位，管理者和骨干员工也比较用心，参加会议迟到完全是偶发事件，那么不用过多宣扬，制定相关制度认真执行即可。如果企业需要解决企业文化问题，希望团队以高绩效为本、认真对待工作，那么参加会议迟到问题是一个不错的抓手。

[①] 参考万卷出版公司 2021 年出版的《贝佐斯如何开会》，佐藤将之著。

Tips：联想公司的开会迟到罚站

联想公司创始人柳传志特别强调纪律和执行力对企业的重要性。为了改善开会迟到问题，柳传志制定了开会迟到罚站的制度。

具体来说，开会迟到的人如果没有提前请假，就需要罚站一分钟。联想公司的罚站和其他公司的不太一样，罚站的时候任何人不能说话，必须安静下来，有点像默哀，弄得被罚站的人极其尴尬和难受。

有一次，柳传志去参加一场会议，由于电梯故障迟到了，然后他就使劲拍电梯的门说："谁听到就给我请个假去。"结果没人听到，他只好认罚。在这种特殊的情况下，柳传志一句解释都没有，照样去罚站。这还不算什么，联想公司的罚站制度刚实施不久，一位德高望重的领导参加会议时就迟到了。这是柳传志的一位老领导。当时，这位老领导站着出汗，而柳传志自己坐着也出了一身汗。

制定制度、管理自己、感召他人，这是顶级企业管理者的经营之道，值得其他企业借鉴。

第十三章

会议记录人

　　会议记录人绝非可有可无，好的会议记录人在会议中能起到重要的作用。笔者建议团队领导兼任会议记录人，多实践几次，可将此作为企业会议制度固定下来。

在"三一会议法"的会议召集人、会议主持人、会议记录人三个角色中，最不起眼的角色就是会议记录人。

20 世纪 30 年代，美国通用汽车公司成为全球最大的汽车公司，当时的通用汽车公司 CEO 斯隆是顶级的企业家。管理学大师德鲁克说，他从斯隆身上学到了专业主义和组织领导人价值观的重要性，他认为斯隆是终极的仆从型管理者，拥有顶级的领导力。

斯隆对于开会有他自己的两点心法：少说话、做记录。

开会时能做到少说话的领导大多是优秀的领导，而像斯隆这样在会议讨论过程中完全不讲话，只是在会议结束时做一个简短总结的领导相当少见。斯隆不讲话并不代表他没有认真听，他将倾听到的内容转化为自己的看法，并用会议纪要推动后续工作。会后，他给每位参会者发一份简单的会议纪要（任务便签），提醒参会者下一步要做什么工作、什么时间完成。如有必要，会议纪要上也会标明下一次会议的召开时间和议题。也就是说，斯隆是他所参加会议的记录人！

凭借简单的会议纪要，斯隆有效管理他所参加的每场会议的产出，并让会议和行动产生直接的关联。德鲁克甚至认为，斯隆的这种做法改变了通用汽车公司的命运。

斯隆的这种会议纪要管理模式看起来简单，但如果哪家企业的管理者想学，就会发现：偶尔做一次没问题，长年累月笃行不怠的难度很大。首先，这种会议纪要管理模式涉及巨大的认知问题：领导在会议上不发言真的行吗？会议纪要那么管用吗？管理者每天的工作千头万绪，能够投入多少精力去做会议纪要呢？其次，这种会议纪要管理模式涉及一群人的认知和行为习惯改变的问题，需要体系化配合。可见，斯隆的会议纪要管理模式不是不能学，而是它有很多前置条件，因此在企业中难以推广。但按照"三一会议法"的要求，会议记录人在会议中有存在感，利用制度和流程使做会议记录成为一项高效能的工作。

以下从人类的短时记忆问题、个人纪要与集体纪要、记录发言与记录要点、在会议结束前站出来等方面来说明会议记录人的重要性及其应该怎么做。

人类的短时记忆问题

如果某位管理者非常仔细地看会议纪要，他就会发现，会议纪要的内容和自己开完会后脑中的概念不一样，和自己在本子上记录的要点也不一样。为什么呢？这在一定程度上和人类的短时记忆有关。

20 世纪 50 年代，美国心理学家米勒让被试者记一些随机数字，并要求他们在一定时间内回忆出来。结果发现，被试者只能记住 7 个左右的数字。于是，米勒提出了"神奇数字七加减二"的理论，认为人类短时记忆的容量只有 7 个、7 份、7 组左右。

在会议中，由于短时记忆的问题，参会者在短时间内难以记住大量信息，新信息一旦超过了记忆容量的限制，就会覆盖旧信息。而且，依赖短时记忆可能会分散参会者的注意力，影响参会者的思考深度。如果参会者一心只想着记住会议中的信息，而忽略了对讨论内容的思考和理解，那么有可能导致对议题缺乏全面的认知和理解。

此外，依赖短时记忆可能会导致信息被遗忘。会议结束后，参会者的短时记忆开始逐渐消退，重要信息也可能会被遗忘。因此，会议召集人和会议记录人需要采取措施来保留会议中的重要信息，如通过当场记录（将讨论结果写在白板上）、录音、会议记录（集体纪要）等方式。特别是集体纪要，会被人反复翻看，在某些重要部门，会议纪要还会被当作重要的证据。因此，尽管企业中会议纪要应尽可能精练，但也需要思路清晰、内容全面。

个人纪要与集体纪要

很多人开会都会拿一个本子（有的人习惯用笔记本电脑），拿本子干什么用呢？做会议记录。这就造成一个问题——会议缺乏公共的会议纪要，每个人只记录自己感兴趣的事情，或者自己认为重要的事情。

会后很少有人会认真看会议纪要，主要原因在于除一些确定的工作安排外，多数都是记录者自己的理解，其本质仍然是一份个人纪要。

因此，会议纪要管理模式需要进行调整，即将个人纪要的模式调整为会议记录人引导下的集体纪要模式。典型场景如下。

某研发会议上，会议主持人请会议记录人上台。会议记录人将写好的几张大白纸（也可以是电脑记录投屏）展示给大家看。纸上记录的是刚才会议的讨论要点和共识。参会者对着这些要点一条一条地提出补充意见，会议记录人根据参会者的补充意见直接修改。会议结束的时候，这份集体纪要也就完成了。参会者还没回到办公室，集体纪要已经被发送到他们的邮箱中或即时通信软件上了。

集体纪要太重要了，无论是要点纪要还是共识纪要，都是经过发言者本人和全体参会者确认的内容。换句话说，集体纪要是真正的会议成果。

记录发言与记录要点

会议纪要并不是对参会者发言的简单记录，而是对围绕议题讨论时出现的要点的记录。这个认知对会议记录人至关重要——企业会议纪要以议题为中心，而不是以发言为中心。

企业中有一类令人哭笑不得的会议纪要，见下例。

会议时间：××年××月××日

参加人员：……

会议议题：如何提高公司网站的转化率

会议纪要：

- 小周：公司的网管换人了，由小王变成小刘。
- 小刘：上周网站发生了一起事故，网站的服务器宕机了，现在已经搞清楚原因了——由机房制冷设备故障所致。

- 季经理：新设备采购申请已经提交审批，估计今天就能完成审批并开始采购。
- 小王：我认为提高公司网站的转化率首先得有流量。目前流量太小。我联系了某搜索引擎的竞价排名系统，需要写一份对公司网站的描述。这个描述有 150 个字符的限制，超出部分在搜索引擎上不显示。我写了一份，大家看看行不行？
- 小张：如果用户在进入我们的网站后无法迅速找到他们需要的信息或产品，那么他们很可能离开并寻找其他网站。我们需要确保网站布局简洁明了，导航易于使用，同时提供有吸引力的图片和文本内容来吸引用户留下。
- 小刘：可以使用一些工具来对热图和用户反馈进行分析。这些工具可以帮助我们了解用户在网站上的关注点，并收集用户对网站的反馈。

…………

看得出来，会议记录人想把会议纪要搞得尽可能全面，不遗漏每个发言者的讲话要点。似乎这样的会议纪要非常全面，但实际上，这份会议纪要能够起到的作用很小，因为如果在会议纪要上出现姓名，以发言为中心而非以议题为中心，就会出现多个问题。

- 如果你在会议纪要中写"某人说了某事"，那么必然会产生歧义：是只有他一个人持有这个观点，还是大家都这么看？
- 如果你在会议纪要中写"某人说了某事"，其他人就会不再发言，问他时他也会说"没意见"。
- 如果你在会议纪要中写"某人说了某事"，其他人会在事后说，我可没那么说过。

…………

最大的问题是，看会议纪要的人会一头雾水：难道这个会议就是每个人表达了自己的观点吗？形成了一致认可的结论了吗？

那么，应该如何整理会议纪要呢？如果是专题讨论会，应该紧紧围绕议题，在每个议题下记录形成的解决方案（一般是方向性草案，需要后续完善）

和达成的共识，以及后续得到一致认可的行动。下图为范例。

会议召集人	季经理
会议议题	如何提高公司网站的转化率
会议召开时间	××××年××月××日
会议时长	30 分钟
会议类型	专题讨论会
会议主持人	技术部×××
会前材料	1. 开发网站的几类技术和相关费用介绍（Word 文档，3 页，由技术部提供）
	2. 目前网站的基本情况介绍（Word 文档，5 页，由行政部提供）

会议进程
会议主持人做引导发言，介绍当前网站的一些情况，以及之前在提高转化率方面做过的一些工作和效果，回答了参会者提出的几个问题；之后该会议采用头脑风暴+会议表决模式：用 15 分钟时间搜集了 18 条意见，经归类整理和投票形成了 3 个解决方案（在后续决策讨论会上讨论）

解决方案	负责人	完成时间（完善解决方案）
1. ×××	小张	××××年××月××日
2. ×××	李经理	××××年××月××日
3. ×××	小刘	××××年××月××日

下一步的工作
本次会议明确，三位责任人在××××年××月××日前完善解决方案，季经理后续将代表本次会议的参会者参加公司在××××年××月××日举行的决策讨论会，明确解决方案，并确定后续工作如何开展

说明
本会议纪要是对会议情况的简介，如果您要修改错误、增删内容或查阅会议纪要原件，请与×××联系

会议记录人：×××

专题讨论会会议纪要（范例）[①]

需要说明的是，如果是更重要的会议，由于人类的短时记忆问题，则会议记录人需要记录现场更多的要点以备查询。但无论如何，不要刻意记录"谁说了什么"，而要始终围绕会议议题记录参会者所谈观点中的要点。

对于决策讨论会而言，以 IRDA 为框架的会议记录很有用[②]。IRDA 的四个字母分别代表问题（Issue）、理由（Rational）、决策（Decision）和行动（Action）。

---

① 范例中专题讨论会的结果是解决方案，其结果也可以是就议题达成的共识，并进行记录和确认。

② 参考中信出版集团 2019 年出版的《做好会议记录》，乔安娜·古特曼著。

相对于专题讨论会，决策讨论会的会议纪要多了一个"理由"，即会议纪要将参会者支持该决策的理由写得比较清楚，并且将决策和行动分开阐述。

会议记录人在会议结束前站出来

许多企业会议中，会议记录人是一个隐身人，从头到尾都不露面，似乎没有站在台前的必要。

"三一会议法"要求会议记录人在多数会议的议程结束后站到台前，与会议主持人配合，将自己的会议纪要公之于众，并征求参会者的意见。具体做法如前所述，会议记录人将会议纪要写在白板上，或者直接将会议纪要投屏到大屏幕上，让参会者一条一条地确认。在多数情况下，会议主持人会在会议结束前 10 分钟（根据会议时长、复杂程度确定，也可以是 5 分钟、3 分钟）配合会议记录人这么做，让参会者当场提问并确认，内容主要包括以下几项：

- 会议中达成的共识；
- 会议中形成的解决方案；
- 下一步的工作。

会议结束后这份集体纪要会立即被同步发送给所有参会者。"三一会议法"的集体纪要或会议简报模式，通过及时地写我所做、做我所写、记我所做、透明通报，实现会议效率的提升。这种模式要求会议记录人在会议结束前唱主角，带领参会者共同梳理会议成果。

在会议流程中，将会议记录人设置为企业会议制度的一部分是非常有意义的，但这样做需要一个适应过程。建议团队领导兼任会议记录人，认真履行会议记录人的职责，在试着开几次会之后，团队领导就会对会议记录人这个角色有感觉，这样有助于相关制度和流程的顺利实施。

对于会议记录人，总结分享会比较特别。在总结分享会上，会议记录人要和大家共享自己记录的成果，主要是提案人讲述的精华和会议主持人点评的精华，并得到提案人和会议主持人的认可。同时，会议记录人还需要向参会者承诺在会后撰写分享案例。在撰写案例时，会议记录人如同一名记者，根据需要了解的内容采访与案例相关的人，最终完成一份可留存的企业最佳实践（惨痛教训）案例。

Tips：会议记录人在会议中可以提问吗

一个优秀的会议记录人需要学会在会议中提问。比如，没听到信息的时候要提问、不理解的时候要提问、没跟上对方思路的时候要提问。在企业的实际会议中，会议记录人很少主动提问，导致有些重要内容未能被记录下来，严重影响会议纪要的质量。

如果情况允许，会议记录人一定要在现场直接提问：

- 您能否说明……？
- 您能否用通俗的说法解释……？
- 我没听清楚，您能否把刚才的观点再重复一遍？

…………

对于多数话题，会议记录人不要等到会后再去询问，一定要当场提问。一般参会者不会因为会议记录人的提问而感到不悦。会议记录人需要有一定的专业基础，但即便如此，也有可能在会上听不懂别人在说什么。这是很正常的，不用为此而焦虑。要知道，专家也不一定能在会上完全理解别人所讲的内容。

此外，如果即将讨论完毕，参会者并没有达成共识和确定下一步的工作，那么会议记录人应该适时提问：

- 请问，可以就这个问题记录达成共识"××××××××"吗？
- 请问，接下来是哪位负责这件事？什么时候提交？

…………

会后，如果对会议纪要上的某些要点还是有点吃不准，那么会议记录人仍然可以向会议主持人或某个参会者提问。

Tips：做会议记录要注意两件事

会议记录人在做会议记录的过程中需要关注两件事。

第一件事是长期事项。企业中一些重要事项的延续时间相当长，比如基层干部的培养，几乎每个季度都会拿出来说一说。那么长期事项如何在会议纪要中体现呢？

首先是回顾，即针对该事项对上次会议的相关会议纪要进行回顾，明确上次会议对责任人的要求；其次是明确上个阶段责任人的表现；最后是本次会议对责任人的要求。三个环节环环相扣，将长期事项有延续性地在会议纪要中体现出来。

第二件事是行动三角。在会议结束的时候，会议主持人往往会说"×××，你来落实这件事"，但下一步究竟如何落实会议纪要中并未明确。因此，对会议记录人而言，如果会议目的是对某事做出决策或确定行动计划，那么会议纪要中要明确责任人、事项和时间。有不明确的，应询问参会者。

行动三角

上图的意思是，在会议纪要中，针对某个具体决策和具体行动，需要明确"谁"将在"什么时间"完成"什么事"，其内涵并不简单。

Who——具体责任人及相关协助人。

What——将事情的边界描述得尽可能清楚；将提交的成果描述得尽可能清晰；如果能分节点，一定要有节点描述，包括节点成果描述。

When——截止日期和中间节点的日期。

Tips：边记录边投影

在会议议程结束后，会议记录人上台将会议纪要展示给参会者，并征求参会者的意见，这是对会议成果的再次确认，对提升会议效率有很大作用。

如果在会议的讨论过程中，会议记录人适时地将所记录的内容直接投影在屏幕上会怎样呢？

如果是专题讨论会或决策讨论会，以上动作会让参会者对议题和参会者的发言内容有更清晰的认知，有利于进行进一步的讨论。无疑，这是提升参会者认知水平的好方法。

具体的投影时机可以是议题讨论到了尾声，下一步决策或行动基本确定的时候。

第十四章
对企业会议问题进行系统性思考

进行系统性思考是优秀的团队管理者不可或缺的能力。它是一种将绘制蓝图和搭建积木有机结合的思维方式。

下面聊一聊什么是系统性思考。

我们要先了解什么是系统。系统一词源于希腊语，指一组元素用某种结构连接成的整体。那么，系统性思考就是指从整体角度思考，在看清楚事物全貌的基础上确认问题的要点。

从桌子上拿起一本书，这是一个简单的动作，但从整体角度来看这件事，这个动作包括一系列判断，如桌子的位置、书的位置、人的视角、手的动作的变化、书的重量、手的用力大小等，以及动作的协调性。由此看来，进行系统性思考的思考者必然不会"头痛医头，脚痛医脚"，而是能透过事物看到复杂的运作机理，同时能洞察到简明的规律。

如果了解一下古人对"人才"这个概念的看法，你就会发现古今人类对系统性思考的认知是相通的。明代有一位思想家叫吕坤，他的人才观是"深沉厚重是第一等资质，磊落豪雄是第二等资质，聪明才辩是第三等资质"。之所以说深沉厚重是第一等资质，是因为深沉厚重的人思虑深远，说话、做事有系统性思考的支持。很多聪明才辩之人虽然脑子灵活、口才好，但有可能心性不定、目标短浅、做事容易有头无尾。将这个人才观放到企业中，我们可以看到古今人类对人才的评价也是相通的：

- 聪明才辩——思维敏捷、口才辨给；
- 磊落豪雄——格局大、胸襟宽广；
- 深沉厚重——思虑深远，能系统地思考某事，也能系统地推动某事。

企业应在看清事物的全貌、问题本质的基础上，做一些能够持续补强系统结构和系统元素的事情。这样的事情似乎平淡无奇，有时候甚至看似完全无用，但这样的思考会大大减少将来"救火"的次数。

和一些优秀企业家交流，我们会发现他们总有大块时间可用而不受一些小事的干扰，同时，也极少会有"救火"的事情发生。这是因为他们对一些经常发生的事件设置了标准处理规程，提前预判了"火情"并进行了相应授权。这就是系统性思考的表现。

　　"系统性"是企业中最为重要，也最为可贵的一种工作模式。本章会谈谈如何系统地减少"救火"会议的数量、管理者的参会频次、参会人员、目的不明的会议，以及如何缩短会议时长等。

减少"救火"会议的数量

　　如前所述，格鲁夫根据经理人的职责将会议分为两大类，一类是过程导向会议，主要作用是信息交流、推动计划实施和预案制定，属于例行性会议（时间点、频次和时长基本固定）；另一类是任务导向会议，主要作用是应急，找到解决问题的办法并在规定时间内做出决策。

　　说得再形象一点，过程导向会议的任务是"例行协作"，任务导向会议的任务是应急——如果管理者将超过 25%的时间用在任务导向会议上，这个企业就一定存在问题。

　　减少或消除"救火"会议、提高企业运行效率的简单方法是制定各种制度和预案。

　　1999 年成立的德胜（苏州）洋楼公司是迄今为止中国境内唯一具有现代轻型木结构住宅施工资质的企业。德胜（苏州）洋楼公司有一个程序中心，其职能就是将规定落实到底，包括细则拟定、执行和监督（需要指出的是，该公司的制度执行得非常到位），并不断加入对新生事件的规定。比如苏州某次下大雪（极少出现），一些屋顶被积雪压塌。对此，程序中心就拟定了细致的雪灾预案，包括用什么样的支撑材料及采用怎样的具体支撑方式，以确保下次再出现同样情况的时候有预案。

　　面对一个原因不明问题的出现，管理者和操作者不知道怎么办才好，这时，管理者开会讨论该怎么做是很正常的事情。但是，如果在问题反复出现的情况下还需要开会讨论，那么管理者必然是失职的。

　　要减少"救火"的情况，就要让"火情"不反复出现，这是更深层次的要求。这就要求管理者对问题进行系统性思考。下面以丰田公司著名的"丰田五问"①为例进行说明。

（1）"为什么机器停了呢？"

"因为超负荷，保险丝断了。"

（2）为什么超负荷了呢？

"因为轴承部分的润滑不够。"

（3）"为什么轴承部分的润滑不够呢？"

"因为润滑泵吸不上油来。"

（4）"为什么润滑泵吸不上油来呢？"

"因为润滑泵的轴磨损松动了。"

（5）"为什么润滑泵的轴磨损了呢？"

"因为没有安装过滤器，混进了铁屑。"

"丰田五问"是系统性思考的代表，目的是通过层层"剥洋葱"找到问题表象下的真问题。在找不到真问题的情况下，我们会止步于"换保险丝"，而不是"安装过滤器"。如果只是"换保险丝"，那么"火情"就会反复出现。

对于在应用层面反复出现的问题，我们都可以采用系统性思考的方式来应对，即系统地解决问题。所谓系统地解决问题，不是简单地"头痛医头，脚痛医脚"，而是从工作机制上思考如何解决问题。就机器停了的问题，我们在找到真问题后，从采购过滤器开始，到安装、调试、日常维修维护，要有一套相关制度保证问题不再发生。而且，即使再发生类似问题，也有相关应急预案，不用再重复开会。

海尔前总裁张瑞敏是德鲁克的粉丝，他很偶然地读到了德鲁克的《有效的管理者》这本书，并回忆说："给我印象最深刻的一句话是'管理很好的企业总是单调乏味的，没有任何激动人心的事情发生'。这句话和我们当时的做法恰恰完全相反，不光海尔，当时所有的中国企业都在想办法做一些激动人心的事情，比如说搞什么会战、誓师大会之类的。德鲁克的说法和我们的做法完全

---

① 摘自中国铁道出版社 2006 年出版的《丰田生产方式》，大野耐一著。

不一样，但是我仔细一想，觉得他的观点很有道理。企业里的大多数事情都应该被当作例行事务去管理。可是，当时中国的大部分企业都是碰到什么问题就去解决什么问题，没有章法和预案。这时，受到德鲁克的启发，我们在海尔开始做预案，并创造了日清工作法，也就是'日事日毕，日清日高'，把每项工作的目标落实到每人、每天。每人每天在下班前根据目标对工作进行日清。日清工作法解决了管理上的混乱、无效问题，使我们那样一个濒临倒闭的小厂迅速扭亏为盈，并且摘取了中国冰箱历史上的第一枚金牌。这枚金牌要归功于日清工作法，更要归功于德鲁克先生。"[1]

减少管理者的参会频次

一些企业高层管理者 60%~80%的时间都在各种会议中度过（不包括一对一会议及与客户的会议），苦不堪言。忙碌的管理者身陷会议漩涡，甚至产生了一种错觉——不开会就不是在干工作（有些人已经爱上了开会的感觉，在没有会议时表现得无所适从）。

需要说明的是，很多会议确实必须参加，但如果要参加的会议太多，至少说明管理者没有对会议频次问题进行系统性思考！

优秀管理者至少应该了解以下两个方法，以减少自己的参会频次。

1. 拥有独特的工作方法

如果你对工作进行过深入思考，就会了解到持续推动某项重点工作的重要性。推动重点工作往往需要投入整块时间，如果被动会议太多，管理者就没时间做应该做的管理活动。因此，优秀管理者往往有自己独特的工作方法。例如，某位管理者坚持每天上班早到半小时，他给自己定了一个规则，即上班后一小时内不召集、不参加任何会议，每周坚持三天。早上的一小时完全用来思考如何推进那些重要的工作。这并不是逃避开会。长期来看，那些重点工作的

---

[1] 摘自《哈佛商业评论》。当时，德鲁克的《卓有成效的管理者》被译为《有效的管理者》。

推进必将减少"火情"的出现。采用这样的工作方法必然会减少管理者的参会频次。

2．进行授权

优秀管理者必须做的一件事就是授权，这不仅能减少管理者参会的频次，而且有利于团队成员的培养。管理者授权不充分背后的原因是"格局不够"。有的管理者认为进行充分授权后"风头下属出，责任自己扛"，因此下意识地抗拒授权。对一个优秀管理者而言，让尚显稚嫩的下属尝试去独当一面是很自然的，这样既有利于下属的成长，也有利于自己沉下心来持续推进重要的工作。

减少参会人员

笔者有一次带队去企业驻点（进驻企业服务），对方的迎接场面让人惊诧——项目启动会对方有近 20 人参加。根据项目情况，与项目相关的 5 ~ 6 人足矣。晚餐也变成了晚宴，参加人数更多。

固然，这样做有政治加成的考量在内——人数多表示领导重视，项目在推进过程中也会少一些阻碍。但与项目不相关的十几人不得不陪绑参加了两小时的启动会，成本太高了。参会人数过多是企业会议的痼疾之一。

参会人数过多带来了许多问题：

- 一些人参加了与自己没什么关系的会议——浪费时间；
- 人数多导致讨论与核心议题无关的问题——降低效率；
- 一些参会者从头至尾不发言、昏昏欲睡——破坏气氛；
- 一些参会者看手机或干其他工作——影响其他人；
- …………

不必要的人员参会主要原因在于会议召集有问题，或者会议召集人对各类会议的特点不了解。

下面谈谈"三一会议法"的各类会议的参会人数问题。

- 上情下达会——现场人数多少不定[①]。
- 下情上达会——人数在精不在多，适宜人数为 8 人以内。
- 专题讨论会——所有参会者必须发言（紧密相关者才需要参会），适宜人数为 8 人以内，最好不超过 16 人。
- 决策讨论会——参会者与议题高度相关，人数不超过 8 人。
- 务虚讨论会——可以适当扩大范围，不要超过 40 人。
- 总结分享会——广发邀请，凡有意愿者均可参加。
- 反思反馈会——适宜人数为 8 人，不要超过 16 人。

在专题讨论会和决策讨论会中，如果议题设置过多，就会有一部分参会者陪绑——有些议题和这部分人无关，浪费了他们的时间。因此，专题讨论会/决策讨论会的议题要尽可能少（开小会效率更高），如果必须设置多个议题，那么应该安排好议程和参会者的加入时间，让参会者有序加入所属议题的讨论，并有序离开。

有些会议是中层领导召集的，其中一部分会议会邀请高层领导参加。不过有高层领导参加的会，自然不自然地就会将领导的需求和想法摆在第一位。常见的做法是将原来的会议议题放在一边，先用半小时给领导讲讲相关情况，如果领导有意见要表达，就贯彻领导的意见。而某些不请领导参加的专题讨论会往往效果更好，既减少了参会人数，也改善了会议气氛，提高了会议质量[②]。

此外，参会人数还和岗位设置、职责分工有关。如果权责不清，一个工作会可能会牵扯很多人，而实际上其中一些人与该会议的关系并不大。甚至有时候参会人数越来越多——不断有与议题相关的人被召集过来。因此，参会人数不好控制还与企业的业务机制和人力资源管理水平有关。

管理者需要对参会人数进行系统性思考，尽量将复合目的会议拆分为单一目的会议，如将专题讨论会/决策讨论会的议题设置得尽可能少，以开小会为主。同时，管理者要思考管理机制，厘清岗位职责。

---

① 情况比较复杂，比如表彰会的人数可能要多一些，情况通报会可能要少一些。

② 可以将会议目的进行拆分，将"下情上达"的目的拆分出来，成为单独的汇报会。

减少目的不明的会议

企业中有着大量目的不明、名称混乱的会议。这些会议往往相对简单、时间不长，因此多数不严格按照会议规范进行。比如，领导突然召集大家开一个短会，说说最新的信息或近来的工作情况，时间也就 30 分钟。这类会议大量存在，其中部分会议是为了满足管理者的欲望而召开的。

有的管理者喜欢开会而不自知，认为召开会议、传达信息、当众讲话是上位者彰显权威的最佳方式。有的管理者明明没什么要紧事，也要把下属都召集起来，通过下属轮流汇报来了解最近大家干了什么，之后自己来一段长长的发言，讲到下属都目光迷离为止。事实上，如果要了解某位下属的工作情况，最佳媒介莫过于一对一会议；如果要传达信息，那么在工作群里直接编辑一段文字，通知下去更能达到目的。

要系统地解决目的不明会议的问题，就必须遏制住管理者开会的欲望，这里有两个可以长期坚持的做法。

第一，持续不断地提醒管理者"不要为了满足自我而开会"，直至将其变成企业文化的一部分。具体而言，对一家随意开会情况非常严重的企业来说，成本低廉且容易实施的方法是设置办公环境招贴。例如，在管理者的办公室内贴上"不要随意开会""开会目的须清晰""不要为了满足自我而开会"等，或者在办公区贴上"不开无效会议"等。

设置招贴只是表面工作，接下来，核心领导层应不断明确"不开无效会议"的说法，同时在制度上、流程上做一些规定。例如，召开临时会议也需要走流程，明确会议目的和议程，而且会议目的不能敷衍了事，比如不能仅填写"汇报工作"或"例会"。这样不断坚持，就能将"不开无效会议"的理念融入企业文化之中。

第二，持续增强会议成本意识。有严重会议问题的企业，多半是因为没人在乎成本。要知道，参会者的时间成本是非常昂贵的。会议成本除了包括工资、福利等成本，还包括劳动价值成本、中断日常工作成本和人力机会成本（如果某人不开会，会给企业带来多少收益）。日本有家企业叫太阳株式会社，有一个关于会议成本的计算方法——会议成本是平均工资的三倍乘以二，然后乘以参会人数，再乘以会议时间。为什么是工资的三倍呢？因为工作劳动价值远高于平均工资；为什么要乘以二？因为参加会议要中断一些日常工作，损失要以两倍来计算。也就是说，会议成本等于平均工资乘以六再乘以人数和会议时间。算一笔账，如果按照平均工资 1 小时 100 元钱算，召集一场 10 人参加的两小时会议，那么会议成本高达 12000 元。

所以，在召开一场会议之前，必须明确以下问题。

- 召开这场会议要达成什么目的？是不是值得花那么多钱来开会？如果不值得，能不能用其他方式来达成目标？比如建一个钉钉群，在群里提出问题并进行讨论，这样会议成本就降下来了（如果一周少开一次这样的会，那么每月就可以节省一大笔钱）。
- 这场会议能不能缩小会议范围？开一个三四个人的小会行不行？

为加强会议成本意识，减少召开会议造成的浪费，管理者可以通过软件进行提醒，即会议召集人在输入会议参与人员和时长后，软件自动计算出该会议的会议成本是多少。

缩短会议时长

还有一个明显的会议问题是会议时长。举例如下。

- 讨论议题时引出其他问题，发言者讨论得热火朝天却离题万里，会议耗时很长却很少涉及议题。
- 在一些形式主义的会议上，下面睡倒一大片，发言者仍然淡定地读着稿子。
- 领导侃侃而谈，一发言就一小时，下属双眼迷离、频频点头。

…………

在缩短会议时长方面，上情下达会相对简单，领导只需要注意控制发言时间即可。需要进行系统性思考的主要是专题讨论会和决策讨论会，对于如何缩短这两类会议的会议时长，这里有五点建议。

1．目的纯粹一些

一个专题讨论会开三四个小时甚至更长时间都没有任何问题（务虚讨论会更长，需要开半天以上才会有效果），关键在于会议目的是否明确及是否有较好的效果。

参会者觉得会议时间长的原因往往是会议目的复合。比如，有的把务虚讨论会和专题讨论会复合在一起，不但问题讨论不清楚，而且时间不自觉地被拉长了；还有的把汇报会和决策讨论会搅和在一起，没做出决策，白白浪费了时间；最多的情况是将专题讨论会和汇报会放到一起，时间很长，问题却讨论得不清不楚，领导不满意，参会者也觉得效率低下。

因此，会议目的最好单一一些，这是缩短会议时长的良方。

2．做引导发言

多数企业的会议不做引导发言，只是会议主持人说一声"会议开始"，接下来就直奔主题。看起来效率高，实则不然。一般来说，会议召集人和会议主持人对会议目的比较清楚，但参会者对会议目的只是有一个笼统的认知，不够深入，这会影响后续发言的质量，也会使后续的讨论出现混乱的局面。

因此，在每个议题开始前做 3 ~ 10 分钟的引导发言能够有效提高会议效率。引导发言的核心内容是告诉参会者该议题要达成的目的是什么，这样做可以让参会者了解其发言的关注点，减少发言时间，同时达成最终目的。一般来说，引导发言由会议召集人、会议主持人或由提前约好的某位专家来做。

3．会议主持人发挥作用

在会议中，最让人深恶痛绝的是某些人滔滔不绝却言不及义，最让人无可奈何的是领导讲话的时间太长却没人敢打断。

这就需要会议主持人在议程设置和现场把控上下功夫。议程设置包括三个模块：其一是预定发言模块，由对议题最熟悉、最专业的参会者发言，要求提前准备并限定发言时间；其二是自由发言模块，参会者自由发言，现场由会议主持人掌控，具体规则包括发言先举手、每个人限定几分钟、跑题及时纠偏等；其三是领导在会议结束后的总结模块，总结发言也要限定时间（如 10 分钟），到时间准时结束。

4．善用会议资料

很多会议都没有文字资料，即使有也是 PPT 打印版，让不了解前因后果/逻辑关系的人看了一头雾水。亚马逊公司在会议管理中极为重视 Word 版会议资料的撰写和使用，这对达成会议目的、节省会议时间很有帮助。会前有准备好的会议资料，同时要求所有参会者阅读或撰写相关会议资料，这将大大提升会议效率。

5．严格管理会议

会议管理的严格程度对缩短开会时长也有很大影响。万达集团董事长王健林在《万达哲学》一书中写道：

一个万达广场建设周期是两年左右的话，从开工到开业会分成 400 个计划节点。所有计划节点被编入信息系统，如果工作按计划节点正常进行，系统就亮绿灯。如果某项工作没有按计划节点完成，系统就亮黄灯。如果黄灯持续亮一周，工作进度还没有赶上，黄灯就会变成红灯，而相关负责人就要受处罚了。如果一年出现多次延误，有人就要被换掉了。[①]

这是典型的源于泰勒制的计划管理文化，万达的计划管理文化对于会议时间管理有极大影响——开会迟到会被重罚，且会议有严格的开会时间和散会时间，每个人的发言都有时间要求，会议主持人在每人发言到预定的最后一分钟时会进行提醒。

反之，很多企业开会时，参会者会习惯性迟到，甚至一把手带头迟到；发

---

① 摘自中信出版社 2014 年出版的《万达哲学》，王健林著。

言时也不按照会议议程的要求，随心所欲，浪费很多时间。可以思考一下：你所在企业浪费会议时间的主要原因是什么？改变以上五点中的某一点是否会带来大的改变？如果能带来大的改变，就应该系统执行（笃行不息、长期坚持）。这是普通企业向优秀企业跃升的关键点。

Tips：从某个重要会议开始试行"三一会议法"

不建议一开始就大范围推行"三一会议法"。要知道，企业组织（群体）是活的系统，不喜欢生硬的大变革，除非能够看到直接的好处。如果多数员工的工作没有直接因此变得更容易或更有趣，那么再好的方法也会失效。

大多数对企业有很大影响的成功方法都有着同样的轨迹：先在一个点上取得阶段性成果，然后坚持不懈，逐渐取得越来越多的成果，直到某一天从量变到质变。

如果管理者决定在企业中推行"三一会议法"，就一定要从某一个重要会议开始。在这个过程中，管理者会不断提高自己的认知水平、提升自己的技巧、积累相应的经验，同时带给身边的人新的体验——会议居然可以如此高效！

一般而言，第一次试行的时候要进行精心策划（管理者是会议召集人），可以从外部请一位经验丰富的会议主持人，并在会前与会议主持人、会议记录人进行反复交流。如果找不到外部协助，那么管理者也可以推动进行内部开放式学习，让参会者都阅读本书，进行集体实践。很多企业都是通过边学习边实践取得成功的（需要比较开放的文化氛围）。

Tips：优秀企业开会的两个共同点

第一个共同点，要求开会前做准备

- 可口可乐公司要求员工在参加会议前阅读相关文件，并在会议中发表意见。

- 在苹果公司，乔布斯要求参会者在会前必须提前准备相关材料，并且所有的材料都要有条理和一定的清晰度，他也会提前制定会议议程和确定相关讨论问题。

- 腾讯创始人马化腾曾在内部邮件中谈员工应该如何做好会前准备。他建议员工在会前阅读相关的材料、准备自己的问题和意见，并在会议中积极参与讨论和提供建设性意见。他还强调员工保持开放心态和尊重他人意见的重要性。

参会者做好准备对于会议的顺利进行非常重要。准备工作包括提前了解会议的议程和目的，提前准备相关的材料和问题，提前做好沟通和交流的准备。通过做准备，参会者可以更高效地参与讨论并给出自己的意见和建议，从而达成会议目标。

第二个共同点，会议结束后持续跟进并落实相关工作

所有优秀企业都认为这点非常重要。

- 通用汽车公司前 CEO 斯隆甘愿当会议记录人，紧盯会议结果，让会议有成效。

- 联想公司会议结束后会安排专人负责跟进和落实会议决策，并设立专项资金支持落实行动计划。

- 谷歌在会议结束后会安排专门的跟进小组，负责跟踪并落实会议的决策和行动计划。

这些小组会定期汇报进展情况，并对落实情况进行评估和调整。谷歌还会定期对会议效果进行评估，不断优化会议流程和决策质量。

- 蒙牛在会议结束后向参会者下发行动计划和具体任务，并设立专门的执行团队跟进落实情况，并定期进行督促和评估。此外，蒙牛还会定期召开汇报会，对会议决策的落实情况进行总结。

可见，优秀企业都通过持续跟进并落实相关工作来保证会议成果落地。

附件：量表——对你所在企业的会议管理状况进行评估

如何对你所在企业的会议管理状况做一个较为全面的评估呢？你可以试着填一填下面的几个表格①，填完之后看看综合评分，这样你就对所在企业的会议管理状况有了一个基本了解。

第一部分：会前准备		
会前准备	问题出现的频繁程度（1～5分。1分表示极少出现，5分表示经常出现）	出现该问题的时间占比
1 会议目的不够明确		
2 会议经常仓促进行，让人没有准备		
3 会前未向参会者提供议程		
4 会前未分发必要的材料		
5 未能让紧密相关者参会		
6 与议题关系不大的人参加了会议		
7 会议室缺乏促进高质量沟通的相关设备*		
平均分（总和除以7）		—
7项百分比总和	—	
平均百分比（总和除以7）	—	
说明：*指电子提示屏、投影仪、白板、白纸等		

第二部分：会议进程		
时间利用情况	问题发生的频繁程度（1～5分。1分表示极少发生，5分表示经常出现）	发生该问题的时间占比
1 会议推迟或取消		
2 会议有迟到情况发生		
3 参会者会前未做准备		
4 会议比预计多用时间		

① 表格参考中国青年出版社2021年出版的《学会开会》，史蒂芬·G.罗格伯格著。由于问题发生的频繁程度无法进行量化分析（罗格伯格对于无效时间的看法也只是经验之谈，而非量化分析），因此本表仅供参考。

续表

第二部分：会议进程		
时间利用情况	问题出现的频繁程度（1~5分。1分表示极少出现，5分表示经常出现）	出现该问题的时间占比
5　会议进程中时间利用率很低		
6　会议效率低，但没人在意		
7　会议根本就没必要开		
平均分（总和除以7）		—
7项百分比总和	—	
平均百分比（总和除以7）	—	
人际交流和氛围	问题出现的频繁程度（1~5分。1分表示极少出现，5分表示经常出现）	出现该问题的时间占比
1　参会者的不同意见没有得到重视		
2　参会者只顾自己说，未真正倾听他人的意见		
3　仅部分参会者有话语权		
4　参会者有对人不对事的倾向		
5　会议中有负面情绪		
6　新的观点或想法不受重视		
平均分（总和除以6）		—
6项百分比总和	—	
平均百分比（总和除以6）	—	
讨论情况	问题出现的频繁程度（1~5分。1分表示极少出现，5分表示经常出现）	出现该情况的时间占比
1　领导发言时间过长，会议主持人未能制止		
2　讨论的内容被带偏到不相关的话题上		
3　参会者未能充分参与讨论		
4　参会者未能表达真实想法		
5　某些人（小团体）强势表达、扰乱讨论		
6　参会者分心做其他事（如打电话、聊天）		
7　会议主持人未能起到应有的作用		
8　未达成关键且经过深思熟虑的结果		
平均分（总和除以8）		—
8项百分比总和	—	
平均百分比（总和除以8）	—	

第三部分：会后跟进		
会议记录	问题出现的频繁程度（1～5分。1分表示极少出现，5分表示经常出现）	出现该问题的时间占比
1　会议结束时，参会者未能达成共识及确定下一步的工作		
2　会议结束时，未能总结会上已经解决的问题和做出的决策		
3　形成的决策没有明确的责任人和完成时间		
4　集体纪要未被及时发到参会者手中		
平均分（总和除以4）		—
4项百分比总和	—	
平均百分比（总和除以4）	—	
会后执行情况	问题出现的频繁程度（1～5分。1分表示极少出现，5分表示经常出现）	出现该问题的时间占比
1　形成的决策未得到执行		
2　相关责任人即使未执行也没有受到惩罚		
3　相关责任人在完成决议事项后未得到评估		
4　会议未得到评估和总结		
5　没有人想办法提高会议整体质量		
平均分（总和除以5）		—
5项百分比总和	—	
平均百分比（总和除以5）	—	

综合得分		
1　会前准备		
2　会议进程：时间利用情况		
3　会议进程：人际交流和氛围		
4　会议进程：讨论情况		
5　会后跟进：会议记录		
6　会后跟进：会后执行情况		
平均分（总和除以6）		—
6项百分比总和	—	
平均百分比（总和除以6）	—	

凡是"问题出现的频繁程度"得分在 3 分以上的部分都值得关注，得分为 4 分、5 分的部分需要重点关注，其中的问题可以用"三一会议法"予以化解。

表格的评分部分是可以量化（仍然是经验数值）的会议无效时间指数，其含义是你所在企业的会议究竟浪费了多少时间。

- 如果"平均百分比"在 20% 以内，说明你所在企业的得分高于大多数企业，会议时间浪费情况比较少。

- 如果"平均百分比"在 21%～40%，说明你所在企业的会议中有大量时间被浪费了。这个得分是比较常见的。

- 如果"平均百分比"在 41% 以上，说明你所在企业的会议时间浪费情况触目惊心，需要从根本上做出改变。

后记

基于微软等公司提供的数据，美国 Lucid Meeting 公司测算显示，2014 年，美国各界（包括政府圈、企业界、非营利性组织）一天总计要开 5500 万场会议！每年的会议成本达 1.4 万亿美元，该数字是当年美国 GDP 的 8.2%！ [①]

国内的百度搜索指数是较好的量化指标，"会议"的百度搜索指数是 1154，"战略"是 945，"人力资源"是 2079，"销售"是 1312，"生产"是 730，"财务"是 901 [②]。由此可以看出职场人士对各个领域的关注度。

有了以上数据，我们脑海中就会浮现一个问题：为什么在企业中会议管理会被当作比战略、人力资源、销售、生产和财务管理低一阶甚至低两阶的存在？

这与时代发展的步伐相关。19 世纪末期，泰勒和大批追随者开创了"科学管理"，通过动作分解、工作分析，将较为复杂的工作分解为若干相对简单、独立的任务，将靠直觉完成的工作方式转换为系统化、简单化的工作方式，将模糊的工作经验归纳为准确的概念和方法，使全社会的整体工作效率得到大幅度提升。自泰勒思想提出直至 1993 年，在整体社会工作时间缩短了 40% 的前提下，发达国家的生产力提高了 50 倍！受益最大的美国以每年 3.5%～4% 的速度增长——每 18 年 GDP 翻一倍！自第二次世界大战以来，人类从饥荒、瘟疫和战争的灰烬中逐渐走出，泰勒制使得蓝领工人的收入日渐提高并成为中产阶层的一部分，人类的生产力得到了极大提升。西方的经济危机并未引发上层革命。

---

① 数据引自中国青年出版社 2021 年出版的《学会开会》，史蒂芬·G. 罗格伯格著。书中没有会议成本的具体核算办法。

② 数据摘自百度指数网站，截止到 2023 年 4 月。

随着时代的变迁，泰勒制的弊端逐渐显现，创新的价值日益突出。泰勒制下物质资本的优先级让位于人力资本，美国经济学家舒尔茨在 20 世纪中叶提出了人力资本理论，并于 1979 年获得了诺贝尔经济学奖，其理论核心是人力资本的提高对经济增长的作用，远比物质资本的增加重要得多。知识经济时代到来了，知识（有知识的人）成为第一生产资料。

随之而来的是对"组织管理"的迷惘，既然泰勒制科学管理已经逐渐失去魔力，那么应该用什么方式来提升企业组织的效率呢？许多新兴企业开始尝试各种管理方式，包括拆小经营单元（小组制）、压扁组织结构（扁平化）、从主要使用 KPI 转向主要使用 OKR（Objectives and Key Results，目标与关键成果法）目标与关键成果法进行绩效管理，以及采取分布式组织（去中心化）等。这些管理方式无不指向减少原有组织中机械、权威、僵硬的管理模式和沟通模式，转向更加自由、更加灵活、人与人之间有机互动的模式。究其本质，这是工业工程和生物过程（不是生物工程）的不同[1]。会议恰好倡导人与人之间进行直接的交流和协作，历史潮流让会议和会议管理走向了前台。在今天，企业想要实现自身的业务目标和发展愿景，就要重视团队协作、团队共识、员工参与度、组织包容性、学习氛围等要素，这些要素带来的价值远超过去。

《哈佛商业评论》的研究表明，许多企业的员工一天超过四分之三的时间都花在和同事的沟通上，沟通形式以会议为主。很明显，在新的时代，会议管理已经成为企业管理中不逊于战略管理、销售管理、财务管理的命题，管理者对此需要重点关注。

网络上说"会议太多了""不开会效率最高""有 50% 的会可以取消"……实际上，来自大众的呼声并不是要取消会议或砍掉一半会议，而是希望会议更加高效。

如何让会议更加高效呢？还是德鲁克说得对，"将过去靠直觉完成的工作转换为采用系统化的工作方式，将凭经验行事的方法归纳为原则和概念，以合乎逻辑、协调一致的思维方式取代对事物的偶然认识"[2]。

---

[1] 生物过程即生命的活动过程。科学管理时代将企业视为一个机械体，知识经济时代则将企业视为一个生命体。

[2] 摘自机械工业出版社 2006 年出版的《管理的实践》，彼得·德鲁克著。